SENEGAL
GAMBIA

W0194607

DUMONT REISE-TASCHENBUCH

Vordere Umschlagklappe: Karte von Senegambia mit allen Routen

Hintere Umschlagklappe: Dakar und die Kap-Vert-Region

Hartmut Buchholz

SENEGAL
GAMBIA

DuMont

Umschlagvorderseite: Fischverkäuferin an der Petite Côte
Innenklappe vorn: Große Moschee von Dakar
Abbildung Seite 2/3: Kapokbaum im südlichen Senegal
Innenklappe hinten: Straßenszene in St. Louis
Rücktitel oben: Mauren in der Sahel-Zone
Rücktitel mitte: Muslimische Teezeremonie
Rücktitel unten: Traumstrand am Cap Skirring

Über den Autor: Hartmut Buchholz, geboren 1957, hat in Bonn und Freiburg Germanistik und Geschichte studiert. Von 1985-87 absolvierte er ein Redaktionsvolontariat bei der Badischen Zeitung, danach Tätigkeit als freier Journalist. Seit 1988 unternahm er ca. 15 ausgedehnte Reisen durch Nord-, West- und Zentralafrika. Im DuMont Buchverlag veröffentlichte er den Band ›Richtig Reisen – Marokko‹ sowie das Reise-Taschenbuch ›Südmarokko mit Agadir und Königsstädten‹.

Für Odile

Fremde Kulturen kennenlernen und gastfreundlichen Menschen begegnen – wie sehr genießen wir das auf Reisen. Zu Hause bei uns jedoch wird mancher Ausländer von einer kleinen Minderheit beschimpft, bedroht oder sogar mißhandelt. Alle, die in fremden Ländern Gastrecht genossen haben, tragen hier besondere Verantwortung. Deshalb: Lassen Sie es nicht zu, daß Ausländer diffamiert und angegriffen werden. Lassen Sie uns gemeinsam für die Würde des Menschen einstehen.

Verlagsleitung, Mitarbeiterinnen und Mitarbeiter des DuMont Buchverlages

Die Deutsche Bibliothek – CIP-Einheitsaufnahme

Buchholz, Hartmut:
Senegal und Gambia / Hartmut Buchholz. –
– Köln : DuMont, 1998
   (DuMont-Reise-Taschenbücher ; 2154)
   ISBN 3-7701-4189-X

© 1998 DuMont Buchverlag, Köln
Alle Rechte vorbehalten
Satz und Druck: Rasch, Bramsche
Buchbinderische Verarbeitung: Bramscher Buchbinder Betriebe

Printed in Germany   ISBN 3-7701-4189-X

INHALT

LAND & LEUTE

Natur, Wirtschaft und Geschichte

Gesellschaft, Kunst und Kultur

UNTERWEGS
IN SENEGAMBIA

Cap Vert: Der westlichste Punkt Afrikas

Sahel und nordwestlicher Senegal

Südlicher Senegal

Gambia: Westafrikas kleinster Staat

TIPS UND ADRESSEN

Danksagung

Für Hilfe und Unterstützung sehr verschiedener Art dankt der Autor:
Sabine Zitzmann, DuMont Buchverlag Köln; Ralf Bäcker, Agentur version
Berlin; Dr. Berthold Franke, Goethe-Institut Dakar; Dr. Renate Schimkoreit,
Deutsche Botschaft Dakar; Jan S. Roukema, GTZ Dakar; Jürgen Kern, Luft-
hansa Cargo AG Dakar; Adele Bassene, Dakar; Moïse Mendy, Dakar; ›Ma-
ma‹ Diallo, Dakar; Dr. Hans Hartje, Paris; Otmar Buchholz, IBM Bonn;
Wolf D. Grosse, Badische Zeitung Freiburg; Bernhard Thiesing, Agence
France Presse Bonn.

Der Autor dankt Condor für die freundliche Unterstützung.

LAND & LEUTE

»Sag nur, was du
weißt,
tu nur, was du
kannst,
und wenn du dich
hinlegst,
dann schlafe
auch.«

*Sprichwort der
Wolof*

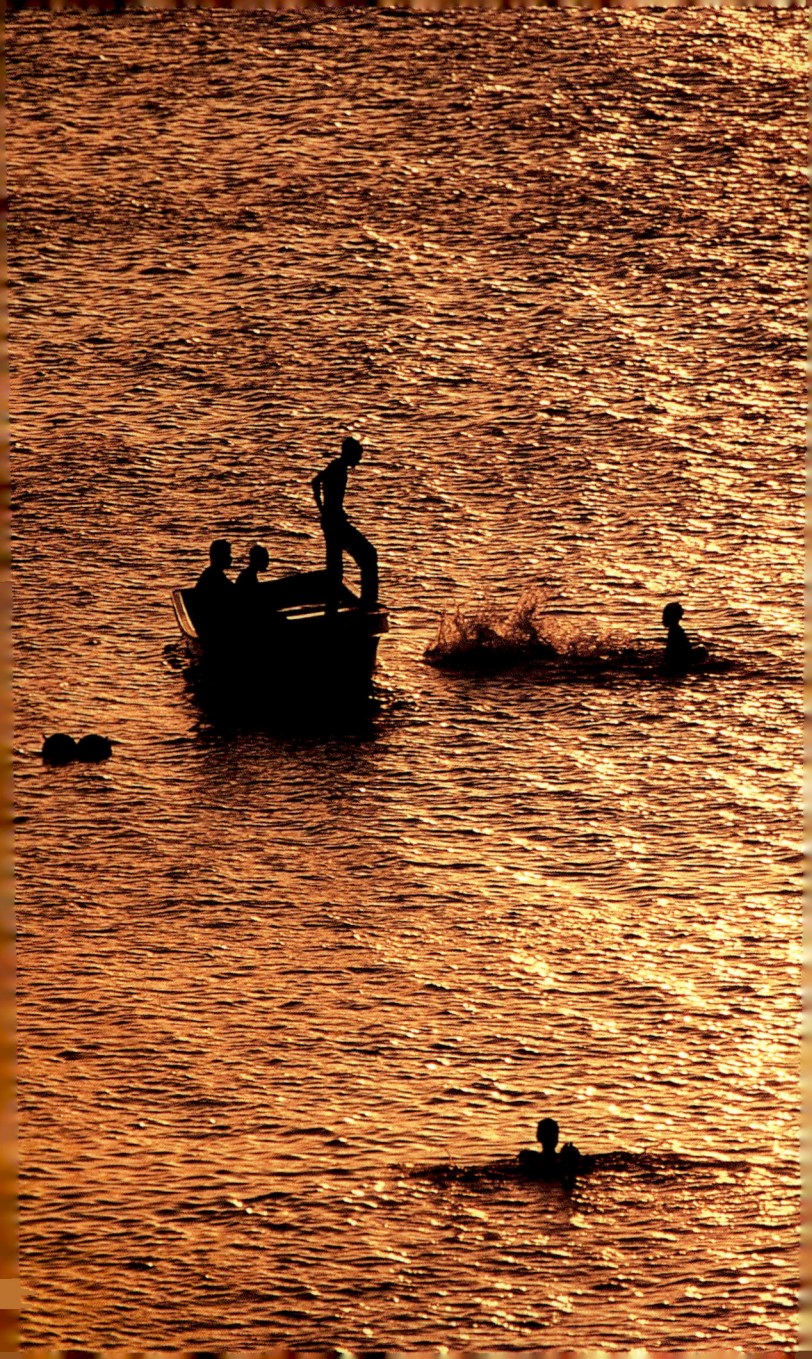

Natur, Wirtschaft und Geschichte

Abendsonne über dem Gambia-Fluß

Senegambia: Afrikas Westen zwischen Tradition und Moderne

Badeparadiese und Nationalparks, ein landschaftliches Ensemble aus Sahel, Savanne und Regenwald, moderne Metropolen und traditionelles Brauchtum, die Zeugnisse der französisch-britischen Kolonialherrschaft und eine den Zugriffen der Moderne noch trotzende ländlich-dörfliche Welt, exotische Fremdheit, Trommelwirbel und getanzte Ekstase, leuchtende Farben und betörende Düfte: Ihr enormes touristisches Potential hat Senegal und Gambia nicht nur zu verlockenden Reisezielen, sondern auch zu einem Tor in den afrikanischen Kontinent gemacht. Beide Länder verfügen inzwischen – von der Elfenbeinküste einmal abgesehen – über die besten touristischen Infrastrukturen Westafrikas.

Senegal, Gambia, Senegambia – auch wenn die, ohnehin nur lose, Konföderation Senegambia nur sieben Jahre lang (1982 bis 1989) Bestand hatte, behandelt der vorliegende Reiseführer beide Länder, wo immer es sich thematisch ergibt, als eine Einheit. Das hier Senegambia genannte, durch künstliche Grenzziehungen zerrissene Gelände ist letztlich eine bizarre Konsequenz der Kolonialgeschichte, die einem drastisch vor Augen führt, was Kolonialismus in Afrika angerichtet hat.

So nah, so fern: Senegal und Gambia liegen etwa sechs Flugstunden von Mitteleuropa entfernt – oder einige Lichtjahre, je nachdem. Eine Reise in diese Region vermag zur Zeitreise zu werden, die radikal neue Erfahrungen bereithält. Billig sind die Geheimnisse beider Länder nicht zu haben. Selbst wer auf Reisen Auge und Ohr ist, findet sich immer wieder mit einer fremden Kultur und Lebensweise konfrontiert, die zutiefst unverstanden bleibt und an der alles vermeintliche Bescheidwissen zerschellt.

Landschaft

Senegal und Gambia liegen an der äußersten Westspitze Afrikas, die Pointe des Almadies bei Dakar ist der westlichste Punkt des Kontinents. Im Norden grenzt Senegal an die Islamische Republik Mauretanien, der Senegalstrom bestimmt über Hunderte von Kilometern den Grenzverlauf. Die Ostgrenze zur Republik Mali bildet der Falémé, der südöstlich von Bakel in den Senegal mündet. Im Süden grenzt Senegal an die Staaten Guinea und die frühere portugiesische Kolonie Guinea-Bissau; im Westen bildet der Atlantische Ozean mit einer etwa 500 km langen Küstenlinie die natürliche Grenze.

Im Bereich des Gambia River ragt der anglophone Kleinstaat Gambia als Enklave mit einer Brei-

Abendstimmung am Senegal

schen Ursprungs finden sich besonders auf der Cap-Vert-Halbinsel (etwa die Basaltkegel der *Mamelles* bei Dakar, die Südspitze des Cap Manuel, die Ile de Gorée). Die senegalesische Atlantikküste ist – die Cap-Vert-Region ausgenommen – eine ausgesprochene Flachküste; im Norden wird sie von Dünenketten und sumpfigen Senken begleitet, die schönsten Badestrände liegen an der Petite Côte südlich von Dakar und am Cap Skirring in der Casamance. Der Senegal schwillt während der Regenzeit auf eine Breite von bis zu 20 km an, der ausgedehnte Schwemmlandgürtel am Unterlauf des Flusses beschert der Region die fruchtbarsten Akkerbaugebiete des Landes. Durch sein geringes Gefälle machen sich die Gezeiten des Atlantik noch Hunderte von Kilometern strom-

te von maximal 65 km und einer Länge von etwa 480 km wie ein Keil in das senegalesische Territorium hinein. Damit wird die südliche Casamance, eine der wirtschaftlich wichtigsten Regionen (Landwirtschaft, Tourismus), vom senegalesischen Kernland getrennt.

Die Oberflächenstruktur Senegambias wird fast vollkommen von sandig-tonigen Ebenen und sanft gewellten Hügelketten bestimmt, die kaum 200 m Höhe erreichen. Nur im äußersten Südosten Senegals machen sich die Ausläufer des guineischen Futa-Djalon-Bergmassivs mit einzelnen Hügelzügen (höchste Erhebung: 581 m) bemerkbar. Formationen vulkani-

›Steckbrief‹ Senegal

Größe: 196 722 km^2 (rund die Hälfte der Bundesrepublik)
Lage: An der Westspitze des afrikanischen Kontinents zwischen ca. 17° und ca. 12° nördlicher Breite sowie zwischen ca. 18° und ca. 11° westlicher Länge.
Hauptstadt: Dakar (ca. 2,5 Mio. Einwohner)
Bevölkerung: Ca. 8,8 Mio. Einwohner; jährliches Bevölkerungswachstum: ca. 2,7 %, städtische Bevölkerung: ca. 42 %; Siedlungsdichte: ca. 43 Einwohner pro km^2, Analphabetenrate: ca. 62 % für die männliche und ca. 77 % für die weibliche Bevölkerung (UNESCO-Schätzungen 1996). Die wichtigsten Ethnien sind die Wolof, die Sérèr, die Fulbe/Peulh und die Toucouleurs; wichtige ethnische Minderheiten sind die Diola (Casamance) und die Lébou (Cap-Vert-Halbinsel). Etwa 94 % der Bevölkerung bekennen sich zum sunnitischen Islam, knapp 5 % zum Christentum.
Wirtschaft: Das BIP pro Kopf der Bevölkerung lag 1996 bei 750 US-$, die Auslandsschulden beliefen sich 1996 auf 4,1 Mrd. US-$; seit der Abwertung des F CFA im Januar 1994 ist der CFA-Franc im Wechselkursverhältnis von 1 : 100 an den französischen Franc gekoppelt. Devisen vornehmlich in der fischverarbeitenden Industrie, im Tourismus sowie im Erdnuß- und Phosphatexport.
Regierungsform: Präsidiale Republik mit weitreichenden Befugnissen des Staatsoberhaupts. Präsident ist seit 1981 Abdou Diouf, zuletzt 1993 mit einem Sieben-Jahres-Mandat wiedergewählt. Die Volksvertretung *(Assemblée nationale)* mit Sitz in Dakar umfaßt 120 Sitze.
Verwaltungsgliederung: Senegal ist in zehn von Gouverneuren regierte Regionen *(Provinces)* gegliedert (Dakar, Diourbel, Fatick, Kaolack, Kolda, Louga, St. Louis, Tambacounda, Thiès, Ziguinchor) sowie in Départements, Arrondissements und Communautés/Cercles. Das neue Regionalisierungsgesetz sieht einen radikalen Abbau der bisher vollkommen auf Dakar ausgerichteten Zentralisierung vor.

aufwärts bemerkbar, so daß der Senegal auch während der Trockenzeit bis weit ins Landesinnere schiffbar ist. Durch die Staudammprojekte bei Manantali (Mali) und Diama (Region St. Louis) ist das ökologisch heikle Gleichgewicht der Flußregion ernsthaft gefährdet. Die von Flußinseln und Auelandschaften, von mäandernden Seiten-

›Steckbrief‹ Gambia

Größe: 11 295 km^2 (etwa halb so groß wie das Bundesland Hessen)
Lage: Gambia erstreckt sich als anglophone Enklave innerhalb der Republik Senegal etwa 480 km entlang des Gambia River; die Breite des Landes variiert zwischen 10 und 65 km.
Hauptstadt: Banjul (ca. 60 000 Einwohner); die wirtschaftliche Kapitale des Landes ist Serekunda (nach aktuellen Schätzungen bereits über 100 000 Einwohner).
Bevölkerung: Ca. 1,2 Mio. Einwohner; jährliche Wachstumsrate der Bevölkerung: 5,3 % (1995; eine der höchsten Raten in ganz Afrika); Urbanisierungsrate: etwa 25 %; Siedlungsdichte: etwa 100 Einwohner pro km^2 (1995). Die Analphabetenquote lag Mitte der 90er Jahre bei etwa 65 %. Die wichtigsten Ethnien sind die Mandingo/Malinke, die Fulbe/Peulh, die Wolof, die Diola und die Sarakole/Soninke. Etwa 95 % der Bevölkerung bekennen sich zum sunnitischen Islam, etwa 4 % sind Christen.
Wirtschaft: Der statistisch kaum zu fassende Transitschmuggel, die Erdnußökonomie und der Tourismus (etwa 140 000 Auslandsgäste) markieren die wichtigsten Sektoren der gambischen Volkswirtschaft. Das BIP pro Kopf lag 1994 bei 360 US-$, die Auslandsschulden belaufen sich gegenwärtig auf knapp 500 Mio. US-$.
Regierungsform: Präsidiale Republik. Staatspräsident ist seit 1996 Leutnant Yahyah Jammeh. Seine Parteienallianz APRC gewann im Januar 1997 die absolute Mehrheit der 49 Mandate im gambischen Parlament. Die Verfassung ließ Jammeh nach den Bedürfnissen der Militärs revidieren.
Verwaltungsgliederung: Gambia ist in die Verwaltungsgebiete *(Division)* Banjul, Western, North Bank, Lower River, Mac Carthy Island und Upper River aufgeteilt. Bezirkshauptstädte *(Local Government Areas)* bestehen in Brikama, Kerewan, Mansa Konko, Georgetown und Basse Santa Su.

armen *(bolongs)* und Mangrovendickichten geprägten Flußläufe von Sine, Saloum und Casamance bilden die anderen großen Gewässersysteme Senegals.

Der Gambia River entspringt im guineischen Futa-Djalon-Hochland, durchfließt dann den Niokolo-Koba-Nationalpark im südöstlichen Senegal und ist schließlich über Hunderte von Kilometern die Lebensader des Kleinstaates Gambia, der nicht umsonst seinen Staatsnamen von dem mächtigen Strom entlehnt hat. Banjul, die gambische Hauptstadt und zugleich Freihandelszone, liegt an der mehrere Kilometer breiten Trichtermündung des Gambia River in den Atlantik. Die Oberflächenstruktur des Landes ist geprägt von fruchtbaren Schwemmlandböden in der Flußebene, sandigen und flachwelligen Ebenen sowie sanft nach Westen geneigten Plateaus, die 200 m Höhe nicht überschreiten. Durch die Einwirkung der Gezeiten weit stromaufwärts weist die Küstenregion sehr salzhaltige Böden auf; dieses ökologische Problem wird zudem durch die Erdnuß-Monokulturen, durch das Abholzen der Wälder und den stetig sinkenden Grundwasserspiegel noch verschärft.

Klima

Senegambia ist nicht zuletzt deshalb eine faszinierende Reiseregion, weil sie auf einer vergleichsweise kleinen Landesfläche höchst unterschiedliche Vegetations- und Klimazonen aufweist: vom sahelischen bis zum tropischen Afrika, von der Wüste bis zum Regenwald, von hitzeflirrenden Ebenen bis zum feuchtdampfenden Treibhaus.

Der nördliche Senegal gehört zur sogenannten **Sahelzone,** an die sich die sogenannte Nord- sowie die Südsudanzone anschließen; die Basse Casamance markiert bereits den Nordwestzipfel der guineischen Feuchtwaldzone. Das arabische Wort *sahel* bedeutet Ufer oder Küste, ein Verweis darauf, daß den arabischen Karawanenführern der Landschaftsraum südlich der mörderischen Sahara wie ein rettendes Ufer erschien. Arabische Geographen des Mittelalters bezeichneten die riesige Landschaftszone zwischen Wüste und tropischem Regenwald als *Bilad-es-Sudan*, als Land der Schwarzen. (Wenn im folgenden also die Begriffe Sudan, Sudanzone oder Sahel-Sudan verwendet werden, ist dies nicht mit der modernen ostafrikanischen Republik Sudan zu verwechseln.)

Der bioklimatischen Zonengliederung entspricht der Wechsel von Dornbuschsavanne über Trockensavanne zu Feuchtsavanne. Die

Fortschreitende Bodenerosion im Sahel

dünn besiedelte **Ferlo-Dornbusch-savanne** im nordöstlichen Senegal weist Niederschlagsmengen zwischen 250 und 500 mm pro Jahr auf, die Spitzentemperaturen können nahe bei 40° liegen; die nördliche Atlantikküste (St. Louis) ist allerdings vergleichsweise angenehm temperiert. In der **Trockensavanne** des zentralen Senegal betragen die durchschnittlichen Niederschlagsmengen 500–1000 mm, mit nach Süden zunehmender Tendenz; das Landesinnere ist vom kontinentalen Klima mit Spitzentemperaturen um 35° (Tambacounda) geprägt. Die **Feuchtsavanne** im südlichen Gambia und in der Casamance weist ein randtropisches, feuchtheißes Klima mit Niederschlägen von 1000–1500 mm auf, im Raum Ziguinchor werden in besonders ergiebigen Jahren 1800–2000 mm gemessen; die Temperaturen liegen zumeist um die 30°, im Landesinneren auch darüber.

Galeriewald im Süden Senegals

Die Regenzeit dauert im Sahel zumeist nur zwei Monate (fällt in die Monate Juli bis September); in den Savannengebieten der Sudanzone dauert die Regenzeit meist vier bis sechs Monate (die ersten Platzregen gehen häufig schon im Mai nieder, die Hauptregenzeit fällt in die Monate Juli bis September, im Oktober kann es noch einzelne Nachgewitter geben).

Da der gesamte Agrarsektor von ausreichenden Regenfällen abhängt, werden die volkswirtschaftlichen Bilanzen der Agrarländer Senegal und Gambia von der Überlebensfrage bestimmt, ob genügend Regen fällt oder nicht. Die Niederschläge gehen nicht als flächendeckender Landregen nieder, sondern fast immer als heftige Gewitter oder verheerende Sturzgüsse. Sie sind regional extrem unterschiedlich verteilt; oft betragen die Intervalle zwischen den Regenphasen mehrere Wochen, so daß die jeweiligen Aussaaten stets vom Verdorren bedroht sind. Die Veränderlichkeit der Niederschläge ist der große klimatische Risikofaktor in Senegambia – dies demonstrierten die katastrophalen Dürreperioden in den 70er Jahren.

Der Baobab

Wie sehr man einen Baobab auch verletzt oder verstümmelt – nach einer senegalesischen Redensart gräbt der Baum seine Wurzeln nur noch tiefer in die Erde und bleibt unzerstörbar. Der bis zu 20 m hohe Baobab oder Affenbrotbaum (*Adansonia digitata* nach dem französischen Naturforscher Michel Adanson, der im 18. Jh. in St. Louis den ersten Botanischen Garten des Senegal anlegte) ist mit seinem mächtigen, tonnenförmigen Stamm, seiner silbrigglänzenden Rinde und seinem ausladenden, knorrigen Geäst die markanteste Pflanze der senegambischen Savannen. Ein unverwüstliches, urzeitlich wirkendes Gewächs, das einige tausend Liter Wasser speichern kann, das sogar die alljährlich von den Bauern gelegten Buschfeuer unbeschadet übersteht und das in den Dörfern der Savanne als *arbre à palabre* (Palaverbaum) häufig den schattigen Mittelpunkt des Ortes bildet, wo die Honoratioren zusammenkommen und die Dorfangelegenheiten besprechen.

Kein Zufall, daß der Baobab in stilisierter Form das senegalesische Staatswappen ziert; der Baum gilt als Symbol für Stärke, für Beständigkeit, für die unverrückbaren Traditionen der Ahnen. Bei manchen Exemplaren hat man ein Alter von über tausend Jahren nachweisen können. Eine Legende berichtet, die Götter hätten einst aus Zorn über die Frevel der Menschen den Baobab aus der Erde gerissen und verkehrt herum wieder ins Erdreich gesteckt; deshalb wirkten seine Äste eher wie bizarr in die Luft ragendes Wurzelwerk. Der Baobab wird in manchen Regionen als heilig verehrt, häufig sind die Ahnen einer Dorfgemeinschaft unter den schattigen Kronen dieser Baumriesen bestattet. Gerüchte besagen, daß diejenigen von bösen Geistern heimgesucht werden, die versuchen, den Baum zu fällen und daß diejenigen erblinden, die sein Holz verbrennen. Die Griots sollen früher, da sie

Pflanzen- und Tierwelt

Charakteristisch für die **Flora** Senegambias ist die Abfolge der verschiedenen Vegetations- und Klimazonen, die ihrerseits durch die von Süden nach Norden abnehmenden Niederschlagsmengen bestimmt werden. Der senegalesische Sahel präsentiert sich in der Trockenzeit als ausgedörrte Strauch- und Grassavanne mit schütterer Grasdecke und gelichteten Bestän-

nicht neben Angehörigen anderer Kasten beerdigt werden durften, in den hohlen Stämmen der Baobabs beigesetzt worden sein.

Während der Regenzeit treibt der ansonsten laublose Baobab kleine grüne Blätter aus, die Hauptblütezeit liegt zumeist zwischen Oktober und Dezember. Das weiße, leicht säuerlich schmeckende Fleisch der Früchte, das sogenannte Affenbrot, wird nicht nur roh verzehrt. In gegorener Form wird es als Erfrischungsgetränk gereicht, ein aus dem Fruchtfleisch destillierter Sud dient als fiebersenkendes Heilmittel, die Blätter werden als Gemüse oder Ingredienzien zu diversen Gewürzmischungen zubereitet. Auch die Blüten sowie die Rinde und der Samen werden weiterverarbeitet. Ganze Baobab-Wälder finden sich im Hinterland der Petite Côte, in der Region Kaolack sowie an der Strecke Kaolack – Tambacounda.

den an Dornbüschen. Typisch für diese Zone sind die diversen Akazienarten, von denen die *Acacia senegal* als Lieferant des einst begehrten Gummi arabicum besondere Beachtung verdient. Das Cram-Cram-Gras mit seinen stacheligen Früchten wächst auf etlichen Dünenzügen. Als wichtigste Nutzpflanze wird die Kolbenhirse auf den kargen, sandigen Böden des Sahel angebaut. Am Unterlauf des Senegal wurde in den vergangenen Jahren versucht, großflächi-

Flammenbaum

ge Reiskulturen anzulegen. Charakteristisch für die nördliche Atlantikküste sind die schlanken, vom Meerwind in eine Richtung ›gebürsteten‹ Filao-Bäume. In der kurzen Regenzeit verwandelt sich der Sahel in eine sattgrüne Landschaft mit dichter Grasdecke. In der Ferlo-Dornbuschsavanne liegen auch die Hauptweidegründe der senegalesischen Nomaden.

Der auffälligste Baum der senegambischen Savannenlandschaft ist der mächtig-knorrige **Baobab** oder Affenbrotbaum. Der **Flammenbaum** (frz. *flamboyant*), eine typische Pflanze der Trockensavanne, ist an seinen leuchtendroten Blütenblättern gut zu erkennen,

noch markanter sind die brettartigen, oft mannshohen Wurzeln des **Kapokbaumes** (frz. *fromager*). Die majestätischsten, über 30 m hohen Exemplare dieses Baumes gedeihen in der Feuchtsavanne; aus seinen Samenkapseln wird die weiße Kapok-Wolle gewonnen, die als Füllmittel von Matratzen genutzt wird. Aus den Schoten der immergrünen Tamarinden läßt sich ein schmackhafter Saft herstellen. Weitere typische Pflanzen der Trockensavanne sind der besonders in der Region von Thiès durch mächtige Exemplare beeindruckende Cailcedratbaum, die in unzähligen Gelb- und Rottönen blühende Bougainvillea, der Karitébaum sowie verschiedene Arten von Hibiskussträuchern. Der als Monokultur betriebene, vornehmlich exportorientierte Anbau von Erdnüssen und Baumwolle hat sich jüngst immer mehr als ökologisch verhängnisvolle Praxis erwiesen, die zu Lasten der nomadisch genutzten Weideflächen geht.

Die üppigste und artenreichste Vegetation findet der Reisende in den Regionen der Feuchtsavanne und des guineischen Regenwaldes. In den mehr oder weniger lichten Wäldern wachsen Kapokbäume, Öl-, Kokos- und Fächerpalmen sowie – gut erkennbar am schlanken Wuchs und der hellen Rinde – diverse Eukalyptusarten; auch vereinzelte Bambus-Wäldchen finden sich hier. Die Casamance ist ein wahrer Garten tropischer Früchte; auf den lokalen Märkten herrscht je nach Saison ein überquellendes Angebot an Mangos, Papayas, Bananen, Pampelmusen, Guaven, Avocados und Ananas. Die koffeinhaltigen Nüsse des Kola-Strauches werden von den Einheimischen mit Hingabe gekaut, sie wirken stimulierend gegen Apathie, unterdrükken Hunger- und Durstgefühle. Die wichtigsten Nutzpflanzen der Feuchtsavanne sind neben den für die Diola so wichtigen Reiskulturen vornehmlich Mais, Maniok, Süßkartoffeln und Sorghumhirse.

Besondere Erwähnung verdienen noch die undurchdringlichen Mangroven-Dickichte in den Mündungsgebieten von Saloum und Sine, Gambia River und Casamance. Die Mangrovenwälder der senegambischen Feuchtsavanne sind die nördlichsten Vertreter dieser in ganz Westafrika heimischen Pflanze, die an ihren langen Stelzwurzeln gut zu erkennen ist. Die Mangrove gedeiht im brackigen Übergangsbereich von Salz- und Süßwasser, indem sie das Salz über ihre Wurzeln und Blätter ausscheidet. Durch Holzeinschlag, Dürreperioden und nicht zuletzt durch die ökologisch verheerenden Eingriffe der Tourismusindustrie sind die Mangrovenwälder Senegambias allerdings ernstlich bedroht.

Im Gegensatz zu anderen afrikanischen Savannen ist die **Fauna** in Senegambia stark gefährdet. Der Wildbestand an Löwen, Elefanten oder Leoparden ist auf vereinzelte Exemplare oder kleinere Herden im Niokola-Koba-Nationalpark dezimiert. Die Giraffe, um 1900 noch in der Sahelregion heimisch, ist im Senegal heute nicht mehr anzutreffen. Dagegen kann man mit etwas Glück Gazellen, kleinere Säugetiere wie Warzenschweine, Hyänen, Schakale, Antilopen, Affen und Flußpferde noch in freier Wildbahn beobachten. An Reptilien zählen Warane (manche bis zu 1,5 m lang), Eidechsen, Chamäleons und Geckos zu den verbreitetsten Exemplaren, im Gambia River und im Djoudj-Nationalpark gibt es noch einige Krokodile zu bewundern. In einigen Küstenabschnitten, besonders im Sine-Saloum-Mündungsgebiet, tummeln sich Seeschildkröten; im Busch können gelegentlich Vipern, Mambas oder Pythons den Weg kreuzen. Die Gefahr, von den scheuen, nachtaktiven Tieren gebissen zu werden, ist allerdings äußerst gering.

Wenig geschätzt sind aus gutem Grund die meisten Vertreter der Insektenwelt. Als Überträger der Ma-

Antilope

Flußpferde im südlichen Senegal

Heringe sind neben Austern, Muscheln, Krabben, Hummern und Langusten im kulinarischen Angebot; außerdem gibt es diverse Haifischarten (Tigerhai, Blauhai, Hammerhai) sowie Barrakudas. Besonders eindrucksvoll sind die zahlreichen Delphinschwärme im Mündungsgebiet der Casamance.

Wirtschaft

laria (in Senegambia nach wie vor die häufigste Todesursache) ist die Anophelesmücke gefürchtet, als Überträger der Schlafkrankheit die Tse-Tse-Fliege. Eine weitere Plage sind Wanderheuschrecken, die ganze Plantagen kahlfressen und Termiten, die Felder unterwühlen oder Gehöfte zum Einsturz bringen. Wahre Paradiese für Ornithologen sind die Nationalparks in der Region St. Louis (s. Route 1): Pelikane, Flamingos, Kormorane sowie verschiedene Reiherarten zählen hier zu den spektakulärsten Vogelarten. An Raubvögeln sind Bussarde, Habichte, Milane, Adler und Geier zu nennen, dazu kommen europäische Zugvögel wie etwa der Storch, die in Westafrika überwintern.

Die senegambischen Küstengewässer gehören zu den fischreichsten der Welt, entsprechend hoch ist der Pro-Kopf-Konsum an Frischfisch in der Region. Barsche, Thunfisch, Rochen, Schwert- und Speerfische, Makrelen, Tintenfische und

Das Fundament der senegambischen Volkswirtschaft bildet das sogenannte *bana-bana*. Gemeint sind damit Geschäfte des informellen Sektors, die sich jedem statistischen wie fiskalischen Zugriff entziehen. Eine Hausfrau, die auf der Straße einen kleinen Obst- und Gemüsestand betreibt, ein Schuhputzerjunge, ein Taxifahrer ohne Lizenz, ein fliegender Händler mit Raubkassetten, gefälschten Markentextilien oder Rolex-Imitaten, ein Touristenführer oder eine Sprachstudentin, die Gelegenheitsprostitution betreibt: Sie alle gehen einem Gewerbe nach, das kein Bruttoinlandsprodukt (BIP) zu erfassen vermag. Die *bana-bana*-Ökonomien haben ihre eigenen Märkte, Strukturen und Abhängigkeitsverhältnisse: *se débrouiller,* sich durchwursteln, ist zum Schlagwort der späten 90er Jahre geworden. Die folgenden Ausführungen zu ökonomischen Realitäten haben daher relativen Wert.

Senegal

Die wirtschaftlichen Rahmenbedingungen Senegals sind alles andere als erfreulich. Immense Auslandsverschuldung, rückläufige Industrieproduktion, hohe Arbeitslosigkeit, staatlich garantierte Defacto-Monopole (wie etwa das des französischen Zuckerbarons Jean-Claude Mimran) – dies alles setzt einer wirtschaftlichen Zukunft enge Grenzen. Hinzu kommen eine schmale einheimische Rohstoffbasis sowie ein geringer Binnenmarkt bei gesunkener Kaufkraft.

Senegal ist ein Agrarland, das nur im Ballungszentrum Dakar-Ru-

Harte Arbeit: Der frische Fisch wird in Kübeln an Land gebracht

fisque sowie in Ansätzen in Thiès, Kaolack und Ziguinchor industrielle Kerne aufweist. Ackerbau, Viehzucht, Fischerei und Forstwirtschaft, also der **primäre Sektor,** waren Mitte der 90er Jahre mit etwa einem Viertel an der Entstehung des BIP beteiligt. Fast vier Fünftel der Erwerbsbevölkerung sind im Agrarsektor beschäftigt.

Die vornehmlich angebauten Nahrungspflanzen sind Hirse, Reis (vor allem in der Casamance und im Schwemmlandgürtel des Senegalflusses), Mais, Maniok, Zuckerrohr, Süßkartoffeln, Hülsenfrüchte und Gemüse. Die wichtigsten für den Export angebauten Kulturen sind Erdnüsse und Baumwolle. Senegal bleibt, obschon die landwirtschaftliche Produktion stabiler ist als in den Nachbarländern, weiterhin in hohem Maße von Nahrungs-

mittelimporten abhängig. Nach der F CFA-Abwertung 1994 wurden die Erzeugerpreise teilweise kräftig angehoben, Produktions- und Vermarktungsmonopole wurden allmählich abgebaut – beides soll die Agrarproduktion ankurbeln.

Die Erlöse aus dem Exportgeschäft mit Fisch sind inzwischen zum wichtigsten Devisenbringer avanciert. Knapp zwei Drittel der Fischexporte gehen in die EU; etwa 600 000 Personen leben von der Fischerei, wobei zahlreiche Ackerbauern sich saisonal im Fischfang betätigen. Der Pro-Kopf-Konsum an Fisch liegt im Senegal bei 28 kg jährlich und damit weltweit an der Spitze. Der Fischfang wird überwiegend von kleinen Pirogen aus betrieben, die lukrative Hochseefischerei bleibt fast gänzlich ungenutzt.

Der **sekundäre Sektor** (produzierende und verarbeitende Industrie, Raffinerien, Energiewirtschaft und Bergbau) erwirtschaftet, mit leicht rückläufiger Tendenz, rund ein Sechstel des BIP. Um die 90 % der senegalesischen Industrieproduktion entfallen auf den Großraum Dakar-Rufisque, den Löwenanteil des industriellen Sektors besetzt die fischverarbeitende Industrie, mit weitem Abstand folgen die chemische, die lebensmittelverarbeitende sowie die Textilindustrie. Die chemische Industrie bleibt in den späten 90er Jahren weitgehend auf Phosphatförderung sowie auf den Export von Phosphorsäure und Düngemitteln konzentriert. In der lebensmittelverarbeitenden Industrie werden hauptsächlich Erdnußöl, Grieß, Teigwaren, Mehl, Biskuitprodukte, Fischkonserven, Molkerei- und Brauereiprodukte (Bier) erzeugt. Die Textilindustrie, seit Jahren krisengeschüttelt, produziert Konfektionswaren und Trikotagen, wirtschaftlich bedeutsam ist der Export von Baumwollfasern. In Rufisque und im 20 km östlich von Dakar gelegenen M'Bao sind die landesweit größten Raffinerien angesiedelt; die Raffinierung von Rohöl ist durch die *Société africaine de raffinage* (SAR) monopolisiert.

Die Erschließung von Bodenschätzen ist im Senegal noch längst nicht abgeschlossen. Im Grenzgebiet zu Guinea-Bissau wurden jüngst größere Erdöl- und Erdgasvorkommen entdeckt, außer Rohphosphaten sind die Lager von Aluminiumphosphaten, Kalk, Eisen, Gold, Kupfer, Diamanten, Torf, Marmor, Titan und Ton von Bedeutung. Der Bergbau wird überwiegend in der Regie von Staatsunternehmen betrieben; ihre Privatisierung wird im Rahmen der neuesten Investitionspläne angestrebt. Das Handwerk – die wichtigsten Branchen sind leder-, metall- und holzverarbeitende Betriebe sowie das fest in Männerhand befindliche Schneiderhandwerk – läßt sich in seiner volkswirtschaftlichen Bedeutung nicht einmal ansatzweise erfassen; das Gros der Kleinst- und Einmannbetriebe ist dem informellen Sektor zuzurechnen. Schätzun-

Fisch mit Reis: Das wichtigste Export-
gut Senegambias ist zugleich ein
Nationalgericht

gen gehen von etwa 400 000 im
Handwerk Beschäftigten aus, die in
knapp 80 000 Betrieben ihr Auskommen finden (Quelle: ›Marchés
Tropicaux‹, April 1997).

Der **tertiäre Sektor** (Handel,
Dienstleistungen, Transport, Tourismus) erwirtschaftet derzeit etwas mehr als die Hälfte des BIP.
Die senegalesische Handelsbilanz
ist seit Jahren chronisch defizitär,
eine Tendenz, die nach der F CFA-
Abwertung noch durch die verteu-
erten, aber für die einheimische
Produktion unverzichtbaren Im-
porte von Brennstoffen, Maschi-
nen, Fahrzeugen und Ersatzteilen
verschärft wurde. Die Hauptaus-
fuhrgüter im Außenhandel sind
Frischfisch und Fischkonserven,
Industrieprodukte (Chemikalien,
Nahrungsmittelkonserven, Textilien), Erdnüsse und Erdnußöl sowie Phosphate. Die Haupteinfuhr-
güter sind Nahrungsmittel (Reis,
Weizen), Industrieprodukte (Ma-
schinen, Fahrzeuge, Elektrotech-
nik) sowie Erdöl. Der mit Abstand
wichtigste Handelspartner ist sowohl bei den Aus- als auch bei
den Einfuhren Frankreich; weitere
bedeutende Ausfuhrländer sind
Italien, Mali, Kamerun und die
Bundesrepublik, Haupteinfuhrlän-
der Kamerun, Nigeria (Rohöl),
Thailand (Reis) und die Bundesrepublik.

Der Tourismus trägt zwar nur
3 % zur Entstehung des BIP bei, beschäftigt aber etwa 26 000 Perso-

nen (davon etwa 15 000 Saisonar-
beiter) und hat sich nach den
Fischexporten zur zweitwichtigsten Devisenquelle entwickelt
(Quelle: ›Marchés Tropicaux‹,
April 1997). Derzeit sind, mit starker Konzentration auf Dakar, etwa
17 000 Hotelbetten ausgewiesen;
durchschnittlich 380 000, überwiegend französische Touristen be-
suchten 1995 den Senegal, die
Tendenz ist steigend. Mit dem Aufbau des *tourisme rural integré* und
seinen Dorf-Campements hat
Senegal schon seit den 70er Jahren
versucht, vom ausschließlichen
Badetourismus mit seinen Hotel-
ghettos wegzukommen. In Zukunft
setzt das Land verstärkt auf Kul-
tur- (St. Louis, Gorée), Entdek-
kungs- (Nationalparks), Sport-
(Hochseefischerei), Kongreß- und
Tagungstourismus (Dakar). Die
Grenzkonflikte mit Mauretanien,
die Revolten in der Casamance, die
Preispolitik des Monopolisten Air
Afrique sowie die Probleme der lokalen *Touroperateurs* haben das
Tourismusgeschäft zuletzt zu einer
schwer kalkulierbaren und extrem
saisonabhängigen Branche gemacht.

Große Anstrengungen sollen
nach den aktuellen Rahmenpla-
nungen für den Ausbau des Ver-
kehrswesens unternommen werden. Straßen- und Eisenbahnnetz,
Luft- und Seefracht sollen bis zur
Jahrtausendwende durch gezielten
Einsatz internationaler Entwicklungshilfe stark ausgebaut werden.
Der Warenumschlag mit den Bin-

nenländern Mali, Niger, Tschad
und Burkina Faso über Senegal soll
in Zukunft forciert werden.

Nichtsdestotrotz bleiben die
ökonomischen Vorhersagen für Senegal außerordentlich schwierig,
doch wenn der Eindruck nicht
täuscht, scheinen die Verantwortlichen im Planungsministerium den
ohnehin winzigen Investitions-
spielraum in Zukunft sinnvoller
nutzen zu wollen als bisher; ver-
besserte Kreditbedingungen für
Frauenkooperativen, Förderung
von Klein- und Mittelbetrieben,
ländlichen Produktionsgenossen-
schaften sowie von Solar- und
Windenergie sind in diesem Zusammenhang nur einige Stichwor-
te.

Gambia

In Gambia wird zwar nichts produziert, aber mit allem gedealt – das
ist die zynisch zugespitzte These,
die sich in den meisten Gambia ge-
widmeten Wirtschaftsanalysen findet. Die Freihandelszone in Banjul
und die relativ offenen Grenzen,
die niedrigen Zollraten, die ver-
schwindende einheimische Pro-
duktionsbasis sowie seine geogra-
phische Lage als anglophone
Enklave prädestinieren Gambia als
ideale Station für den Zwischenhandel, als Zentrum eines legalen
und vor allem illegalen Güterum-
schlags, der in den Außenhandels-
statistiken verschämt als »Reexpor-
te« umschrieben wird. Ein reger
Import-Export-Handel (wenn man
diese Schmuggelökonomie denn

so benennen will), der Erdnußanbau und -export sowie die Devisen aus dem zuletzt prosperierenden Tourismusgeschäft sind die drei wichtigsten Säulen der gambischen Volkswirtschaft.

Etwa drei Viertel der erwerbsfähigen Bevölkerung sind in der Landwirtschaft tätig, knapp zwei Drittel der Exporteinnahmen entfallen auf den Agrarsektor. Ein intensiver Erdnußanbau, dem der Artenreichtum der natürlichen Vegetation fast völlig zum Opfer gefallen ist und der den Anbau wichtiger Nahrungspflanzen blockiert, wird vor allem am nördlichen Ufer des Gambia River betrieben. Die gesunkenen Weltmarktpreise und die durch ökologisch riskante Anbaumethoden immer bedrohlichere Desertifikation haben die gambische Erdnußproduktion in den späten 90er Jahren in ihrer ökonomischen Bedeutung stark eingeschränkt; dennoch bildet der Erdnußanbau nach wie vor die Lebensgrundlage der meisten kleinbäuerlich strukturierten Betriebe. Reis, Hirse, Mais, Baumwolle sowie vor allem auf die südlichen Uferregionen konzentrierte Obstbaumkulturen sind die wichtigsten, überwiegend für den nationalen Nahrungsmittelmarkt angebauten Pflanzen. Die Fischerei beschränkt sich im wesentlichen auf die traditionelle Flußfischerei mit Pirogen, die Viehzucht gilt vor allem der Haltung von Rindern, Ziegen und Schafen. Der Kahlschlag der einheimischen Wälder

Nicht bloß ›Peanuts‹

Die *tontines*

Weibliche Ökonomie auf afrikanisch

Dieses Mal hat Mame Fatou gewonnen, ihr Name ist aus der Lostrommel gezogen worden. Dieses Mal steht ihr die Gesamtsumme aller Einzahlungen der Frauen aus ihrer *tontines*-Gruppe zu. Die *tontines* sind eine im gesamten Westafrika etablierte Form privat organisierter weiblicher Sparvereine. Obschon die Statistiken von Weltbank und Internationalem Weltwährungsfond eindeutig belegen, daß Frauen verläßlichere Kreditnehmerinnen sind als Männer, daß sie Darlehen pünktlicher zurückzahlen und mit Hilfsgeldern verantwortungsvoller umgehen, sind Frauen bis heute vom Zugang zu den Töpfen internationaler Entwicklungshilfe weitgehend ausgeschlossen. Die *tontines* sind ein Modell weiblicher Selbsthilfegruppen, die auf diese Ungerechtigkeit reagieren. Sie sind damit ein Plädoyer für eine weibliche Ökonomie.

Mame Fatou zahlt wie alle Mitglieder ihrer *tontines*-Gruppe jeden Monat 5000 F CFA in die Gemeinschaftskasse; zehn Frauen zählt ihre Gruppe, 50 000 F CFA stehen somit pro Monat einer Frau als Gesamtsumme zur Verfügung, die als zinsloses Darlehen ausgezahlt wird.

und Brandrodungen haben den gambischen Wald- und Pflanzenbestand inzwischen bedenklich dezimiert; die deutsche Entwicklungshilfe für Gambia gilt denn auch vor allem den Bereichen Aufforstung, Ressourcenschutz und Energieversorgung.

Produzierendes wie verarbeitendes Gewerbe sind in Gambia bisher kaum entwickelt; der winzige Binnenmarkt, Kapitalmangel sowie unzureichend ausgebildete Arbeitskräfte stehen der Entwicklung dieses Bereichs entgegen. Das Schwergewicht des verarbeitenden Gewerbes liegt in der Produktion von Erdnußöl; die Erdnußvermarktung wurde inzwischen durch die Aufgabe des Staatsmonopols für das *Gambia Produce Marketing Board* (GPMB) entscheidend liberalisiert. Das lokale Handwerk hat durch den Aufschwung des Tourismus jüngst einen kräftigen Entwicklungsschub erhalten.

Das Tourismusgeschäft hat sich nach dem Erdnußhandel zur zweitwichtigsten Devisenquelle entwickelt und markiert derzeit die einzige gambische Wirtschaftsbranche mit Wachstumszahlen. Vor dem

Dieses Mal ist das Los also auf Mame Fatou gefallen, bei den nächsten Auslosungen ist ihr Name nicht mehr in der Lostrommel, solange bis alle zehn Frauen ihrer Gruppe einmal in den Genuß des gesamten Geldes gekommen sind. Mit den jeweils 50 000 F CFA kann jede Frau wirtschaften, wie sie will; einige investieren in einen kleinen Eigenbetrieb, einige schaffen sich eine Nähmaschine, einen Kühlschrank oder Saatgut an, einige mieten einen Marktstand oder einen kleinen Laden. Die erwirtschafteten Profite – und Profite, seien sie noch so bescheiden, sind bei diesem System die Regel – werden in Höhe der noch ausstehenden Kreditsumme in die Gemeinschaftskasse zurückgezahlt. Was dann übrigbleibt, ist der private Gewinn jedes einzelnen *tontines*-Mitgliedes.

Dieses zunächst etwas umständlich anmutende Verfahren ist in der ökonomischen Realität ein simples, vielfach erprobtes, auf weiblichem Gemeinsinn beruhendes Prinzip gegenseitiger Hilfe. Die Hürden für ein eigenes Bankkonto (Sicherheiten, Eigenkapital) sowie für Bankkredite sind in Senegambia enorm hoch. Die *tontines* sind vor diesem Hintergrund der aus der Not geborene Versuch, Frauen in einem kalkulierbaren Zeitrahmen die Möglichkeit zu geben, wenigstens einmal mit einer vergleichsweise größeren Geldsumme zu wirtschaften. Alle Erfahrungen mit der Einrichtung der *tontines* in Senegambia zeigen, wie gut afrikanische Frauen mit Geld umgehen können.

Militärputsch im Juli 1994 waren pro Jahr knapp 140 000 ausländische Touristen (vor allem Engländer, Nordiren und Skandinavier) ins Land gekommen; inzwischen wurden diese Zahlen, nach dem Totalausfall 1994/95, wieder erreicht.

Die Freigabe des Dalasi-Wechselkurses hat der gambischen Volkswirtschaft seit 1986 horrende Inflationsraten und wirtschaftliche Turbulenzen beschert. Mitte der 90er Jahre belief sich der Anteil der internationalen Entwicklungshilfe am gambischen BIP auf fast ein Drittel, einer der höchsten Prozentsätze in ganz Afrika. Die makroökonomischen Globaldaten verheißen Gambia eine prekäre Zukunft, zumal die gambische Schmuggelökonomie seit der Abwertung des CFA-Franc empfindlich gelitten hat. Seit dem Zusammenbruch der Senegambia-Konföderation haben sich allenfalls mit einer verbesserten Integration des anglophonen Winzlings in die Westafrikanischen Wirtschaftsgemeinschaften sowie mit einer Ausweitung im Tourismussektor wirtschaftliche Zukunftsperspektiven angedeutet.

Daten zur Geschichte Senegambias

Vor- und Frühgeschichte

5000– **3000 v. Chr.**	Reichhaltige Funde von Werkzeugen und Felsmalereien belegen eine kulturell hochstehende Jäger- und Hirtenzivilisation im heutigen Sahel.
8. Jh. v. Chr.	Die kreisförmig angeordneten Steinmonumente im Osten der Sine-Saloum-Region sowie am Nordufer des Gambia River markieren die frühesten Siedlungsspuren in Senegambia.
146 v. Chr.	Nach der Zerstörung Karthagos durch die Römer unternimmt der griechische Forscher Polybios eine Expedition an die westafrikanische Atlantikküste; mit Polybios' Reportage liegt eine frühe, glaubwürdig dokumentierte Schilderung des damaligen Senegambia vor.
1. Jh. n. Chr.	Am Unterlauf des Senegalflusses bildet sich das Tekrur-Reich, eines der frühesten staatenähnlich organisierten Gebilde in der Senegambia-Region.

Die mittelalterlichen Königreiche im westlichen Sahel-Sudan

12. Jh.	Moussa Keita gründet das Mali-Reich, ein Königreich der Malinke, dessen Kernbereich die größten Regionen der heutigen Staaten Senegal, Mali und Guinea umfaßt.
15. Jh.	Niedergang des Mali-Reiches unter den Angriffen von Tuaregstämmen und den aufstrebenden Songhay-Herrschern.
1464–1492	Regierungszeit Sonni Alis, mehrfache Besetzung Timbuktus, 1477 Eroberung der mächtigen Handelsstadt Djenné nach siebenjähriger Belagerung. 1483 Sieg über die Mossi, ein mit den Songhay verfeindetes Bauernvolk in der Volta-Region.
1493–1528	In der Ära des Herrschers Mohammed Ture, bekannter unter dem Namen ›Askia der Große‹, erlebt das Songhay-Reich seine Blütezeit. Gründung einer islamischen Universität in Timbuktu, Kanonisierung der islamischen Rechtsprechung (Scharia). Das Songhay-Reich umfaßt im frühen 16. Jh. die größten Regionen der heutigen Staaten Senegal, Mauretanien, Mali und Niger.

1590	Die marokkanischen Invasionsheere bringen dem Song-hay-Herrscher Askia Isihak II. in der Entscheidungs-schlacht von Tondibi (Region Gao) eine verheerende Niederlage bei. Mit der Zerschlagung der politischen Zentralgewalt beschleunigt sich die Auflösung des Song-hay-Reiches. Der Transsahara-Handel verlagert sich nach Osten, die traditionsreichen Handelsstädte Gao, Djenné und Timbuktu versinken in Bedeutungslosigkeit.

Die Wolof-Königreiche im Senegal

15./16. Jh.	Ndjadja N'Diaye gründet in der Senegalfluß-Region das Djolof-Reich, in dem maurische Einwanderer und schwarzafrikanische Stämme, verbunden durch eine ge-meinsame Sprache (Wolof), zusammenleben. Das Reich, in mehrere Provinzen gegliedert, dehnt sich in der Folgezeit vom Senegal-Unterlauf nach Südosten aus. Im 16. Jh. beginnen sich die Regionen Walo (Fluß), Kayor (Côte Sauvage und Hinterland), Baol sowie die Sine-Saloum-Region von der Zentralmacht zu lösen. Das Volk der Wolof, das der islamischen Missionierung zunächst reserviert begegnet war, gerät zunehmend un-ter den Einfluß der muslimischen Toucouleurs aus der Flußregion.

Die Mandingo-Dynastie in Gambia

15./16. Jh.	Bereits in der Ära des Mali-Reiches beginnen sich ein-flußreiche Clans der Mandingo (Mande) im Gambia-Tal festzusetzen, die gegenüber den Mali-Regenten tribut-pflichtig sind. Nach dem Zusammenbruch des Mali-Rei-ches gelingt es den Mandingo, den Binnenhandel in der Flußregion an sich zu ziehen und mehrere Kleinstaaten aufzubauen. Besonders der frühere Vasallenstaat Kabu entwickelt sich im 16. Jh. zu einem bedeutenden Reich, das sich auf die Gebiete der Casamance sowie der heu-tigen Staaten Guinea-Bissau und Guinea erstreckt. Die mächtigsten Mandingo-Clans können ihren politischen und wirtschaftlichen Einfluß bis ins 19. Jh. bewahren.

Europäische Entdeckungen und Eroberungen in Senegambia

15./16. Jh. Die Portugiesen errichten erste Handelsstützpunkte an den Flußmündungen der senegambischen Atlantikküste. Beginn des Sklavenhandels bereits um die Mitte des 15. Jh.

17. Jh. Die Region Senegambia gerät mehr und mehr unter den Einfluß der Franzosen und Engländer. Wirtschaftliche Ausbeutung (Sklavenhandel) und koloniale Unterdrückung verschärfen sich zunehmend.

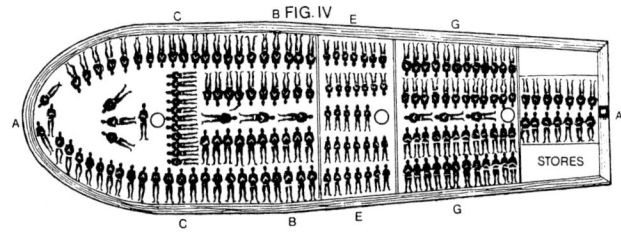

Die Sklaven wurden auf den europäischen Schiffen wie Frachtware unter unmenschlichen Bedingungen zusammengepfercht; zeitgenössische Darstellung.

1659 Die Franzosen gründen St. Louis am Senegal-Delta.

1663 Die Engländer besetzen die Insel Gorée, die als wichtigste Verschiffungsstation im internationalen Sklavenhandel an der westafrikanischen Küste zu trauriger Berühmtheit gelangt. Gorée bleibt bis 1815, als die Insel endgültig an Frankreich fällt, zwischen Franzosen und Engländern umkämpft.

1673 Gründung der französischen Handelsgesellschaft *Compagnie du Sénégal.*

1765–1783 Die englischen Besitztümer in Senegal und Gambia werden zur Kolonie Senegambia zusammengefaßt. Im Vertrag von Versailles (1783) wird England der Gambia River mit der Niederlassung Bathurst (das spätere Banjul) zugesprochen, Frankreich erhält den größten Teil der Territorien von Senegambia.

1795/96 Erste Entdeckungsreise des schottischen Arztes Mungo Park, der den Gambia River stromaufwärts erkundet, das senegambische Hinterland erforscht und seine Vermutung bestätigt findet, daß der Niger nach Osten und nicht, wie bisher stets angenommen, nach Westen fließt.

Frühes 19. Jh. Im Namen des Islam und getragen von bedeutenden Marabout-Persönlichkeiten, deren religiöser und politisch-sozialer Einfluß stetig wächst, beginnt sich ein entschiedener Widerstand gegen die europäische Kolonialherrschaft in Senegambia zu formieren.

1807 Das Londoner Parlament verbietet den Sklavenhandel in den englischen Überseebesitzungen (der Sklavenhandel im englischen Mutterland war 1772 verboten worden).

1848 Endgültige Aufhebung des Sklavenhandels in den französischen Überseeterritorien (bereits auf dem Wiener Kongreß 1815 formell abgeschafft).

1884 Auf der Berliner Kongo-Konferenz wird der afrikanische Kontinent von den Kolonialmächten in ›Einflußgebiete‹ aufgeteilt; Frankreich sichert sich u. a. den gesamten Sahel-Sudan vom Atlantik bis zum Tschadsee, England u. a. seine Besitzungen in Gambia.

Senegal, das ›Frankreich Westafrikas‹. Die koloniale Epoche

1854–1865 Louis Léon César Faidherbe (1818–1889) regiert als französischer Generalgouverneur von St. Louis aus im Senegal. Ausdehnung des französischen Herrschaftsbereichs ins Hinterland. Einführung des französischen Schul- und Bildungssystems für eine einheimische, frankophone Elite, die dem Kolonialregime als Partner dienen soll. Aufbau einer zentralistischen, strikt hierarchischen Verwaltungsordnung.

1857 Gründung der Hafenstadt Dakar.

1907 Die Franzosen verlegen den Regierungssitz des Generalgouverneurs von Französisch-Westafrika von St. Louis nach Dakar. Dakar, seit 1907 mit überregionalen Verwaltungsaufgaben betraut, erlebt einen stürmischen politischen und wirtschaftlichen Aufstieg.

1916 Die Bürger der ältesten, von den Franzosen gegründeten Kommunen im Senegal – St. Louis, Gorée, Dakar und Rufisque – werden, zumindest formalrechtlich, den Franzosen gleichgestellt, was eine Spaltung der Bevölkerung provozieren soll. Die vier Kommunen entsenden aus ihren Gemeinderäten einen Abgeordneten in die französische Nationalversammlung; dieses Amt vertritt von 1916 bis 1934 der Abgeordnete Blaise Diagne, später übernimmt der Rechtsanwalt Lamine Gueye die parlamentarische Vertretung Senegals in Paris.

1923 Fertigstellung der Eisenbahnverbindung von Dakar in die malische Hauptstadt Bamako.

1944 Auf der Konferenz von Brazzaville (Kongo) wird das zukünftige Verhältnis zwischen Frankreich und seinen afrikanischen Kolonien kontrovers diskutiert. In den vierziger Jahren beginnt sich im Senegal immer stärker ein afrikanischer Nationalismus zu artikulieren, der die Unabhängigkeit des Landes fordert.

1948 Léopold Sédar Senghor gründet die sozialistische Partei Bloc Démocratique Sénégalaise, aus der nach der Unabhängigkeit die Regierungsparteien die Union Progressive Sénégalaise (UPS) sowie später der Parti Socialiste Sénégalais (PS) hervorgehen.

1958 Senegal wird eine autonome Republik innerhalb der Communauté Française.

1959 Gründung der ›Mali-Föderation‹, die die Republik Senegal, den französischen Sudan (Mali, Niger), Obervolta (heute: Burkina Faso) und Dahomey (heute: Benin) umfaßt; die Mali-Föderation zerbricht an den partikularen Interessen der Teilregionen.

4. 4. 1960 Formale Unabhängigkeit Senegals, zunächst noch innerhalb der Mali-Föderation. Im August 1960 wird Senghor zum ersten Staatspräsidenten der unabhängigen Republik Senegal gewählt.

Gambia unter britischer Hoheit. Die Epoche der *Indirect Rule*

1821 Die britischen Siedlungen in Gambia (1816 hatten die Engländer die Insel Banjul, 1823 das spätere Fort Georgetown gekauft) gehen in den Besitz der Krone über und werden bis 1888 vom britischen Gouverneur in Freetown (Sierra Leone) verwaltet.

1843 Die Engländer legen die Grundzüge eines neuen, am Prinzip des *Self-Government* orientierten Verwaltungsmodells für ihre afrikanischen Kolonien fest. Anders als die Franzosen, die mit oft brachialen Methoden die ›Assimilierung‹ ihrer Untertanen durchzusetzen versuchen, lassen die Engländer die vorgefundenen politischen wie sozialen Strukturen weitgehend unangetastet; das Verwaltungs- und Herrschaftsprinzip der *Indirect Rule* sieht die Zusammenarbeit mit einheimischen Räten auf lokaler und kommunaler Ebene vor. Das englische Bildungssystem fördert zwar allgemeine Englischkenntnisse, gestattet aber in den Grundschulen den Unterricht in den afrikanischen Landessprachen.

1889	Festlegung der bis heute gültigen Staatsgrenzen zwischen Senegal und Gambia. Gambia wird von einem Gouverneur in Bathurst (Banjul) verwaltet.
1901	Gambia erhält den Titel einer *Crown Colonie of the Gambia;* die Gambier erhalten den Status britischer Untertanen.
1948	Die Engländer gestatten die Wahl afrikanischer Abgeordneter ins Londoner Parlament.
1959	Gründung der Protectorate's People's Party (später in People's Progressive Party – PPP – umbenannt) unter Führung des späteren gambischen Staatspräsidenten Dawda Kairaba Jawara.
1960	Bei den ersten allgemeinen Wahlen in Gambia siegt die PPP; Jawara wird Staatsminister.
1963	Als selbständiges Mitglied des britischen Commonwealth erhält Gambia volle innere Autonomie.
18. 2. 1965	Gambia erhält seine politische Unabhängigkeit; Jawara wird als Premierminister Regierungschef einer unabhängigen gambischen Regierung.
24. 4. 1970	Nach einer Volksabstimmung wird in Gambia die Republik ausgerufen, endgültige Loslösung von England. Jawara, 1966 in den britischen Adelsstand erhoben, wird erster gambischer Staatspräsident.

Senegal nach der Unabhängigkeit

1962	Senghor läßt seinen Ministerpräsidenten Mamadou Dia, der einer Verschwörung angeklagt wird, verhaften. Dia bleibt bis 1974 eingekerkert, ohne daß formelle Anklage erhoben wird, die Putschgerüchte sind bis heute ungeklärt. Von 1962 bis 1970 amtiert Senghor gleichzeitig als Staatspräsident und Regierungschef.

1963	Verfassungsänderung per Referendum: Grundzüge einer Präsidialrepublik, in der die Exekutivgewalt des Staatsoberhaupts immer stärker ausgebaut wird.
1966	Verbot aller Oppositionsparteien.
1968	Wiederwahl Senghors als Staatspräsident. Bei den schweren Studentenunruhen im Mai 1968 läßt Senghor den Campus der Dakarer Universität Cheikh Anta Diop von der Armee räumen. Im Oktober wird Senghor der Friedenspreis des Deutschen Buchhandels verliehen.
1970	Ernennung Abdou Dioufs zum Premierminister.
1973	Wiederwahl Senghors als Staatspräsident.
1974	Das faktische Politikmonopol von Senghors Staatspartei, inzwischen in Parti Socialiste Sénégalais (PS) umbenannt, beginnt zu bröckeln. Mit Abdoulaye Wades Parti Démocratique Sénégalais (PDS) wird eine oppositionelle Gruppierung als Partei zugelassen. Seit 1974 Gründung zahlreicher Splitterparteien.
1978	Wiederwahl Senghors als Staatspräsident.
31. 12. 1980	Rücktritt Präsident Senghors. Am 1. 1. 1981 tritt Abdou Diouf, seit einem Jahrzehnt Regierungschef, die Nachfolge Senghors im Präsidentenamt an.
1981	Zulassung weiterer politischer Parteien. Im Juli 1981 kommt es im gambischen Banjul zu einem Putschversuch, der von der senegalesischen Armee niedergeschlagen wird.
1983	Abdou Dioufs PS gewinnt die Parlamentswahlen; heftige Vorwürfe wegen angeblicher Wahlmanipulationen.
1988	Von gewaltsamen Ausschreitungen begleitete Parlaments- und Präsidentschaftswahlen, aus denen Abdou Diouf und die PS als Sieger hervorgehen. Verhängung des Ausnahmezustands, Verhaftung zahlreicher Oppositioneller, unter ihnen Abdoulaye Wade. Seit den späten 80er Jahren kommt es in der Casamance verstärkt zu gewaltsamen Ausschreitungen, bei denen die Separatistenbewegung Mouvement des forces démocratiques de Casamance (MFDC) gegen die Dakarer Zentralgewalt Front macht; die Autonomiebestrebungen in der Casamance werden zu einem zentralen Problem senegalesischer Innenpolitik in den 90er Jahren.
1989	Was als Streit um Weideland auf beiden Ufern des Senegal beginnt, eskaliert im April/Mai zu einem schweren Grenzkrieg zwischen Senegal und Mauretanien; blutige

Ausschreitungen in der Flußregion um Rosso, Massaker in Nouakchott und Dakar; Abbruch der diplomatischen Beziehungen zwischen beiden Staaten, die Grenze bleibt bis Mai 1992 geschlossen. Im August Auflösung der 1982 gegründeten Senegambia-Konföderation.

1991 Armeeinsatz bei den bisher schwersten Unruhen in der Casamance; amnesty international beschuldigt die senegalesische Regierung schwerster Menschenrechtsverletzungen.

21. 2. 1993 Abdou Diouf erhält bei den Präsidentschaftswahlen, in denen das Casamance-Problem zum Wahlkampfthema ersten Ranges avancierte, 58 % der abgegebenen Stimmen (Wade 32 %).

Gambia nach der Unabhängigkeit

1971 Die neugegründete gambische Zentralbank gibt eine eigene Währung, den Dalasi, heraus.

1973 Umbenennung der Hauptstadt von Bathurst in Banjul.

1976 Mit der National Convention Party (NCP) entsteht die erste große gambische Oppositionspartei.

1977 Wahlsieg von Jawaras People's Progressive Party (PPP) bei den Parlamentswahlen.

1981 Während einer Auslandsreise Jawaras kommt es in Banjul zu einem – angeblich vom libyschen Geheimdienst gesteuerten – Putsch der linksradikalen Opposition. Der Putsch wird nach fünf Tagen von senegalesischem Militär niedergeschlagen, offizielle Quellen sprechen von über 500 Toten. Der nach dem Putsch verhängte Ausnahmezustand gilt bis 1985.

1982 Am 1. 2. tritt die Senegambia-Konföderation in Kraft. Bei den Präsidentschaftswahlen sowie den Wahlen zum gambischen Repräsentantenhaus (insgesamt 49 Mandate) siegt Jawara und seine PPP.

1983 Vereidigung der ersten Rekruten der neugegründeten gambischen Armee.

1986 Gründung der Oppositionspartei The Gambia People's Party (GPP).

1989 Im August wird die Senegambia-Konföderation aufgelöst; 1991 schließt Gambia einen bilateralen Freundschaftsvertrag mit Senegal.

Léopold Sédar Senghor

Ein Poet in der Politik

Die grandiosen Feierlichkeiten zu seinem 90. Geburtstag im Oktober 1996, die überwältigende Medienpräsenz, die Gründung einer Gedenkstätte in seinem Geburtsort Joal-Fadiout, nicht zuletzt die Umbenennung des Internationalen Flughafens in Dakar-Yoff in ›Aéroport Léopold Sédar Senghor‹ – der ehemalige Staatspräsident Senghor ist im Senegal, ja im gesamten frankophonen Westafrika eine Jahrhundertfigur. 1906 als Sohn eines reichen Kaufmanns geboren, war sich Senghor zeit seines Lebens einer doppelten sozialen Randstellung bewußt: Als praktizierender Katholik gehörte er im islamisch geprägten Senegal religiös ebenso zu einer Minderheit wie ethnisch als Sérèr in einem von den Machteliten der Wolof dominierten Staat.

Nach dem Besuch einer katholischen Missionsschule wurde Senghor von 1923 bis 1927 auf dem Dakarer Collège Libermann erzogen. Mit einem Stipendium für das Pariser Lycée Louis-Le-Grand kommt er 1928 nach Frankreich, er studiert an der Sorbonne, besteht als erster Afrikaner das Staatsexamen für das höhere Lehrfach mit Auszeichnung, unterrichtet in Tours und Paris. 1933 nimmt er die französische Staatsbürgerschaft an. Senghor leistet in einer französischen Infanterieeinheit seinen Wehrdienst ab, von 1940 bis 1943 gerät er in deutsche Kriegsgefangenschaft. Nach dem Krieg wird er Abgeordneter Senegals in der französischen Nationalversammlung. In dieser Zeit beginnt Senghors einzigartige literarische und politische Karriere.

Obwohl der Begriff eine Schöpfung seines afro-karibischen Dichterkollegen Aimé Césaire ist, gilt Senghor bis heute als der wichtigste Repräsentant jenes kulturellen Konzepts der ›Négritude‹, die sich einer genuin-schwarzafrikanischen Identität zu vergewissern sucht. Noch in seiner späten Essaysammlung ›Ce que je crois‹ (Paris 1988) definiert Senghor die Négritude als »Gesamtheit der Werte der schwarzen Zivilisation«: »Die Négritude ist eine bestimmte Art, Mensch zu sein, vor allem als Mensch zu leben. Sie bedeutet Sensibilität und folglich mehr Seele als Denken. Charakteristisch sind in dieser Hinsicht solche afrikanischen Ausdrücke wie ›ich will, daß du mich fühlst‹ und nicht ›ich will, daß du mich verstehst‹.« Mit ›Chants d'ombre‹ (1945), ›Hosties Noires‹ (1948), seiner legendären Anthologie schwarzer Lyrik, zu der Sartre das programmatische Vorwort

›Schwarzer Orpheus‹ verfaßte (1948), und den ›Chants pour Naët‹ (1949) erscheinen vor 1950 in rascher Folge jene Gedichtbände, die Senghors frühes lyrisches Œuvre bilden und den Autor in die französischen Intellektuellenzirkel einführen. Noch in den Interviews zu sei-

nem 90. Geburtstag kennzeichnet Senghor sein literarisches Werk als ›das Wesentliche‹ seines Lebens.

Als Politiker blieb Senghor nicht unumstritten. So kam es 1968 anläßlich der Verleihung des Friedenspreises des Deutschen Buchhandels vor der Frankfurter Paulskirche zu Tumulten: Der *poeta laureatus* mußte sich als ›Studentenmörder‹ beschimpfen lassen. Spätestens als Senghor, seit 1960 senegalesischer Staatspräsident und zwischen 1962 und 1970 als Ministerpräsident zugleich Regierungschef, im Sommer 1968 den Campus der Dakarer Universität durch die Armee räumen ließ, war sein positives Bild als demokratischer Hoffnungsträger in Afrika nicht länger ungetrübt. Senghor übergab – bis dato in Afrika ein einmaliger Vorgang – am 31. Dezember 1980 das Präsidentenamt aus freien Stücken an seinen Nachfolger Abdou Diouf.

Eine Bilanz der 20jährigen politischen Ära Senghor kann nur eine zwiespältige sein. Zweifellos ist es das Verdienst Senghors, daß die Republik Senegal in politischer und ethnischer Hinsicht zu den stabilsten Staaten in Westafrika zählt, die Autonomiebestrebungen in der Casamance ändern nichts an diesem Befund. Andererseits hat der Dichter-Präsident zwischen 1964 und 1974 jede politische Opposition im Senegal verbieten lassen, sein 1962 eines Putschversuchs angeklagter

Ministerpräsident Mamadou Dia wurde für zwölf Jahre eingekerkert, und auch Senghors Diktat, drei politische Parteien seien für den Senegal genug, wird man nicht eben als Ausbund demokratischer Gesinnung werten können.

Senghor organisierte Kulturgipfel, Kunstausstellungen (1966 das Festival des Arts Négres in Dakar) und literarische Symposien in einem Land, in dem Menschen hungerten und die Analphabetenrate um die 70 % lag. Vieles spricht dafür, daß Senghor selbst von ökonomischen Grundprinzipien keine Ahnung hatte. Die Opposition im Land warf ihm nicht zu Unrecht einen selbstherrlich-autoritären Umgang mit der politischen Macht und Komplizenschaft mit dem früheren Kolonialherrn Frankreich vor. Sein Konzept eines an universalen Grundwerten orientierten, gelegentlich geradezu spirituell eingefärbten Sozialismus, dem alles Klassenkämpferische zuwider war, ließ die Grundfesten politischer Macht jahrzehntelang unangetastet. Seine Union Progressive Sénégalaise (UPS), aus der 1974 der Parti Socialiste Sénégalais (PSS) hervorging, war lange Zeit eine straff organisierte Kaderpartei, die keine ideologischen Abweichler duldete und das Parlament im Stil einer Einheitspartei beherrschte. Bisweilen hat es den Anschein, als gründe Senghors Identität weniger auf seine afrikanischen Wurzeln als vielmehr auf seine Erfolge innerhalb einer ›alboeuropäischen‹ Zivilisation. Senghor, das erste schwarze Mitglied der *Académie Française* und ein enger Freund des 1974 verstorbenen französischen Präsidenten Georges Pompidou, hat es immer als Kompliment empfunden, was ihm die senegalesische Opposition vorwarf: ein Franzose schwarzer Hautfarbe zu sein.

1990	Gambische Beteiligung an einer in Liberia stationierten westafrikanischen Friedenstruppe.
1992	Jawara als Staatspräsident wiedergewählt.
22. 7. 1994	Unblutiger Putsch des 29jährigen Armee-Leutnants Yahyah Jammeh, der Staatschef Jawara nach 29 Amtsjahren ablöst und ins Exil zwingt. Verhaftung prominenter Jawara-Anhänger, deren Besitztümer und Konten beschlagnahmt werden; die Verfassung wird außer Kraft gesetzt, politische Parteien verboten, der Ausnahmezustand verhängt. Die internationalen Geldgeber setzen ihre Finanzhilfe aus, der Tourismus bricht nahezu vollkommen zusammen.

Die aktuelle politische Situation im Senegal

In die Parlamentswahlen vom Mai 1993 war Staatspräsident Abdou Diouf mit vollmundigen Versprechungen gezogen: So hatte er in den Wahlversammlungen seiner schon 1991/92 in eine Koalition mit dem oppositionellen Parti Démocratique Sénégalais (PDS) gezwungenen sozialistischen Kaderpartei Parti Socialiste Sénégalais (PS) 6 % Wirtschaftswachstum und 20 000 neue Stellen angekündigt. Das Wahlergebnis war für die sieggewohnte PS eher enttäuschend; sie vermochte nur noch etwa 60 % der abgegebenen Stimmen auf sich zu vereinigen – bei einer unter 50 % gesunkenen Wahlbeteiligung! Die herben Verluste im Großraum Dakar waren ein Alarmzeichen, die Opposition beschuldigte die PS massiver Stimmenkäufe im ländlichen Raum.

Als sich die wirtschaftlichen Globaldaten im Sommer 1993 rapide verschlechterten und das Staatsdefizit auf horrende 120 Mrd. F CFA (›Jeune Afrique‹ Nr. 1708; s. S.215) emporgeschnellt war, sah sich die Regierung zum Handeln genötigt. Der am 24. 8. 1993 von der Nationalversammlung verabschiedete sogenannte ›Sakho-Loum-Plan‹ (nach Wirtschafts- und Finanzminister Pape Ousmane Sakho sowie Budget-Minister Mamadou Lamine Loum) verpaßte den senegalesischen Staatsbediensteten eine 15-prozentige Lohnkürzung. Die Regierung schien erstmals gewillt, den aufgeblähten Beamtenapparat einzuschränken: Die etwa 66 000 Staatsfunktionäre, ein minimaler Bruchteil der arbeitenden Bevölkerung, verschlingen im Senegal nicht weniger als 60 % der Staatsfinanzen (›Jeune Afrique‹ Nr. 1708). Der Protest von Opposition und Gewerkschaften ließ jedoch nicht lange auf sich warten, am 2. 9. 1993 kam es zu einem weitgehend befolgten, landesweiten Generalstreik. Die Opposition machte geltend, daß von jedem Beamtengehalt mindestens zehn weitere Personen miternährt würden, so daß der Sakho-Loum-Plan keineswegs nur den Funktionärsapparat träfe, sondern besonders das Gros der arbeitslosen Bevölkerung.

Wie sehr das wirtschaftliche Krisenmanagement die Gesetze des politischen Handelns inzwischen bestimmte, zeigte eine Maßnahme, die für das gesamte frankophone Westafrika vermutlich *die* Zäsur-

Senegalesische Staatsfahne

Freiheitskämpferdenkmal in Dakar

doppelten CFA-Nennwert kassieren konnten! Für die Bevölkerung bedeutete die F CFA-Abwertung rapide steigende Preise (über 30 %) für Grundnahrungsmittel, Mieten, Transport, Wasser, Gas und Elektrizität.

Als Reaktion darauf kam es in Dakar am 16. 2. 1994 zu gewaltsamen Ausschreitungen. Islamistische Hardliner nutzten die Gunst der Stunde, um für den Senegal einen nach den Gesetzen des Koran ausgerichteten Gottesstaat zu propagieren. Die Regierung rettete sich in brachiale Härte, also offenkundige Hilflosigkeit, indem sie die üblichen Verdächtigen, unter ihnen die prominenten Oppositionspolitiker Abdoulaye Wade und Landing Savané, verhaften ließ. Die islamistische Bewegung MWM wurde landesweit verboten. In seinem Bericht zur Lage der Nation am Nationalfeiertag, dem 4. 4. 1994, ging Staatspräsident Abdou Diouf mit keinem Wort auf die gefährlich angespannte innen- und wirtschaftspolitische Situation ein.

entscheidung der 90er Jahre markiert. Am 12. 1. 1994 werteten die in Dakar versammelten 15 Staatschefs der Länder der west- und zentralafrikanischen F CFA-Zone ihre gemeinsame Landeswährung gegenüber dem französischen Franc um die Hälfte ab. Clevere Anleger und Insider, die von der bevorstehenden Entscheidung gewußt hatten, hatten noch am Vorabend riesige Summen an CFA-Francs nach Paris transferiert und gegen französische Francs getauscht; am Morgen nach der Abwertung hatten sie ihr Kapital verdoppelt, indem sie beim Rücktausch in CFA-Francs den

Angesichts einer solchen Staatskrise favorisierte die Regierung als Reaktion auf den Blut-Februar 1994 eine Politik des nationalen Ausgleichs, die auch die oppositionellen Kräfte zu binden und damit zu neutralisieren versuchte. Die PDS wurde in die Regierungsverantwortung eingebunden und mit immer vier eigenen Ressort-Ministerien am politischen Tagesgeschäft und seinen lukrativen Pfründen beteiligt.

Im Zeichen dieses nationalen Ausgleichs, dem freilich eine ideologisch heikle und politisch zerbrechliche Allianz zugrundeliegt, wurde am 5. 2. 1996 eines der wichtigsten und zukunftsweisenden Gesetzesvorhaben mit breiter parlamentarischer Mehrheit verabschiedet. Das sogenannte ›Regionalisierungsgesetz‹ sieht im Aufbau dörflicher Selbstverwaltung, kommunaler Landstände und lokaler Budgethoheit eine weitgehende Autonomie der Regionen vom Wasserkopf der Dakarer Zentralverwaltung vor. Unübersehbar ist das Bemühen, mit den oft bemühten Slogans von politischer Partizipation wenigstens im Ansatz ernst zu machen – was angesichts der Staats- und Politikverdrossenheit gerade der arbeitslosen Jugend im Senegal der späten 90er Jahre auch dringend geboten ist. Ebenso spiegelt das ›Regionalisierungsgesetz‹ eine politische Reaktion auf die 1996 wieder vehement entbrannten Autonomiebestrebungen in der Casamance wider. Ein Senegal der Regionen, in denen sich eine relative Autonomie der ländlichen Kommunen gegenüber der politischen Zentrale in Dakar anzudeuten beginnt, könnte gerade auch für die Casamance eine hoffnungsfrohe Zukunftsperspektive eröffnen.

Das bestimmende politische Ereignis des Jahres 1996 waren die Kommunal- und Regionalwahlen vom 24. November. Unter ihrem neuen Generalsekretär Ousmane Tanor Dieng vermochte sich die PS wieder als stärkste politische Kraft des Landes zu etablieren, während die vermeintliche Opposition von Abdoulaye Wade (PDS) erheblich an Stimmen einbüßte. Mit Landing Savanés neugegründeter ›And Jef – Agir Ensemble‹ konnte sich eine dritte politische Partei durchsetzen, die vermutlich in den nächsten Jahren zur eigentlichen Oppositionspartei im Senegal werden wird.

Die aktuelle politische Situation in Gambia

Der Staatsstreich der Militärs um den jungen Leutnant Yahyah Jammeh vom 22. 7. 1994 markierte für den Zwergstaat Gambia eine epochale Zäsur. Immerhin waren die neuen Herrscher angetreten, so der Tenor der ersten Kommuniques, um mit dem Erbe der 30jährigen Jawara-Regentschaft aufzuräumen. Ein neues Gambia sollte entstehen,

---

Gambische Staatsflagge

Dawda Kairaba Jawara

Politik der offenen Hand

Am Ende hat ihm offenbar niemand eine Träne nachgeweint: Dawda Kairaba Jawara, einer der dienstältesten afrikanischen Staatschefs, hatte seine Schuldigkeit getan – und konnte gehen. Der zur Volksgruppe der Mandingo gehörige Jawara, 1924 geboren, hatte seinem Land und vor allem sich selbst gedient: seit 1959 als Parteigründer, seit 1962 als Minister, seit 1965 als Premierminister und Regierungschef, seit 1970 als gambischer Staatspräsident. Die von Jawara gegründete People's Progressive Party (PPP) übte seit 1962 faktisch eine Art Politikmonopol aus, Jawara wurde in sechs Wahlen, zuletzt 1992, als Staatsoberhaupt bestätigt.

Demokratie als ein Mandat auf Zeit: Wenn der Wechsel des politischen Personals ein Kennzeichen von Demokratie ist, dann war es um die demokratischen Zustände während der Jawara-Ära traurig bestellt. Gambische Wahlen dienten fast 30 Jahre lang eher der Zementierung der bestehenden Klientelverhältnisse als der Herstellung politischer Transparenz. Unter Jawara gedieh eine Politik der offenen Hand, Korruption bis in höchste Regierungskreise war allgemein üblich, Wahl-

in dem für Korruption und hemmungslose Vetternwirtschaft, für Mißwirtschaft und Tribalismus kein Platz mehr war. Der von den Militärs zunächst ins Leben gerufene provisorische Regierungsrat war unübersehbar von einem moralischen Rigorismus geprägt, der jedenfalls in der offiziellen Rhetorik mit den Grundübeln der Jawara-Epoche brechen wollte.

Nachdem sich die wichtigsten internationalen Geldgeber, die den Putsch einhellig verurteilten (die USA, Großbritannien, die EU und Japan), aus Gambia mehr und mehr zurückzogen, leitete Jammeh ab 1995 eine bedenkliche außen- und wirtschaftspolitische Kurskorrektur ein, indem er sein Land an Partner wie Libyen, Kuba und Taiwan annäherte. 1995 avancierten China und Hongkong zu den wichtigsten Importeuren in Gambia: Dies war ein deutliches Signal für neue wirtschaftspolitische Weichenstellungen. Der gambische Tourismus, eine der bedeutsamsten Devisenquellen des Landes, der vornehmlich auf der britischen, skandinavischen und deutschen Klientel gründet, hat sich in den

fälschungen, Justizskandale und Repressalien gegen alle Formen von Opposition gehörten zum politischen Tagesgeschäft. Jawara hat in 30 Jahren keine einzige Universität in Gambia gegründet, die Investitionen in Gesundheits- und Bildungswesen blieben marginal, und zuletzt schien dem Staatschef, der sich lieber dem Golfspiel und dem Fischen widmete als dem Regieren, die Kontrolle über den politischen Apparat vollends entglitten.

Der Putschversuch linker Oppositioneller vom Juli 1981, von großen Teilen der Bevölkerung Banjuls unterstützt, war eine Revolte gegen Vetternwirtschaft, Korruption und einen von Regierungsvertretern schamlos zur Schau gestellten, oft illegal erworbenen Reichtum. Die jungen Militärs um Leutnant Yahyah Jammeh rechtfertigten den Staatsstreich vom 22. Juli 1994 mit den unhaltbaren Zuständen im Land. Jawara gehörte zu jenen afrikanischen Potentaten, die ihre Länder wie eine Privatfirma führen: 30 Jahre lang hat er den Zwergstaat am Gambia River nach Strich und Faden ausgenommen. Der in England zum Veterinärmediziner ausgebildete, von der britischen Krone 1966 in den Adelsstand erhobene Sir Dawda war lange Jahre ein Hätschelkind europäischer (vor allem englischer wie skandinavischer) und amerikanischer Entwicklungspolitik. Der Putsch von 1994 besiegelte das Ende einer politischen Ära und zwang den ewigen Präsidenten ins Exil.

späten 90er Jahren von den Turbulenzen der Jahre 1994/95 erholt und jüngst sogar satte Zuwachsraten aufgewiesen.

Nicht zuletzt auf Druck des Westens kündigte Jammeh im Februar 1995 an, er werde eine neue Verfassung und ein neues Parteiengesetz ausarbeiten; Wahlen und der Übergang zu einer zivilen Regierung wurden versprochen. Ende 1995 war von vergleichsweise demokratischen Zuständen in Gambia freilich nichts zu sehen, im November machte Jammeh bei einer Commonwealth-Konferenz mit einer Solidaritätsadresse an die nigerianische Militärclique um General Sani Abacha von sich reden, Anfang 1996 geriet er in die Schlagzeilen, als er den exilierten Ex-Staatschef Jawara unlauterer Ölgeschäfte bezichtigte und die Rückzahlung von 11 Mio. $ an die gambische Staatskasse forderte.

Im August 1996 ließ Jammeh über ein Verfassungsreferendum abstimmen, das nach seinen Worten »die Grundlage echter Demokratie und sozialer Gerechtigkeit bildet«. Tatsächlich sieht die neue Verfassung, die mit klarer Mehrheit

angenommen wurde, eine General-
amnestie für die Militärs vor, rigide
Regelungen für den Ausnahmezustand, die Festschreibung der erst
1995 eingeführten Todesstrafe,
eine unbegrenzte Anzahl von Amts-
perioden für den Präsidenten sowie
massive Einschränkungen des pas-
siven Wahlrechts. Deutlich bemüht, seinem Regime einen legalen Anstrich zu verpassen, ließ
Jammeh für den 30. 9. 1996 Präsidentschaftswahlen ausschreiben.
Allerdings verbot er zuvor Partei-
neugründungen und schloß seine
Konkurrenten von den staatlich ge-
lenkten Medien aus. Wie nicht anders zu erwarten, wurde Jammeh,
der zuvor aus der Armee ausgetre-

ten war, zum gambischen Staatspräsidenten gewählt; nach offiziellen Angaben hatte er 56 % der abgegebenen Stimmen auf sich
vereinigen können. Internationale
Organisationen hatten zu dieser
Wahl-Inszenierung nicht einmal
Wahlbeobachter entsandt, Jammehs Hauptkonkurrent, der Vorsit-
zende der United Democratic Party (UDP), Darboe, floh noch in der
Wahlnacht in die senegalesische
Botschaft in Banjul.

Bei den ›Parlamentswahlen‹
vom Januar 1997 (das Wahlrecht
hatte Jammeh zuvor selbst erarbei-
tet) gewann seine neugegründete
Alliance for Patriotic Reorientation
and Construction (APRC) eine absolute Mehrheit von 26 der insgesamt 49 Mandate. Die UDP unter
Rechtsanwalt Ousainou Darboe
kam auf sechs, die Nationale Ver-

Parlament in Banjul

söhnungspartei (NRP) unter dem Hotelmagnaten Hamat Bah auf zwei Parlamentssitze. Die Wahlbeteiligung der knapp 500 000 Wahlberechtigten soll »unter 70 %« gelegen haben.

Es ist für westeuropäische Beobachter nach wie vor außerordentlich schwierig, eine erste Bilanz aus der Regierungszeit Jammehs zu ziehen. Den westlichen Demokratien, die den Jawara-Clan jahrzehntelang bedenkenlos unterstützt hatten, gilt Jammeh als selbstherrlicher Usurpator, der sich Demokratie-Lektionen verbittet und der einmal prahlte, er könne, wenn er wolle, Wahlen auf tausend Jahre aussetzen! Noch scheint die Mehrheit vor allem der jungen Gambier überzeugt, daß die Militärs um Jammeh (seiner Regierung gehören inzwischen mehr Zivilisten als Offiziere an, so daß von einer Militärdiktatur eigentlich keine Rede mehr sein kann) seit ihrer Machtergreifung 1994 mehr für das Land getan haben als die Jawara-Clique in drei Jahrzehnten. In der Tat ist seit 1994/95 massiv in die ländliche Strom- und Trinkwasserversorgung investiert worden, es wurden Straßen und Brücken gebaut, mehrere Oberschulen und Krankenhäuser sowie ein moderner Flughafen-Terminal sind neu entstanden, die landwirtschaftliche Produktion ist kontinuierlich gestiegen. Zwar mußte sich Jammeh immer wieder selbst Korruptionsvorwürfen stellen, dennoch ist nicht zu übersehen, daß er sich (nicht zuletzt mit einem neu gegründeten Korruptions-Gerichtshof) immerhin bemüht zeigt, sich dem gravierendsten Problem der gambischen Innenpolitik zu stellen.

Demokratie, die in Europa gängigen Spielregeln parlamentarischer Praxis, sind in den Augen vieler Afrikaner zunächst einmal ein westlicher Ideologie-Import, in Europa womöglich erprobt, in Afrika aber im Schnellverfahren kaum umsetzbar. Die kommenden Jahre werden zeigen, welchen Kurs Gambia unter Jammeh nehmen wird; immerhin hat er es bisher geschafft, sein Land vor ethnischen Zerreißproben und tribaler Zersplitterung weitgehend zu bewahren.

Gesellschaft, Kunst und Kultur

Bevölkerung

Religion

Familie und Sozialstrukturen

Feste und Brauchtum

Kunst und Kultur

Betende Moslems
am Grabmal Amadou Bambas in Touba

Bevölkerung

Die Bevölkerung Senegals (derzeit etwa 8,5 Mio. Menschen) ist extrem ungleichmäßig auf das Territorium verteilt: Allein auf der Cap-Vert-Halbinsel (Großraum Dakar mit Rufisque) leben annähernd ein Drittel aller Senegalesen auf knapp einem Prozent der Landesfläche. Die gravierendsten Probleme der Siedlungsgeographie im Senegal werden durch ein extrem hohes Bevölkerungswachstum, ein extremes Siedlungsgefälle zwischen West- und Ost-Senegal, den Verlust landwirtschaftlicher Nutzflächen durch Desertifikation sowie durch eine bisher allenfalls in Ansätzen praktizierte Familienplanung markiert. Nach Erhebungen der UNESCO bringt eine Senegalesin im Durchschnitt sieben Kinder zur Welt; etwa die Häfte der Gesamtbevölkerung ist jünger als 20 Jahre. Der Druck auf den Arbeitsmarkt

wächst von Jahr zu Jahr, die Landflucht mit dem Ziel Groß-Dakar hat bereits einige ländliche Regionen fast entvölkert, Massenarmut sowie ein allmähliches Sinken des ohnehin geringen Bildungsgrades verschärfen sich zu gewaltigen sozialen Herausforderungen.

Die bevölkerungspolitischen Probleme in Gambia sind denen im Senegal sehr ähnlich. Die jährliche Wachstumsrate ist hier noch höher; mit etwa 100 Einwohnern pro km^2 gehört Gambia zu den am dichtesten besiedelten Staaten in Afrika. Der Siedlungsdruck auf die Städteagglomeration Banjul/Serekunda hat sich in den vergangenen Jahren permanent verschärft, die Ausbreitung der Desertifikation durch Vegetationsvernichtung, Brandrodung, Einschlag von Feuerholz und eine seit Jahren abnehmende Niederschlagsmenge droht sich für ein Agrarland wie Gambia zur ökologisch-ökonomischen Katastrophe auszuwachsen. Die hohe Analphabetenquote (um die 80 % im ländlichen Raum!) sowie der anglophone Status des Landes mit Bindungen nach Sierra Leone, Ghana und Nigeria inmitten einer frankophonen Umgebung behindern die zukünftige Entwicklung noch zusätzlich.

Die **Wolof** sind die nach Zahl (um die 40 % der Gesamtbevölkerung, in Gambia um die 15 %) und ökonomisch-politischem Einfluß wichtigste Ethnie im Senegal. Sie besiedeln vornehmlich den nordwestlichen Senegal, also die Kü-

Gesundheitsvorsorge im Senegal:
Aids-Warnung auf Wolof

stenregion zwischen Dakar und St. Louis, den Raum Thiès/Diourbel sowie das westliche Sine-Saloum-Gebiet. Wolof ist neben Französisch die verbreitetste Sprache im Senegal, als Träger der Mouriden-Bruderschaften mit ihren landesweiten Kommunikationsnetzen kommt gerade den Wolof ein erheblicher Einfluß in Politik und Wirtschaft zu. Von den streng hierarchischen Strukturen der früheren Wolof-Feudalreiche haben sich bis heute Überreste erhalten. Mit den Wolof eng verwandt sind die Lebou, die sich besonders auf die Küstenfischerei auf der Cap-Vert-Halbinsel sowie an der Petite Côte spezialisiert haben.

Die **Sérèr** (im Senegal zwischen 15 und 20 %, in Gambia nur eine Minderheit) sind die in den zentralen westlichen Landesteilen dominierende Ethnie, sie bewohnen vornehmlich das Hinterland der Petite Côte mit Schwerpunkt in der Sine-Saloum-Region. Die Sérèr leben hauptsächlich von Ackerbau (Erdnußanbau) und Viehzucht; sie haben sich sowohl der islamischen Missionierung als auch dem kulturellen Einfluß der Franzosen lange widersetzt. Eine Minderheit unter den Sérèr bekennt sich zum katholischen Glauben – der prominenteste katholische Sérèr ist zweifellos der frühere Staatspräsident Léopold Sédar Senghor.

Die **Fulbe/Pulaar** (im Senegal um die 15 %, in Gambia um die 20 %) besiedeln, oft noch als nomadisierende Rinderhirten, die Ferlo-Savannen im nordöstlichen Senegal, den Mittel- und Oberlauf des Gambia River sowie die östliche Casamance im Grenzgebiet zu Guinea-Bissau. Mit den Fulbe verwandt sind die **Toucouleurs** (im Senegal um die 10 %, in Gambia eine Minderheit), die als Bauern am Mittel- und Unterlauf des Senegalflusses siedeln. In der Einflußzone der Mauren im südlichen Mauretanien lebend, nahmen die Toucouleurs bereits seit dem 11. Jh. den islamischen Glauben an.

Die in der Casamance lebenden **Diola** (im Senegal um die 10 %, in Gambia etwa 7 %) sind vornehmlich Reisbauern und Fischer. Die Großfamilie und der Dorfverband sind die wichtigsten sozial-ökonomischen Einheiten der von egalitären Prinzipien geprägten Diola, die bis heute ihre animistischen Kulte pflegen. Kaum eine Ethnie in Senegambia hat ihre kulturellen Traditionen derart selbstbewußt verteidigt wie die Diola (s. S. 172).

Am Oberlauf des Senegal und an den Ufern des Falémé haben sich die früh islamisierten **Soninke** (um die 7 % in Senegambia) festgesetzt, die Handelskontakte ins südliche Mauretanien und ins westliche Mali unterhalten.

Im äußersten Südosten Senegals, im Grenzgebiet zu Guinea, leben die **Bassari** – Ackerbauern, die ihren animistischen Traditionen und ihren alten kulturellen Riten weitgehend treu geblieben sind.

Die **Mandingo/Malinke**, auch Mande genannt (im Senegal knapp

10 %, in Gambia mit rund 40 % die mit Abstand größte Bevölkerungsgruppe), leben im Senegal vornehmlich in der Casamance und in den südöstlichen Landesteilen.

Die größten ausländischen Bevölkerungsminderheiten in Senegambia bilden die Franzosen (in der Entwicklungshilfe tätige *coopérants* und Militärs), die Mauren (überwiegend Kleinhändler aus Mauretanien) sowie die Libanesen und Syrer (im Textil- und Lebensmittelhandel, in Hotellerie und Gastronomie sowie im Import- Export-Geschäft tätig).

Senegal und Gambia sind trotz ethnisch heterogener Zusammensetzung außerordentlich stabile ethnisch-politische Gebilde. Dies resultiert zum einen aus der Integrationskraft des Islam, zum anderen aus jenen alle ethnischen Differenzen neutralisierenden Widerstandsbewegungen, die die europäische Kolonialisierung entfesselt hat. Hinzukommt, daß sich etwa vier Fünftel der senegambischen Bevölkerung auf etwa ein halbes Dutzend größerer Ethnien verteilen; läßt man die zahlreichen ethnischen Minderheiten außer Betracht, ergibt sich aus dieser Zusammensetzung eine im Vergleich mit anderen afrikanischen Staaten kompakte ethnische Bevölkerungsstruktur. Senegal und Gambia sind jedenfalls niemals von jenen grausigen ethnisch motivierten Bruderkriegen heimgesucht worden, wie sie andere Regionen Afrikas erschüttert haben.

Religion

Kruzifixe, Heiligenbilder, Papstfotografien oder Koransuren, Maraboutporträts, kalligraphische Miniaturen: Wer in Senegambia zu afrikanischen Freunden eingeladen wird, erfährt zumeist schon aus dem Wandschmuck der Zimmer einiges über die Religion der Gastgeber. Bei aller Vorsicht gegenüber derartigen Verallgemeinerungen läßt sich sagen, daß Religion für die Menschen in Senegambia ein fester Bezugspunkt, zumeist auch ein innerer Halt ist. Religion wird hier tiefer empfunden, entschiedener gelebt und bewußter zelebriert als in den Industriestaaten Mitteleuropas.

Senegambia hat in seiner Geschichte eine doppelte Kolonialisierung erlitten: eine durch die islamischen Glaubenskrieger seit dem 11. Jh. und eine weitere durch die Invasion der europäischen Kolonialmächte seit dem 16./17. Jh. Die westafrikanischen Religionen, auf die die islamische Missionierung stieß, werden in der Fachliteratur zumeist unter dem Sammelbegriff *Animismus* (lateinisch: Seelenlehre) subsumiert; diese animistischen Stammesreligionen verehrten Gottheiten, die sich in einer beseelten, vielfach belebten Natur manifestierten, etwa in heiligen Hainen, Bäumen, Felsen, Höhlen oder Quellen, bisweilen auch in bestimmten Tier- und Pflanzenarten. Der Götter- und Geisterwelt wurde in Opferritualen, magischen Zauberpraktiken oder Fetischbeschwörungen gehuldigt; der Eintritt in die Erwachsenenwelt der Eingeweihten erfolgte in geheimen Initiations- und Beschneidungsriten.

Von diesen alten Kulten haben sich im modernen Senegambia allenfalls noch Schwundformen erhalten; besonders die Diola und die Bassari hängen noch animistischen Glaubensvorstellungen an. Mit dem Animismus eng verwoben ist auch der Glaube an Magie, Hellseherei, Hexerei, an Amulette und Talismane. Viele Menschen in Senegambia sind zutiefst von der schützenden Macht der sogenannten *gris-gris* überzeugt: in kleine

Ledersäckchen eingenähte Koransprüche oder Fetischobjekte, die um den Leib, den Hals oder die Oberarme getragen werden und die vor dem bösen Blick, unheilbringenden Geistern und sonstigem Ungemach schützen sollen. Weitverbreitet waren bis in die Moderne verschiedene Formen des Ahnenkultes; ihre Anhänger sind davon überzeugt, daß die Ahnen nicht einfach verstorben, sondern in einen anderen Zustand gewechselt sind, in dem sie am Leben der Nachgeborenen teilhaben.

Der seit dem 11. Jh. in Senegambia verbreitete Islam blieb jahrhundertelang eine Religion der Aristokratie, der gehobenen Verwaltungsbeamten und der Schriftgelehrten, während die schwarzafrikanische Bauernbevölkerung ihren tradier-

Muslimische Gläubige in Touba

ten animistischen Kulten treu blieb. Auch wenn den sogenannten »Fünf Säulen des Islam« (Glaubensbekenntnis, die rituellen Gebete und Waschungen, der Fastenmonat Ramadan, die Pflicht zum Almosengeben und die Pilgerfahrt nach Mekka) gewissenhaft Genüge getan wurde, so blieb das Verhältnis zu der neuen Religion bis weit ins 19. Jh. hinein für viele Gläubige eher oberflächlich und unverbindlich. Anders als der Maghreb-Islam konnte der in Senegambia praktizierte Islam niemals die gesamte Lebensart, Vorstellungs- und Gefühlswelt der Bevölkerung vollständig durchdringen; so ist etwa das islamische Recht der Scharia in Senegambia kaum angewandt worden.

Als der Islam jedoch im späten 19. Jh. zum Träger des Widerstands gegen die französische Kolonialpolitik wurde, ja fast zu einer Religion der Entrechteten avancierte, profitierten davon die muslimischen Sekten, die bis heute in straff organisierte, streng hierarchisch strukturierte Bruderschaften aufgefächert sind. Zwar ist der unabhängige Senegal nach seiner Verfassung ein laizistischer Staat; wenn man sich freilich den enormen Einfluß der muslimischen Bruderschaften in Politik (man denke an die von den großen Marabouts ausgegebenen Wahlempfehlungen) und Wirtschaft (besonders in der Erdnußökonomie, im Transportwesen und im Groß– und Zwischenhandel) vergegenwärtigt, scheint es mit der klaren Tren-

nung von Religion und Staat nicht weit her zu sein.

Die einflußreichste muslimische Bruderschaft ist die um 1900 von dem charismatischen Religionslehrer Cheikh Amadou Bamba (1854 bis 1927) gegründete Mouriden-Bewegung. Askese, Disziplin, Arbeitsethos, bedingungsloser Gehorsam gegenüber den geistlichen Autoritäten sind programmatische Grundzüge der Mouriden-Bruderschaft. Ihr spirituelles Zentrum liegt in der Stadt Touba; das Grabmal Amadou Bambas im Inneren der Großen Moschee von Touba ist alljährlich während der Magal-Zeremonien das Ziel von Hunderttausenden Pilgern, die in Zeltstädten in und um Touba campieren. Eine Untergruppe der Mouriden, die sich häufig besonders rigide gebenden Baye Fall, versieht in Touba einen gefürchteten Ordnungs- und Polizeidienst. Touba ist inzwischen dem Zugriff staatlicher Organe weitgehend entzogen.

Die einflußreichen Chef-Marabouts der Mouriden, nicht umsonst in der kritischen senegalesischen Presse als »Cadillac-Marabouts« abgekanzelt, sind jüngst verstärkt ins Gerede gekommen. Diesen »Cadillac-Marabouts« wurde vorgeworfen, ihre geistlich-religiöse Autorität skrupellos auszunutzen, indem sie etwa Abhängige für ›himmlischen‹ Lohn auf ihren Erdnußplantagen schuften lassen. Skandalöser noch wird im Senegal das Schicksal der *talibes* empfunden, jener kleinen Koranschüler,

Christliche Gemeinde

die von ihren Marabouts zum Betteln auf die Straße geschickt werden; statt einer Ausbildung in den Grundlagen des Islam erhalten die jugendlichen *talibes*-Zöglinge zumeist eine an Gehirnwäsche und Dressur grenzende Unterwerfungs-Erziehung. Lange Zeit ein absolutes Tabu-Thema, ist das Leiden der *talibes* jüngst immerhin etwas ins Blickfeld der Öffentlichkeit gerückt.

Die zweite große muslimische Bruderschaft wird im Senegal von den Tidjanen gebildet, ihr spirituelles Zentrum liegt in der Kleinstadt Tivaouane, verbreitet sind ihre Anhänger vornehmlich im Raum Thiès und Kaolack. Die Tidjania,

die um 1800 in Marokko von Cheikh Al Tidjiani gegründet wurde, entwickelte sich im Senegal im späten 19. Jh. unter der religiösen Führerschaft von El Hadj Malik Sy zu einer prägenden Kraft des Islam. Von lokaler Bedeutung sind zudem die Bruderschaften der Layènnes und der Quadiriya. In den späten neunziger Jahren konnten islamistische Fraktionen verstärkten Zulauf vor allem von Studenten und Jugendlichen verbuchen, zweifellos eine Reaktion auf Wirtschaftsmisere und F CFA-Abwertung, auf die Parteien- und Regierungskrise vom Frühjahr 1994.

Offizielle Statistiken sprechen von um die 5 % Christen in Senegambia (im Senegal überwiegend Katholiken, in Gambia Anglikaner und Methodisten); katholische

Geistliche in Dakar schätzen die christliche Minderheit im Senegal auf etwa 15 %. Es ist zu vermuten, daß es sich bei den Volkszählungsdaten um politische Zahlen handelt, die die von Katholiken geäußerte Kritik am System des Maraboutismus sowie an der offiziellen Casamance-Politik entkräften sollen.

Im Gefolge der europäischen Kolonisatoren kamen bereits seit dem 16. Jh. christliche Missionare in die Handelsniederlassungen an der westafrikanischen Küste. Ihr Einfluß blieb freilich gering, nicht zuletzt deshalb, weil das Christentum jahrhundertelang als »weiße Religion«, als Religion der verhaßten Unterdrücker galt und weil die christliche Missionierung die uralten schwarzafrikanischen Sozialstrukturen, etwa polygame Haushalte, kategorisch verdammte. Erst in der zweiten Hälfte des 19. Jh. vermochte das Christentum im Landesinneren Senegambias Fuß zu fassen, als die Missionare sich verstärkt im Aufbau eines Schul- und Gesundheitswesens engagierten sowie unüberhörbar gegen die Auswüchse der Sklaverei Front machten.

Im Jahre 1827 wurde in St. Louis die im klassizistischen Stil gehaltene katholische Kirche erbaut, seit 1849 besteht die Erzdiözese Dakar mit einem Erzbischof an der Spitze; in Gambia ist die Hauptstadt Banjul Bischofssitz, katholische Kirchen gibt es in Serekunda und Bakau, anglikanische wie methodistische Missionsstationen sind über das ganze Land verteilt. Die Präsidentschaft des Katholiken Léopold Sédar Senghor in einem von Muslimen dominierten Land, in dem der Islam bis heute womöglich *die* prägende geistige und kulturelle Kraft ist, sagt einiges aus über die beeindruckende Toleranztradition des senegalesischen Islam. In der Regel leben christliche und muslimische Familien in guter Nachbarschaft. Große christliche Gemeinden mit einem zumeist regen Gemeindeleben existieren in Dakar, in Thiès, an der Petite Côte sowie in der Casamance.

Gambia und vor allem Senegal sind vom sunnitischen Islam durchdrungene, aber eben auch christlich beeinflußte Länder. Das Nachwirken des animistischen Erbes ist allenfalls zu ahnen, mit Sicherheit haben sich unter der Oberfläche des orthodoxen Islam vielfältige Restformen animistischer Kulte wie magischer Praktiken und geheimer Initiationsriten erhalten.

Familie und Sozialstrukturen

Die wichtigste soziale Einheit in Senegambia ist bis heute die patriarchalisch geprägte Großfamilie, die häufig drei Generationen unter einem Dach vereint und auch engere oder entferntere Verwandte umfaßt; der Verwandtschaftsbegriff ist in Afrika weiter gefaßt als in Mitteleuropa: Man sollte sich nicht wundern, wenn einem Vettern und Cousinen als »Brüder« und »Schwestern« vorgestellt werden. Die nächstgrößere sozio-ökonomische Einheit bildet eine aus mehreren Familien zusammengeschlossene Hofgemeinschaft, der sogenannte *compound,* der vom ältesten männlichen Mitglied dieses Familienverbandes nach außen vertreten wird. Bedeutsam sind auch die lokalen Dorfgemeinschaften, die im Zuge des neuen Regionalisierungsgesetzes wieder gestärkt werden sollen; es gehört zu den geradezu radikaldemokratischen Traditionen der Diola-Gesellschaft, daß die Geschicke des Dorfes unter dem *arbre à palabre* solange kontrovers diskutiert werden, bis man zu einer einvernehmlichen Lösung gekommen ist.

In der Stadt, vor allem im Großraum Dakar, sind Auflösungserscheinungen des traditionellen Familienverbandes unübersehbar, auf dem Lande vereint die Familie zumeist noch beides: ein bergendes Heim, aber auch eine Instanz von Normierung und Kontrolle. Auch wenn die Grundfesten der alten Familienordnungen nicht länger unwidersprochen sind: Der Teamgeist, das Bewußtsein von Zusammengehörigkeit, die Gewißheit einer gemeinsamen Verantwortung, die selbstverständliche Solidarität in Notlagen, das alles gehört zum Beeindruckendsten,

Muslimische Teezeremonie

was ein Fremder mit und in einer afrikanischen Familie lernen kann. Anders als in Mitteleuropa, wo sich Familien und städtische Milieus längst atomisiert haben, fühlen sich die meisten Menschen in Senegambia nach wie vor einer Gemeinschaft zugehörig und verpflichtet, in der auch die Welt der Ahnen zum festen Bestandteil des Lebens gehört.

Ein unverkennbares Stadt-Land-Gefälle herrscht in der Bewertung und in der Akzeptanz polygamer Familienstrukturen. Wenn der Eindruck nicht völlig täuscht, lehnt die Mehrheit der jungen Frauen in den Städten Senegambias die Polygamie als Verletzung der Würde der Frau ab. Gleiches gilt für die nahezu kategorische Verweigerung von Beschneidungsritualen an jungen Mädchen. Für viele Frauen auf dem Land bedeutet dagegen ein polygamer Haushalt mit der Existenz von bis zu drei Nebenfrauen (coépouses) freilich die Möglichkeit, die Last der anfallenden Arbeiten auf mehrere Schultern zu verteilen und die Zahl der Schwangerschaften zu reduzieren. Immerhin sind die ehelichen Beziehungen in polygamen Haushalten nach einem ausgeklügelten Rotationsprinzip klar geregelt.

Auffällig ist die traditionell starke Position der Frau als Händlerin auf dem Markt sowie als Sachwalterin in allen familiären Belangen. Die meisten Frauen in Senegambia betreiben neben ihrer Arbeit im Haushalt oder auf dem Feld noch weitere Nebenaktivitäten, über deren Erlöse sie zumeist frei verfügen können; einige flechten ihren Freundinnen aufwendige, kunstvolle Zöpfchenfrisuren, andere haben kleine Verkaufsstände mit Obst und Gemüse, Gebäck oder Selbstgekochtem, wieder andere sind in allen möglichen Branchen des Kleinhandels engagiert. Es sind die Frauen, die das Gros der Arbeit leisten, zumeist in untergeordneten, unterbezahlten Positionen, häufig belastet durch Haushalt, Feldarbeit, Kindererziehung und Erwerbsarbeit.

Feste und Brauchtum

Die wichtigsten Familienfeste sind Kindstaufen, Beschneidungszeremonien, Hochzeiten und Beerdigungen. Zu einer Taufe, besonders zur Taufe des ersten Kindes der ältesten Tochter einer Familie, wird die oft weitverzweigte Verwandtschaft eingeladen; dem Säugling werden zum ersten Mal die Haare geschnitten, wie bei einer christlichen Taufe wird etwas Wasser über seinen Kopf geträufelt und der Patriarch der Familie flüstert dem Kind seinen Namen ins Ohr. Die Beschneidungszeremonien, die bei Jungen im Alter von etwa zehn Jahren vorgenommen werden, markieren den Übertritt von der Kindheit ins Erwachsenenalter, die Aufnahme als vollwertige Fami-

Christliche Trauung

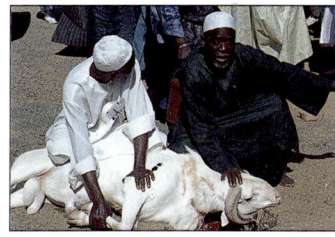

Rituelle Schlachtung zum Opferfest

lien- und Stammesmitglieder. Auf dem Lande werden die Initianden in die Mythologie und die Überlieferungen des Stammes eingewiesen, oft leben sie zurückgezogen mehrere Wochen im Busch, oft werden ihnen diverse Mutproben abverlangt. Bei der eigentlichen Beschneidung wird den Jungen die Vorhaut des Penis entfernt: eine schmerzhafte, für viele Kandidaten traumatisch erlebte Prozedur.

Auch wenn romantische Liebesheiraten derzeit *en vogue* sein mögen: Die Hochzeit ist vielfach ein eher pragmatischer Akt, bei dem nüchternes Versorgungsdenken und die zukünftige Allianz zweier Familien im Vordergrund stehen. Häufig wird ein Brautpreis ausgehandelt, den der Bräutigam an die Familie der Braut zu zahlen hat. Auf dem Land wird der Brautpreis oft noch in Vieh oder Naturalien entrichtet. Die in der Regel sehr aufwendigen Hochzeitsfeierlichkeiten, mitunter nur über Kredite zu finanzieren, sind für manche

junge Ehe eine schwere Hypothek. Nach der Hochzeit zieht die Braut zur Familie ihres Mannes; sie hat das Recht, zu ihrer Familie zurückzukehren, falls ihr Mann sie schlecht behandelt. Eine Scheidung durchzusetzen, ist für eine Frau allerdings ungleich schwieriger als für den Ehemann.

Der Tod ist in muslimischen Gesellschaften keine ausschließlich traurige Angelegenheit, da die Seele des Verstorbenen heimkehrt zu Allah. Bei Todesfällen kondolieren Verwandte und Nachbarn im Haus des Verstorbenen, vielfach werden Klagegesänge angestimmt, man speist gemeinsam, gelegentlich wird musiziert. Nach dem Besuch der Moschee wird der Verstorbene von den männlichen Verwandten zu Grabe getragen. Witwen und Witwer werden in die Obhut des Familienverbandes einbezogen.

Zu diesen Familienfesten kommen noch die großen islamischen Feste wie *Korité* (Ende des Fastenmonats Ramadan), *Tabaski* (großes

La fête nationale

Militärischer Karneval oder Zeichen nationaler Unabhängigkeit?

Dakar, 4. April 1997, früher Vormittag: Das Gelände um den Monument de l'Indépendance (ein schlank aufragender Obelisk) ist schon seit dem Vorabend von einem dicht geschlossenen Polizeikordon abgeriegelt. Die Flachdächer der Häuser, die den kilometerlangen, vierspurigen Boulevard du Général de Gaulle säumen, sind seit dem frühen Morgen von Schaulustigen besetzt, in den Baumkronen hängen ganze Menschentrauben, die Massen hinter den Absperrgittern stehen dicht gedrängt. Breitschultrige, sonnenbebrillte Herren in Anzügen hantieren nervös an ihren Walkie-Talkies, knappe Kommandos hallen über den Platz, dann liegt wieder eine gespannte Ruhe über der Szenerie. Kein Zweifel, Großes ist hier im Gange, Bedeutendes bereitet sich vor an diesem strahlenden Vormittag.

Was dann, in den kommenden vier Stunden, über den Boulevard du Général de Gaulle abrollt, ist ein sorgsam inszeniertes Spektakel kollektiver Größe und nationalen Stolzes. Marineeinheiten in blütenweißer Uniform, die Bataillone der *anciens combattants* in wehenden Boubous, Heeresformationen im Stechschritt, Pfadfinderkollektive, Jugendabordnungen aus sämtlichen Regionen, die hohen Militärs, das politische Kabinett und das diplomatische Corps gleiten in dunkelglänzenden Limousinen vorbei, Beifall für den sekundenkurzen Auftritt des Präsidenten, dann wieder Militärzüge mit klingendem Spiel, Motorradeskorten auf schweren Honda- und BMW-Maschinen, martialisches Militärgerät in endlosem Defilee, gepanzerte Fahrzeuge, Schnellboote auf Speziallastwagen, mit Abwehrgeschützen und Radartechnik bewehrte Patrouillenwagen, Hubschrauber und Propellerflugzeuge, die in geringer Höhe kreisen … Die emsig beineschwingenden *majorelles* wirken auf einmal wie rheinische Funkenmariechen, und für Momente bekommt der ganze Aufgalopp die grotesken Züge eines militärischen Karnevals.

Der beflissene, gravitätische Ernst dieses alljährlich am Unabhängigkeitstag begangenen Schauspiels, diese grimmig dreinblickende, staatstragende Würde wird denn auch gelegentlich von Momenten unfreiwilliger Komik gebrochen, der offenbar auch das gewissenhafteste Protokoll nicht beizukommen vermag. Wenn einer der uniformierten Knirpse im Kindergartenalter beim eingedrillten Marschtritt aus dem Takt gerät, hinfällt und die ganze Formation aufhält, löst sich die Anspannung des Publikums in befreiendem Gelächter auf. Und der Auftritt der Politikergarde wird mit höhnischem Gejohle oder mit anerkennendem Applaus quittiert.

Präsident Abdou Diouf nimmt die Parade ab

Der 4. April, der Unabhängigkeitstag, wird im Senegal mit großer Emphase als *Fête nationale* begangen. Die Embleme nationaler Souveränität in Form von Flaggen, Uniformen, Militär, Polizei und Wehrtechnik werden dem staunenden Publikum in einer kolossalen Parade vor Augen geführt. Das politische Ideal des unabhängigen Nationalstaates, das nicht nur im Senegal ein europäischer Ideologieimport ist, feiert an diesem Tag Auferstehung. Wahrscheinlich ist es der Defätismus des Europäers, der angesichts der *Fête nationale* daran denkt, daß Senegal militärisch (Frankreich unterhält hier Militärbasen mit 2500 Elitesoldaten), wirtschaftlich, politisch und womöglich sogar kulturell vollkommen von Frankreich abhängt. Offenbar muß die nationale Unabhängigkeit um so heftiger gefeiert, um so inniger beschworen und um so unverdrossener inszeniert werden, je weniger sie in der Realität existiert.

Hammelfest), *Magal* (Pilgerfahrt zum Grabmal Amadou Bambas in Touba) und *Mouloud* (Geburtstag des Propheten). Außerdem werden in den christlichen Gemeinden Senegambias natürlich die üblichen Feste und Feiertage des christlichen Kirchenjahres zelebriert.

Kunst und Kultur

Die Zeugnisse der traditionellen Bauernkultur der Diola in der Casamance mit ihren Impluviumhäusern und Hank-Gehöften (s. S. 173), die Handelskontore und Bürgerpa-

Holzschnitzer bei der Arbeit

lais aus der frühen Kolonialzeit in St. Louis und auf der Ile de Gorée, der repräsentative Klassizismus des späten 19./frühen 20. Jh. in Dakar, die Großen Moscheen von Dakar und Touba, vielleicht noch einige Straßenzüge mit mehr oder weniger gut erhaltenen Kolonialvillen in Thiès oder in Ziguinchor – das ist in etwa der Kanon an architektonischen Sehenswürdigkeiten im Senegal. Für Gambia wären die Repräsentationsgebäude der britischen Kolonialära in Banjul zu nennen. Anders als im benachbarten Mali finden sich in Senegambia keine Zeugnisse der klassischen Lehmarchitektur des Sahel. Das I.F.A.N.-Museum, die Halle des Sandaga-Marktes und das *Institut de l'Hygiène sociale* (Avenue Blaise Diagne, Nähe Stadion Iba Mar Diop) sind in Dakar die einzigen,

im neosudanischen Stil gehaltenen Bauwerke. Die Komplexe der Dakarer Cheikh-Anta-Diop-Universität, besonders die Universitätsbibliothek, sind die wenigen architektonisch gelungenen Zeugnisse der nachkolonialen Moderne. Im sogenannten Plateau-Viertel sind neben den rein funktionellen Verwaltungsgebäuden in den stillen Nebenstraßen etliche schöne Kolonialvillen aus der ersten Jahrhunderthälfte zu entdecken.

Auf einer überaus reichen Tradition gründet das Kunsthandwerk in Senegambia. Hervorzuheben sind besonders die Holzmasken, die den engen Zusammenhang von künstlerischem Unikat und seiner religiös-magischen Funktion nahelegen. Das Dakarer I.F.A.N.-Museum hat den Holzmasken Westafrikas, die zu rituellen Tänzen oder Initiationszeremonien getragen wurden, eine eigene sehenswerte Abteilung gewidmet. Leder- und Metallarbeiten, Batik und Musikinstrumente, Silber- und Goldschmuck, Töpferwaren und Kalebassen, Statuetten und Möbel markieren weitere Branchen eines Kunsthandwerks, das mit dem zunehmenden Tourismus inzwischen auch bedenkliche Auswüchse (zweifelhafte Qualität und überzogene Ausgangspreise etwa im Dakarer *village artisanal* von Soumbedioune) erreicht hat. So ist es etwa zur Unsitte geworden, aus Billigholz gefertigte Masken, Plastiken oder Möbel mittels schwarzer Schuhcreme flugs auf ›antik‹ zu trimmen.

Schauspieler des Sorano-Theaters

Eine unverwechselbare, eigenständige, genuin afrikanische ›Kultur‹ ist für Senegambia da auszumachen, wo ›Kultur‹ am wenigsten vom europäischen Einfluß und von der Frankophonie überformt und also entstellt ist: in den mündlichen Überlieferungen der Griots, in der bildenden Kunst, im Tanz sowie in der modernen senegambischen Musik. Eine eigenständige Theatertradition ist derzeit – die Produktionen des Dakarer Theaters Daniel Sorano ausdrücklich ausgenommen – nicht zu erkennen.

Häufiges Thema der auch nach der Unabhängigkeit auf französisch publizierten Belletristik ist die Suche nach der afrikanischen Identität. Der 1962 erschienene Roman ›Der Zwiespalt des Samba Diallo‹ von Cheikh Hamidou Kane thematisiert diesen Konflikt am Fall eines im Ausland ausgebildeten Afrikaners, der die kulturellen Differenzen als existentielle Herausforderung erlebt und der an diesem Schicksal zerbricht. Einen ähnli-

Ousmane Sembène

Pionier des afrikanischen Films

Als Ousmane Sembènes früher Langspielfilm ›Mandabi‹ (Die Postan-
weisung) 1968 auf dem Festival in Venedig mit einem Silbernen Löwen ausgezeichnet wird, ist dies der erste Preis für einen afrikanischen
Film auf einem europäischen Festival. ›Mandabi‹, mit Laiendarstellern
und in der Landessprache Wolof gedreht, schildert die Nöte eines
Analphabeten, der in der senegalesischen Provinz einen Postscheck
einlösen will, den er von seinem Sohn aus Frankreich erhalten hat.
1968 war Sembène – sein erschütternder Dokumentarfilm ›La Noire
de …‹ aus dem Jahre 1966 kam erst später in die Kinos – ein Geheim-
tip unter eingeweihten Cineasten; heute gilt er als Pionier des
schwarzafrikanischen Kinos, mit Souleymane Cissé (Mali) und Idrissa
Ouedraogo (Burkina Faso) einer der prominentesten Filmregisseure
des subsaharischen Afrika.

Sembène, 1923 in Ziguinchor geboren, hat während seiner Jahre als
Hafenarbeiter in Marseille am eigenen Leib erfahren, was Rassismus
ist. In den frühen 50er Jahren beginnt er, ein Autodidakt, der sich später »europäische Bildung« in Lehrgängen der Gewerkschaft und der
Kommunistischen Partei aneignet, zu schreiben. 1956 erscheint der
stark autobiographisch geprägte Roman ›Le docker noir‹. Auch wenn
Sembène in Deutschland vor allem als Cineast bekannt ist, sind Filmen und Schreiben in seinem Œuvre kaum zu trennen. Viele seiner

chen Konflikt stellt die 1981 verstorbene senegalesische Autorin
Mariama Bâ am Beispiel einer
scheiternden Mischehe zwischen
einer französischen Diplomaten-
tochter und einem Dakarer Lehrer
dar: ›Der scharlachrote Gesang‹ illustriert die Macht kultureller Traditionen, die im Lauf der Zeit eine
Ehe zu zerstören vermögen. Mariama Bâs mit dem Noma-Preis für
afrikanische Literatur ausgezeich-

neter Roman ›Ein so langer Brief‹
überführt die Polygamie als das,
was sie für die meisten Afrikanerin-
nen ist: ein Abgrund an Leiden und
eine seelische Tortur.

Der satirische Roman ›Der Streik
der Bettler‹ der Senegalesin Aminata Sow Fall schildert die Konsequenzen eines Bettlerstreiks, der
die Muslime von ihrer religiösen
Verpflichtung zum Almosengeben
zu entbinden droht. Eindrucksvolle

Spielfilme sind Adaptionen eigener Erzählungen oder Romane, bisweilen hat er auch einem fertiggestellten Film die literarische Version gleichsam nachgeliefert. Einige seiner Novellen (etwa ›Niwam‹) wurden von Regisseurkollegen (etwa Clarence Delgado, 1992) verfilmt. In einer Gesellschaft, in der fast zwei Drittel der Bevölkerung Analphabeten sind, hat Sembène, der das cineastische Handwerk an der Moskauer Filmhochschule erlernte, den Film von jeher als pädagogisches Instrument eingesetzt. Zu seinem künstlerischen Credo gehört soziales Engagement, politischer Veränderungswille und ein unübersehbarer didaktischer Impetus. Kein Zufall, daß Senghor einige seiner Regiearbeiten verbieten ließ. Erst 1984 wurden so grandiose Filme wie ›Chala‹ und ›Ceddo‹ in Dakarer Kinos gezeigt, erst 1984 strahlte das senegalesische Fernsehen Spielfilme von Sembène aus.

Ob er die neureichen Dakarer Wolof-Eliten attackiert, den traumatischen Nachwirkungen des Kolonialismus nachspürt oder die Heilsgewißheiten jeglicher religiöser Orthodoxie geißelt: Sembène war stets davor gefeit, simples Thesenkino zu machen, sein cineastisches Personal auf Träger wohlfeiler Botschaften zu reduzieren. Auf afrikanischen Traditionen aufbauend, hat Sembène in Bildern erzählt: anrührend, schnörkellos, unbestechlich. Noch als fast Siebzigjähriger findet er in ›Guelwaar‹ (1992) zu einer ganz und gar unverwechselbaren, poetischen und zugleich kritischen Filmsprache. Ein Moralist der Leinwand, ein Aufklärer aus Passion, ein Poet des Bildes, ein Chronist menschlichen Leidens, ein Magier des Kinos: Lange Zeit galt der Prophet nichts im eigenen Land, doch Ousmane Sembène ist einer der ganz Großen seines Fachs.

Literatur liegt mit dem unter dem weiblichen Pseudonym Ken Bugul veröffentlichten Roman ›Die Nacht des Baobab‹ vor. Der Text, auf französisch 1984 erschienen und kurz darauf ganz oben auf den westafrikanischen Bestsellerlisten, schildert biographische Stationen einer jungen Senegalesin, die aus ihrem Dorf zum Studium nach Belgien geschickt wird und in Europa allmählich jeden inneren Halt verliert. Im Gegensatz zur senegalesischen Dichtung ist die gambische Literatur eine in Europa völlig unbekannte Größe; einzig der gambische Autor Lenrie Peters vermochte mit seinem Roman ›Über den Sport des Tötens‹ (1979) einige Resonanz zu erzielen.

Seit es ein eigenständiges nationales Kino gibt, ist der senegalesische Film mit dem Namen eines Regisseur-Titanen verbunden, der auch international hohes Ansehen genießt: Ousmane Sembène. Aus der jüngeren Regisseurgeneration hat sich vor allem der senegalesische Filmemacher Djibril Diop Mambpety mit seinen Filmen ›Touki Bouki‹ (eine surrealistisch eingefärbte Dakarer Bonny-und-Clyde-Ballade) und ›Hyènes‹ (die afrikanische Lesart von Dürrenmatts ›Der Besuch der alten Dame‹) aus dem übermächtigen Schatten Sembènes lösen können. Wegen unzureichender Filmförderung, lückenhafter Verleih- und Vertriebsstruktur, fehlender Programmkinos, ausbleibender Fernsehaufträge, mangelhafter technischer Infrastrukturen und der Abhängigkeit von der finanziellen Potenz der *major companies* fristet der senegalesische Film (eine gambische Kinokultur gibt es gar nicht) ein Schattendasein. Dabei könnte die siebte Kunst in Senegambia das Medium sein, das angesichts der hohen Analphabetenraten die Massen wirklich erreicht.

Das sogenannte *Gris-Gris* ist ein traditioneller Glücksbringer

Ein gewichtiger Beitrag Senegals zur modernen Kulturszene deutet sich seit einiger Zeit in den Bereichen der bildenden Kunst an: In Dakar arbeiten einige landesweit bekannte Maler, hier sind auch die meisten Galerien konzentriert; die derzeit vielleicht interessanteste Galerie ist der *Espace Vema* unmittelbar bei der Anlegestelle der Schaluppen nach Gorée. Eine noch größere Bedeutung hat inzwischen die zeitgenössische Holz- und Metallplastik. Auf der Dakarer Biennale 1996 machten besonders die senegalesischen Plastiker Ousmane Sow, Serigne M'Baye Camara und Moustapha Dimé in der Fachkritik von sich reden. Hinter diesen großen Namen beginnt sich eine jüngere Generation handwerklich versierter und künstlerisch ambitionierter Plastiker zu etablieren.

Europa denkt, Afrika tanzt – so will es ein hartnäckiges Vorurteil. Wer die beeindruckenden afrikanischen Tänze erleben will, der muß sie außerhalb der sogenannten Folklore-Abende der großen Hotels suchen. Bei den in den Stadtvierteln oft improvisierten großen nächtlichen *Tam-Tams* löst sich immer wieder eine Tänzerin aus dem Kreis der Beteiligten, die in einem kurzen ekstatischen Solotanz mit dem Chef-Trommler kommuniziert und sodann wieder in den Kreis zurücktritt. Das wichtigste Rhythmusinstrument des afrikanischen Tanzes ist die Trommel, die nicht von ungefähr als *talking drum* bezeichnet wird; mit bestimmten Trommel-

Afrikanische Lebensfreude bei einem Konzert in Dakar

wirbeln wurden früher tatsächlich Nachrichten übermittelt. Die in Senegal und Gambia gebräuchlichste Trommel ist die in verschiedenen Größen hergestellte Djembé, die sich inzwischen auch im Souvenir-Sortiment sämtlicher *villages artisanales* findet. Afrikanischer Tanz ist in den sozialen Kontext von bestimmten Festen und Feiern sowie religiösen Kulten verwoben; Tanz hat nach altem Verständnis eine magische Wurzel, kenntlich etwa in den rituellen Maskentänzen. Besonders eindrucksvoll sind in Senegambia die Löwenmasken der sogenannten *faux lions.*

Baaba Maal, Omar Pene, Ismail Lô, Kine Lamp und allen voran natürlich Superstar Youssou N'Dour: Im Zuge der phänomenalen Renaissance von ›world music‹ und ›Afro-Pop‹ sind die Platten und CDs der senegalesischen Musikstars auch in Europa zu Hits avanciert, dies zeigen auch die erfolgreichen Europatourneen von Yous-

sou N'Dour und Baaba Maal. In der Kombination traditioneller Trommelrhythmen und westlicher Popmusik, der alten Griot-Instrumente und elektronischer Synthesizer hat die moderne senegalesische Popmusik zu einer unverwechselbaren, inzwischen auch international vielbeachteten Stimme gefunden. Musik ist in Senegambia, ähnlich wie die großen Sportspektakel der *luttes africaines,* ein Phänomen der Alltagskultur. Jedermann kennt die aktuellen Songs der Musikstars, die Hits erklingen rund um die Uhr, den Takt eines Lebensgefühls vorgebend, aus sämtlichen Transistorradios und Kassettenrecordern. In Dakar hat sich ein blühender Schwarzmarkt mit Raubkassetten etabliert, und auf den *soirées dansantes* wird bei schweißtreibenden Temperaturen zu den eingängigsten Ohrwürmern hingebungsvoll getanzt. Ein Senegambia ohne Musik ist für die Afrikaner schlichtweg unvorstellbar.

UNTERWEGS
IN SENEGAMBIA

»Wer eine Zunge
hat,
verirrt sich nicht.«

senegalesisches
Sprichwort

Cap Vert

Rundgang durch Dakar

Entlang der Küstenstraßen

Idylle auf Gorée

Ausflug zum Lac Rose

und nach Rufisque

Blick auf Dakar mit Gorée im Hintergrund

Der westlichste Punkt Afrikas

Dakar, die Metropole voller Gegensätze: breite Avenuen und afrikanische Märkte, Luxushotels und Armensiedlungen • Mediterranes Flair und Mahnmal der Vergangenheit: Besuch der Maison des Esclaves auf der Sklaveninsel Gorée • Prächtige Farbenspiele am Lac Rose • Zwischenstopp in Rufisque: alte Handelsniederlassung und moderner Industriestandort

Dakar

Man lasse sich nicht vom ersten Augenschein, von der puren Oberfläche täuschen: Dakar ist eine facettenreiche Metropole mit vielen verschiedenen Gesichtern; französische Lebensart und afrikanische Tradition begegnen sich hier in einem Schmelztiegel unterschiedlicher Kulturen. Wer ein Gespür dafür entwickeln kann, wird gerade in Dakar tiefe, zum Teil verstörende Einblicke in afrikanische Realitäten gewinnen können.

Am südlichen Ausläufer der Cap-Vert-Halbinsel gelegen, gehört die senegalesische Hauptstadt mit Abidjan, Accra und Lagos zu den wichtigsten westafrikanischen Hauptstädten. Der Dakarer Hafen ist einer der modernsten und umschlagstärksten in Afrika, das Gros der senegalesischen Industrie ist im Dakarer Umland konzentriert. Als konkurrenzloses städtisches Zentrum des Landes hat Dakar seit der Unabhängigkeit eine beängstigende Bevölkerungsexplosion erlebt. Fast ein Viertel der senegalesischen Bevölkerung lebt inzwischen im Großraum Dakar, ein Nachlassen dieses Siedlungsdruckes ist trotz aller Bemühungen um Dezentralisierung derzeit nicht in Sicht. Dakar wird sich in der Zukunft kaum lösbaren Problemen stellen müssen. Dies beginnt mit den völlig überlasteten städtischen Infrastrukturen, reicht über unzulängliche Städtebau- und Siedlungskonzepte bis hin zu einer seit der F CFA-Abwertung (Januar 1994) alarmierend angestiegenen Kleinkriminalität.

Nirgendwo prallen die sozialen Gegensätze des Landes so aufeinander wie in Dakar. Die Nobelhotels, die Bankpaläste um die Place de l'Indépendance, der Pariser Chic in den Boutiquen und Brasserien der Flanieravenuen in der Innenstadt markieren eine Art Dakar de luxe, das mit dem trostlosen Elend in den Gassen der Medina, mit der perspektivlosen Lethargie der Dakarer Banlieue einen unversöhnlichen Kontrast bildet.

Die Vermutung sei erlaubt: Dakar ist keine Stadt, die ein Tourist auf Anhieb ins Herz schließt. Dakar ist eine junge, um nicht zu sagen: geschichtslose Stadt. Die kulturhistorisch interessanten Reichtümer Senegals findet der Reisende anderswo, etwa auf der Insel Gorée oder St. Louis. Es gibt in Dakar etliche topographisch interessante (Schau)Plätze, aber keinen Kanon klassischer Sehenswürdigkeiten, der im Sinne eines touristischen Pflichtprogramms zu ›erledigen‹ wäre. Trotzdem sollte man sich die Zeit nehmen, um Gorée, dem I. F. A. N. - Museum und den afrikanischen Märkten einen Besuch abzustatten.

Geschichte

Die Ureinwohner der Region Dakar waren vermutlich Lebou-Fischer, die die Cap-Vert-Halbinsel besiedelten. Gängigen Interpretationen zufolge soll sich der Name Dakar entweder vom Wolof-Wort *ndakaru* (Tamarindenbaum) oder von dem Begriff *dekraw* (Zuflucht) ableiten. Der französische Naturforscher Michel Adanson, der Mitte des 18. Jh. den Senegal bereiste, hielt Ndakaru auf einer kleinen Zeichenskizze als bescheidenes Fischerdorf fest, das sich etwa am nördlichen Ausläufer der heutigen Rue Vincens (Nähe Hauptbahnhof an der heutigen Place Casablanca) befand. Nahe der heutigen Hafenanlagen erbauten französische Missionare um 1845 eine Missionsstation; dies war zugleich der Beginn der modernen Stadtentwicklung, die in den folgenden Jahrzehnten vom Bau eines Forts und der Anlage der Hafenkais gekennzeichnet war. In der zweiten Hälfte des 19. Jh. entstanden unter der Leitung von Pinet-Laprade (nach ihm ist heute ein Boulevard in der Nähe des Dakarer Rathauses benannt) die älteren Bebauungen des Plateau-Viertels, das die etwas erhöhte Südostspitze der Cap-Vert-Halbinsel einnimmt.

Mit der Fertigstellung der Eisenbahnverbindung zwischen Dakar und St. Louis im Jahre 1885 gewann Dakar für die Franzosen zunehmende logistische Bedeutung. Um die Jahrhundertwende war Dakar für die Kolonialmacht zum wichtigsten Flottenstützpunkt avanciert und hatte die vorgelagerte Insel Gorée, deren Verwaltung es einst unterstand, an Bedeutung längst überflügelt. 1898 begannen die Franzosen mit dem weiteren Ausbau der Hafenanlagen. Dakar nahm in der Folgezeit einen rasanten Aufschwung als Handelsstadt. 1907 verlegten die Franzosen die Residenz des Generalgouverneurs für das riesige Kolonialgebiet von Französisch-Westafrika von St. Louis nach Dakar, was die Anlage großzügiger Repräsentations- und Ver-

Historische Aufnahme von Dakar

waltungsgebäude notwendig machte. Mit der Fertigstellung der Bahnlinie in die malische Hauptstadt Bamako im Jahre 1923 und der fortschreitenden Erschließung des östlichen Senegal wurde Dakar mehr und mehr zum wichtigsten Einfallstor nach Westafrika. Als sich in den 30er Jahren der Transatlantik-Flugverkehr zwischen Europa und Südamerika zu entwickeln begann, wurde der Flughafen Dakar-Yoff zur wichtigsten Zwischenlandestation und Dakar zu einer internationalen Verkehrsdrehscheibe.

Nach der Unabhängigkeit und mit dem unkontrollierbaren Zuzug immer größerer Bevölkerungsmassen in die senegalesische Hauptstadt begann die Regierung seit den 60er Jahren mit der Anlage neuer Stadtteile. So entstanden etwa in den Vierteln H. L. M. (Habitat et Logement Modéré) sowie in S.I.C.A.P. (Société Immobilière du Cap Vert) nördlich von Grand Dakar recht schmucke ein- bis zweistöckige Einfamilienhäuser, deren vergleichsweise gute Ausstattung von den ›Armenvierteln‹ der Medina oder Pikines absticht.

Wer einmal ausgedehntere Spaziergänge durch das noble südliche Plateau-Viertel oder durch den Villenvorort Point E. unternimmt und als Kontrastprogramm Stadtteilen wie Usine Niary Talli, Ouakam, Pikine, Tiaroye oder Yeumbeul einen Besuch abstattet, der ahnt nicht nur etwas von den gewaltigen Dimensionen dieser Stadt, sondern auch von den gesellschaftlichen Gegensätzen und dem sozialen Sprengstoff, der in Dakar schlummert.

Die Place de l'Indépendance und die östliche Altstadt

Mit der ganz und gar europäisch geprägten, rechteckig angelegten **Place de l'Indépendance** [1; s.

Stadtplan hintere Umschlaginnenklappe] besitzt die Dakarer Innenstadt ein konkurrenzloses urbanes Zentrum. Der Platz, von dem rund ein Dutzend Straßenzüge in alle Richtungen führen, ist das Herz Dakars, die quirlige Mitte der Kernstadt. Die beiden, etwa 250 m langen Längsfronten des Platzes werden von den Bürogebäuden internationaler Fluggesellschaften und großer Konzerne, von Bankpalästen (BICIS-Bank) und Anwaltskanzleien sowie hypermodernen Geschäften beherrscht; zwei der großen Luxushotels der City, das Indépendance und das Teranga Sofitel, sind hier angesiedelt. Inmitten der Grünanlagen der Place de

l'Indépendance erhebt sich ein Kriegerdenkmal, das an die in den beiden Weltkriegen gefallenen, in der französischen Armee dienenden senegalesischen Soldaten erinnert. Besondere Beachtung verdienen die um 1930 erbaute, im neoklassizistischen Baustil errichtete Handelskammer (Chambre du Commerce, an der Nordwestecke des Platzes gelegen) sowie das schräg gegenüberliegende, ehemalige Gerichtsgebäude aus dem Jahre 1906, in welchem sich heute das senegalesische Außenministerium befindet. Beide Gebäude sind Beispiele für den Repräsentationsstil der französischen Kolonialära. An der Nordostecke des Platzes befindet sich das Rathaus für das erste Dakarer Arrondissement. Die Place de l'Indépendance eignet sich durch ihre zentrale Lage vorzüg-

Die Westafrikanische Zentralbank

Eingangstor zum Kermel-Markt

lich als Ausgangs- oder Zielort für alle Streifzüge durch die Dakarer Innenstadt.

Folgt man der leicht abschüssigen Avenue Albert Sarraut, welche die östliche Verlängerung der Avenue Georges Pompidou bildet, passiert man zunächst etliche schicke Läden, Cafés und Patisserien. Linker Hand liegt das vornehme Hotel La Croix du Sud mit seinem renommierten Restaurant, rechter Hand der große Score-Supermarkt. Am östlichen Ende der Straße (Nr. 2, im Gebäude der Botschaft der Elfenbeinküste) ist das Goethe-Institut beheimatet, welches gelegentlich deutsche Filme zeigt und ein Sortiment deutscher Tageszeitungen bereithält.

Wer unmittelbar vor dem Goethe-Institut von der Avenue Albert Sarraut nach links abbiegt, stößt auf den bekannten, 1993 von einer katastrophalen Feuersbrunst fast vollständig vernichteten **Kermel-Markt** [2]. Die eindrucksvolle Markthalle, eines der klassischen Dakarer Fotomotive, wurde nach langwieriger Restaurierung 1997 wieder ihrer Bestimmung übergeben. Besonders bemerkenswert sind die schmiedeeisernen Arabesken an den vier Eingangstoren, die ins Innere der Markthalle führen; die schön geschwungenen Rundbögen über diesen Eingängen verweisen mit ihrem architektonischen Zierat deutlich auf maurisch-maghrebinische Stileinflüsse.

In den kleinen Seitenstraßen nordöstlich des Kermel-Marktes (Richtung Hafen) befinden sich etliche asiatische Restaurants sowie einige einfache Hotels; an der Straßenecke Boulevard Pinet-Laprade/ Rue Dagorne liegt die Dakarer **Hauptpost** [3]. Folgt man hier einer der kleinen, abschüssigen Straßen, gelangt man auf den Boulevard de la Libération, der die nordöstliche Begrenzung der City markiert. Dieser Boulevard, von Marktständen, Kramläden und allen möglichen Kleinbetrieben dicht gesäumt, zieht sich an den südlichen Molen des Dakarer Hafens entlang. An der Mole Nr. 1 liegt die **Embarcadère** [4], von hier aus legen sowohl die

Schaluppen nach Gorée als auch das Linienschiff Le Joola nach Ziguinchor ab. Das Westende des Boulevard de la Libération mündet auf die Place du Casablanca, wo sich – Stilelemente aus Klassizismus und Art déco kühn verbindend – der Dakarer **Hauptbahnhof** [5] erhebt.

Das Plateau-Viertel und die südliche Innenstadt

Die von der Place de l'Indépendance in südlicher Richtung verlaufende Avenue Léopold Sédar Senghor ist von modern-funktionalen Regierungs- und Verwaltungs-

Der gut bewachte Präsidentenpalast

gebäuden geprägt, so etwa vom wuchtigen, aber architektonisch wenig sehenswerten Building Administratif. Linker Hand, zum Meer hin, liegt in einer weitläufigen gepflegten Gartenanlage das **Präsidentenpalais** [6], ein weiß getünchter Klassizismusbau aus dem Jahre 1907, seinerzeit die Residenz des Generalgouverneurs von Französisch-Westafrika. Uniformierte Garden bewachen den mit Ausblick auf die Insel Gorée traumhaft gelegenen Repräsentationsbau; mit etwas Glück kann man im Park einige Kronenkraniche bewundern. Wenn neben der senegalesischen Nationalflagge eine zweite, kleinere Fahne weht, bedeutet dies, daß der Staatschef Abdou Diouf in seiner Residenz weilt.

Auf der äußersten Südspitze der Cap-Vert-Halbinsel liegen die gro-

I.F.A.N.-Museum

ßen Kliniken Dakars, die meisten der bedeutenden Botschaften, etliche Ministerien, der Justizpalast sowie der Leuchtturm des Cap Manuel.

Am südlichen Ausläufer der Avenue Léopold Sédar Senghor führt die Avenue Nelson Mandela (in älteren Stadtplänen noch als Avenue Courbet verzeichnet) nach rechts, in westlicher Richtung, ab. Sie stößt nach etwa 300 m auf die Place Soweto (ehemals Place Ch. Tascher). Hier befindet sich, etwas erhöht hinter einer pompösen Auffahrt gelegen, die **Assemblée Nationale** [7], das 1954 für den »Rat von Französisch-Westafrika« gebaute Versammlungsgebäude, in dem seit 1960 das senegalesische Parlament tagt.

An der Nordwestseite der Place Soweto trifft man auf das bedeutendste Museum von Dakar: Das ethnologische Museum des **I.F.A.N.-Instituts** [8] (Institut Fondamental d'Afrique Noire; geöffnet Di–So 9–12.30 und 14.30–18 Uhr; Eintritt 200 F CFA; bei Sonderausstellungen wandert ein Großteil der Bestände aus dem Obergeschoß ins Depot), ein im neosudanischen Stil gehaltenes Gebäude inmitten einer palmenbestandenen Gartenanlage. Es vermittelt einen hervorragenden Überblick über den kulturellen Reichtum der Völker im frankophonen Westafrika. Im Erdgeschoß beeindrucken die Exponate afrikanischer Holzschnitzkunst, hervorzuheben sind die Holzmasken aus der Elfenbeinküste, von Guinea und Burkina Faso. Im Obergeschoß sind u. a. Trachten, Waffen, Möbel (hier besonders beeindruckend die aus Holz geschnitzten »Thronsessel«), Gebrauchsgegenstände und Schmuckobjekte der Völker der ehemaligen Sudan-Kolonie (Mali, Niger, Burkina Faso) ausgestellt. Auch wenn man wenig Zeit hat: Einen ausführlichen Besuch des I.F.A.N.-Museums sollte man für Dakar unbedingt einplanen.

Von der Place Soweto führt die Avenue Jean XXIII. in nord-westlicher Richtung auf die Place de Washington D.C. (in alten Stadtplänen als Place de la République ausgewiesen). Die Prachtavenue Boulevard de la République, die in etwa die nördliche Begrenzung des Plateau-Viertels markiert, verläuft von hier aus nach Westen bis auf Höhe der Madeleines-Bucht, nach Osten bis zum Präsidentenpalais. In unmittelbarer Nähe zur Place de Washington D.C. liegt mit dem landesweit berühmten **Théâtre Daniel Sorano** [9] eine nach einem früh verstorbenen, prominenten Schauspieler benannte Bühne. Das Théâtre Sorano dient auch Musik-, Ballett- und Folkloregruppen, bei Gastspielen auch westafrikanischen Theatertruppen als Spielstätte. Über das Programm informiert ein Aushang im Foyer, rechtzeitige Platzreservierung ist dringend empfohlen.

Nur einen Steinwurf von der Place de Washington D. C. entfernt, erhebt sich die wuchtige **Cathé-drale du Souvenir Africain** [10]. Die aus den 20er Jahren stammende katholische Kathedrale vereinigt in einer abenteuerlichen Mischung architektonische Stilelemente des afrikanischen Sudan-Baustils, der europäischen Moderne und der byzantinisch-orientalisch geprägten Kuppelkonstruktionen.

Das Plateau-Viertel, das insgesamt einen weltläufigen, aber auch etwas sterilen Eindruck macht, markiert so etwas wie den europäischen Sektor von Dakar. Auf keinen Fall sollte man einen ausgedehnten Spaziergang durch die schachbrettartig angelegten, kleinen Seiten- und Nebenstraßen der Avenue Georges Pompidou versäumen. Mit ihren Edelboutiquen, Cafés, Restaurants, Kinos und Patisserien präsentiert sich die Straße als *die* mondäne Flaniermeile Dakars. Gerade hier ist allerdings höchste Wachsamkeit geboten: Die Avenue Pompidou gehört zu den bevorzugten Revieren nicht nur der fliegenden Händler, sondern auch der Dakarer Taschendiebe, die mit allerlei Tricks und in jüngster Zeit auch häufig in Zusammenarbeit mit Kindern ans Werk gehen. In den nördlichen sowie südlichen Nebenstraßen der Avenue Pompidou finden sich noch zahlreiche Zeugnisse der französischen Kolonialarchitektur aus dem 19. Jh. Hier stehen die meisten der aus dieser Epoche noch erhaltenen Wohn- und Handelshäuser, an denen besonders die intimen Innenhöfe, die umlau-

Kermel, Sandaga, Tilène

Die Dakarer Märkte

Der Marché Kermel in der östlichen Altstadt mit seinen für Fotos posierenden Blumenverkäuferinnen und seinem Souvenirangebot für die Touristen, der Marché Sandaga an der Nahtstelle zwischen europäischem und senegalesischem Sektor für die afrikanische Hausfrau und der Marché Tilène als umfassende Versorgungsbasis für die Bevölkerung der Medina: Die großen Märkte der Dakarer Innenstadt (zu denen noch die Märkte der Stadtteile Colobane und H.L.M. zu rechnen sind) bieten für jeden Geschmack etwas.

Der Marché Kermel, mit seinen schmiedeeisernen Arabesken und seinem maurischen Dekor eine touristische Attraktion ersten Ranges, war 1993 bis auf die Außenmauern der Markthalle abgebrannt. Damals hieß es, ein Blitz sei in eine ungesicherte elektrische Anlage gefahren; böse Zungen, die von gezielter Sabotage und Brandstiftung sprechen, sind bis heute nicht verstummt. Der Markt ist inzwischen mit internationaler Finanzhilfe nach den originalen Plänen wiederaufgebaut worden. Stahlverstrebungen, Neonlicht, Deckenvertäfelungen, gekachelte Verkaufstresen: Wenn der Eindruck nicht täuscht, hat der Neubau gegenüber seinem traditionsreichen Vorgänger an Funktionalität gewonnen, was er an Charme, an Atmosphäre, an ureigenstem Fluidum eingebüßt hat. Der Wiedereröffnung war ein mit harten Bandagen ausgetragener Streit innerhalb der Gilde der Marktbeschicker vorausgegangen, nachdem die Dakarer Marktverwaltung die Anzahl der Verkaufsstände reduziert hatte, und etliche der seit Jahrzehnten ansässigen Beschicker sich durch verteuerte Standgebühren von ihrem angestammten Terrain vertrieben wähnten.

Die zinnen- und erkerverzierte Sandaga-Markthalle birgt in ihren Gängen und Gewölben einen reinen Lebensmittelmarkt. Das von nackten Glühbirnen fahl ausgeleuchtete Untergeschoß bietet neben Fisch auch noch Konserven, Hirse, Mais, verschieden gekörnten Cous-

fenden Balkone und die Warenspeicher und Gelasse in den Erdgeschossen auffallen. In diesen Häusern hat sich inzwischen der libanesisch-syrische Groß- und Einzelhandel etabliert, ebenso begegnet man hier zahlreichen Antiquitätengeschäften. Etliche afrika-

cous, ungeschälte Erdnüsse, blaßblaue Kolanüsse, Importreis in Säcken und Holzfässern ... Das Obergeschoß, eine Halle mit durchbrochenem Mauerwerk in ausgebleichtem Ocker, birst am frühen Morgen förmlich vor leicht verderblicher Frischware: tropische Früchte, Gemüse, Salat, gerupftes Geflügel. Der Markt präsentiert sich als Domäne der Händlerinnen. Leicht Gärendes, schon Fauliges, Aromen und Odeurs zwischen süßlich und streng; dann und wann eine von Parfümschleiern umflorte Dame. Zum Marché Sandaga gehören darüber hinaus sämtliche an die Halle angrenzenden Ladenzeilen, in denen von Plastikware bis Billigelektronik, von Raubkassetten bis gefälschte Markentextilien, von Rolex-Imitaten bis Sonnenbrillen aller nur erdenkliche Ramsch verscherbelt wird. Wie wohl alle senegambischen Märkte ist auch der Marché Sandaga nicht nur Warenumschlagplatz, sondern auch Nachrichtenbörse, Gerüchteküche, Informationsnetzwerk, Vermittlungszentrale, Fluchtpunkt und Geldkarussell.

Der Marché Tilène, an der Avenue Blaise Diagne im Zentrum der Medina gelegen, ist Ladenpassage, Hallenbetrieb und Open-Air-Gelände in einem. Linker Hand der Avenue reihen sich kleine Schmuck- und Textilläden aneinander; zahlreiche Ladenschilder, die den Ortsnamen Touba oder den Begriff *Serigne* (das Wolof-Wort für Marabout) im Etikett führen, künden von der wirtschaftlichen Macht der Mouriden. Rechter Hand erstreckt sich das eigentliche Marktgelände um einen Hallenkomplex herum; ein Markt mit Gebrauchttextilien und einige Gassen mit Lagerschuppen schließen sich an. Der Marché Tilène ist vermutlich der ursprünglichste der Dakarer Märkte, ein Gelände, das sich gegenüber Fremdeinflüssen offenbar als resistent erwiesen hat. Aphrodisiaka, Gris-Gris, Amulette und Talismane gehören hier zum Warenangebot, und in manchen Winkeln lesen Wahrsagerinnen die Zukunft aus dem Fall der Kauri-Muscheln.

Ob man sich sein Schicksal vorhersagen läßt oder die Zutaten für das Abendessen kauft, ob man ein T-Shirt ersteht oder die neueste, garantiert illegal hergestellte Kassette von Youssou N'Dour: Handeln gehört immer und überall zum Marktalltag. Wer den zuerst genannten Preis nicht unterbietet (und zwar um mindestens 50 %), dem ist nicht zu helfen!

nische Restaurants sowie einfache Hotels beherrschen zudem die Szenerie. Nachts ist gerade dieses Revier mit seinen zahlreichen Bars und Diskotheken Schau- und Tummelplatz eines quirligen, jedoch nicht gerade ungefährlichen Dakarer Nachtlebens.

Die nordwestliche Innenstadt und die Medina

Am Westende der Avenue Pompidou, im Kreuzungsbereich mit der Avenue du Président Lamine Gueye, liegt mit dem **Sandaga-Markt** [11] der zweite große Markt der Dakarer Innenstadt. Die Markthalle selbst präsentiert sich als typisches Beispiel des neosudanischen Baustils: ein verschachtelter Bau mit verwaschener Fassade, bewehrt mit Erkern, Zinnen und quadratischen Türmen. Die Halle des Marché Sandaga, weitläufiger und ursprünglicher als der Kermel-Markt, ist mit ihren Quergängen, Nischen und Gelassen ein einziges Labyrinth. Die Markthalle selbst, in der die Verkaufsstände morgens vor exotischen Früchten und Gemüsebergen, vor Trockenfisch und Geflügel, vor Amuletten und diversen Zaubermitteln förmlich überquellen, ist weitgehend für den Lebensmittelhandel reserviert. Zum Marktgetümmel gehören auch die zahllosen Läden und offenen Verkaufsstände, wo Textilien und Elektrogeräte, Musikkassetten und Stoffbahnen, Uhren und Sonnenbrillen, Kosmetika und Plastikgeschirr verscherbelt werden. Erhöhte Wachsamkeit ist gerade im Gedränge dieses Marktviertels dringend geboten.

Vom Sandaga-Markt führt die Avenue Emil Badiane und ihre nordwestliche Verlängerung, die Avenue Blaise Diagne, an den Südwestrand der Dakarer Medina. Beide Avenuen haben das Gepräge orientalischer Basarstraßen: Etliche Läden mit Haushaltsgeräten, Baustoffen, Autozubehör und Elektroartikeln bestimmen hier die Szenerie. Die meisten Geschäfte werden von den für das Dakarer Wirtschaftsleben eminent wichtigen Libanesen und Syrern geführt. Hinter einem eher unscheinbaren Hauseingang (69, Avenue Blaise Diagne) stößt man auf den sehenswerten **Cour des Maures** [12]. Hier haben sich überwiegend mauretanische Gold- und Feinschmiede niedergelassen, die durchbrochene und fein ziselierte Armreifen, Fußspangen und Ohrgehänge sowie sorgfältig inkrustierte Schmuckstücke anbieten. Auch die für das südliche Mauretanien typischen, mit Metallbeschlägen versehenen Holzschatullen sowie diverse Holzeinlegearbeiten gibt es im Angebot. Seit den Massakern an der mauretanisch-senegalesischen Grenze 1989/90 haben sich die Reihen der hier arbeitenden mauretanischen Spezialisten stark gelichtet; gerade deshalb kann man aber im Cour des Maures derzeit in aller Ruhe stöbern und schauen.

Am Südoststrand der Medina erhebt sich, unübersehbar hoch aufragend, die **Grande Mosquée** [13]. Das 1964 mit großzügigen Geld- und Sachspenden des marokkanischen Königshauses fertiggestellte Gotteshaus markiert eines der religiösen und kulturellen Zentren Dakars. Die der islamischen Tidjanen-Bruderschaft unterstellte Moschee

Orientalisches
Flair im
Sandaga-Markt

ist jeden Freitagnachmittag Zielort für tausende gläubige Muslime, die hier ihre rituellen Gebete verrichten: ein überaus beeindruckendes Schauspiel, das man der Höflichkeit halber nicht fotografieren sollte. Der architektonische Grundriß und die Bauausführung folgen den klassischen Vorbildern der maurischen Moscheen. Das etwa 80 m hohe, viereckige Minarett, das drei vergoldete Kugeln krönen, kann als Wahrzeichen der Medina gelten; seine Fassaden sind mit Arabesken, Stuckornamenten und grün lasierten Ziegeln (grün ist die Farbe des Islam) reich verziert und optisch gegliedert. Die Große Moschee kann täglich außer Freitag besichtigt werden, vom Minarett aus bietet sich ein atemberaubender Überblick über die Skyline von Dakar.

Große Moschee von Dakar

Am nordwestlichen Ausläufer der Avenue Blaise Diagne, etwa 400 m hinter dem Stadion Iba Mar Diop, liegt rechter Hand der wohl ›afrikanischste‹, für den europäischen Besucher exotischste Markt Dakars: der **Marché de Tilène** [14]. Beiderseits der Avenue Blaise Diagne erstrecken sich hier die schachbrettartig angelegten, überwiegend durchnummerierten Straßenzüge der **Medina,** die ein vollkommen anderes Gesicht aufweist als die Dakarer City. Versandete Gassen, in denen Ziegen die Müllhalden nach kümmerlicher Nahrung durchstöbern; einfache Gehöfte, in deren Innenhöfen Wäsche

flattert, Hausfrauen palavern, Kinder greinen; kleine Verkaufsstände an den Straßenecken, wo Handwerker, Friseure, Schreiner unter freiem Himmel arbeiten; Gerüche von fauligem Fisch, von stinkenden Abwässern und verdorbenen Früchteresten, Widerhall von Gezänk und Gezeter, Familientratsch allenthalben.

Die Medina (ihr Kernbereich wurde nach einer Pestepidemie in den Jahren 1914/15 planmäßig angelegt) hat sich bis heute eine fast dörfliche Atmosphäre bewahrt. Sie ist ein typisches ›Kleine-Leute-Viertel‹. In den einfachen Behausungen, die oftmals weder über Wasser- noch Stromanschluß verfügen, haben sich jene Dakarer mehr schlecht als recht eingerichtet, die sich die teuren Mieten der Innenstadt nicht leisten können. In der Medina lauert ein soziales Protestpotential, das sich erstmals während der gewalttätigen Exzesse im Februar 1994 Bahn brach. Fotografierende *Toubabs* (Weiße) sind gerade in der Medina nicht gerne gesehen. Nach Möglichkeit sollte man nächtliche Alleingänge durch dieses Gebiet vermeiden.

Wer von der Avenue Blaise Diagne an ihrem Ende nach links, Richtung Meer, abbiegt, erreicht über den Boulevard de la Gueule Tapée direkt das **Kunsthandwerksdorf** *(village artisanal)* **Soumbédioune** [15]. Dieses in stilechten Rundhütten untergebrachte *village artisanal* ist das größte und reichhaltigste seiner Art im Senegal; es vermittelt einen hervorragenden Überblick über alle Sparten und Produkte des einheimischen Kunsthandwerks. Schmuck, Korb- und Lederarbeiten, Boubous und Pagnes, Trommeln *(Djembé)* und Holzskulpturen, Batikgewänder, Masken und Brettspiele: Das alles ist in reicher Auswahl zu finden. Das Kunsthandwerksdorf Soumbédioune hat sich längst zu einer touristischen Attraktion ersten Ranges entwickelt, ganze Busladungen an *Toubabs* werden hier im Stundentakt angekarrt. Das Preisniveau ist entsprechend hoch, die Ausgangspreise beim Handeln sind oft eine pure Unverschämtheit. Die *villages artisanals* in Thiès, St. Louis, Kaolack oder Ziguinchor dagegen bieten zwar nicht die imponierende Auswahl, die sich in Soumbédioune findet, dafür aber ein ungleich realistischeres Preisniveau.

In unmittelbarer Nähe des *village artisanal* Soumbédioune befinden sich der ausgedehnte muslimische Friedhof und der Fischmarkt der Lebou, der besonders am späten Nachmittag einen Besuch lohnt, wenn die Fischer in ihren bunt bemalten Pirogen vom Fang zurückkehren. Einen weiteren Abstecher ist das **Musée Dynamique** wert. 1966 wurde es anläßlich des von Senghor ins Leben gerufenen ›Festival d'Art Nègre‹ gegründet und bietet seitdem wechselnde Ausstellungen.

Die Küstenstraßen und die Dakarer Vororte

Überwältigende Panoramarundblicke gewähren die beiden den südlichen Teil der Cap-Vert-Halbinsel umschließenden Küstenstraßen. Wer sie genießen und gleichzeitig die Dimensionen einer Großstadt wie Dakar kennenlernen will, sollte die Strecken mit dem Taxi oder mit dem Bus abfahren. Die Route de la Corniche Est beginnt am östlichen Ausläufer des Boulevard de la Libération (in der Nähe der Hafenmole Nr. 3) und zieht sich etwa vier km entlang der Küste bis zum **Cap Manuel.** Die Straße ist von mehreren geschützten kleinen Badebuchten, schönen Strandabschnitten, einigen Yacht-Anlegeplätzen sowie Privatclubs und großzügigen Hotelanlagen (Lagon II, Hotel Savanna) gesäumt. Auch einige traumhaft gelegene Botschafter-Residenzen sind hier angesiedelt. Immer wieder bieten sich prächtige Ausblicke, vom Cap Manuel kann man sowohl Gorée als auch die Madeleine-Inseln sehen.

Die Route de la Corniche Ouest nimmt ihren Anfang am Westende der Avenue André Peytavin, der westlichen Verlängerung der Avenue Pompidou. Die Straße führt an einem etwa acht km langen Küstenabschnitt entlang bis zur **Pointe des Almadies;** diese felsige Landzunge markiert den westlichsten Punkt Afrikas. In idyllischer Lage findet man hier eine 300 Zim-

Vom Slum zum Stadtviertel

Die Entwicklungsprojekte in Dalifort und Pikine

Restructuration de l'habitat spontané (etwa: Restrukturierung von Spontansiedlungen): Das Gesamtprojekt trägt seine Zielsetzung im Titel. Schon seit den ersten Jahren der Unabhängigkeit sind im Ballungsraum von Dakar sogenannte Spontansiedlungen entstanden, zumeist armselige, in kürzester Zeit in den Sand gestellte Behelfsbuden aus Brettern, Wellblech, Pappe, Stoff- und Plastikplanen. In diesen Slumvierteln entstanden mehr und mehr rechtsfreie Räume, Agglomerationen von menschlichem Elend, die sich jedem administrativen Zugriff entzogen. Noch bis Mitte der 80er Jahre versuchte die senegalesische Regierung sich des Problems zu entledigen, indem die Squatter-Siedlungen im Zuge einer ignoranten Vollstreckungspolitik einfach von Bulldozern abgeräumt wurden. Seit 1987 ist mit starker Beteiligung der deutschen Gesellschaft für technische Zusammenarbeit (GTZ) sowie der Kreditanstalt für Wiederaufbau (KfW) ein ambitioniertes urbanistisches Gesamtprojekt aufgebaut worden, das die vermutlich einzig realistische und zukunftsweisende Perspektive entwickelt: den Betroffenen eine Rückkehr in die Legalität und damit einen Zugang zu einem sozialen Gemeinwesen zu gewähren.

Das Entwicklungsprojekt in Dalifort im Nordosten von Groß-Dakar hat in diesem Zusammenhang Modellfunktion. Hier wurde in Zusammenarbeit von Betroffenen und kommunalen Behörden zunächst versucht, die bodenrechtlichen Verhältnisse zu klären und in Abstimmung mit den ›illegalen‹ Siedlern auf einem 18-Hektar-Gelände einen Stadtteil für 8000 Menschen mit den notwendigen Infrastrukturen zu planen. Ein Präsidentenerlaß vom Juli 1991 hat diesen Bemühungen inzwischen eine tragfähige juristische Grundlage geschaffen. Nicht Entsorgung durch Vertreibung, sondern Legalisierung eines Zustands war hier von Anfang an avisiert. Ein von der Dakarer Banque de l'habitat finanziertes Kreditsystem soll es den Siedlern ermöglichen, die von ihnen besetzten Parzellen zu Quadratmeterpreisen von 2500 F CFA vom Staat zu kau-

mer umfassende Luxusferienanlage des Club Med. Nachdem man auf der westlichen Küstenstraße das Kunsthandwerksdorf Soumbédioune hinter sich gelassen hat, passiert man zunächst die schön gelegene

fen. Das staatliche Interesse ist hierbei offenkundig: Es gilt der Beseitigung rechtsfreier Räume, der urbanistischen Befriedung eines Molochs, der Neutralisierung eines gefährlichen Gewaltpotentials sowie der katasteramtlichen und steuerrechtlichen Registrierung der Einwohner.

Die windschiefen Holzbaracken in Dalifort sind inzwischen zu einem großen Teil Steinhäusern gewichen, die überwiegend über einen eigenen Strom- und Wasseranschluß verfügen. Es wurden Durchgangsstraßen angelegt, ein neues Marktgelände, öffentliche Duschen und Toiletten, ein Medikamentendepot, eine Grundschule. Die F CFA-Abwertung 1994 hat die ohnehin horrend teuren Wohnungs-, Büro- und Ladenmieten in der Dakarer City weiter explodieren lassen. Angesichts eines stetig anhaltenden Siedlungsdrucks auf die Agglomeration Dakar und eingedenk der Protest- und Gewaltwelle vom Frühjahr 1994 scheint man in den Führungsetagen der Dakarer Ministerien erkannt zu haben, daß nur eine langfristige urbanistische Strategie à la Dalifort einer *habitat spontané* entgegenwirken kann, die zwar illegal, in den Augen der Ärmsten der Armen aber völlig legitim ist.

Bei einem Rundgang durch die Sektoren Sam Sam 1–3 der Trabantenstadt Pikine im Nordosten von Groß-Dakar zeigt sich, daß die Spontanansiedlungen auch enorme ökologische Risiken bergen. Im Zuge der *restructuration,* die den gleichen Prinzipien und dem in Dalifort erprobten »Bauherrenmodell« folgt, wird hier daher versucht, wenigstens in Ansätzen eine funktionierende Müllentsorgung aufzubauen. Große Probleme bereiten auch die heftigen sommerlichen Regengüsse, die oft über Nacht ganze Straßenzüge überfluten.

Wie in Dalifort und in Pikine wird derzeit mit ähnlichen Entwicklungsprojekten in St. Louis und Bignona versucht, die Spontanansiedlungen, die Ausdruck staatlichen Versagens in der Wohnungsbaupolitik sind, einer juristischen, administrativen und urbanistischen Struktur zu unterwerfen. Wie GTZ-Experten in Dakar versichern, erweist sich die Feinabstimmung mit den beteiligten Ministerien, mit den Fachressorts der Stadtbehörden und den diversen Bau- und Katasterämtern bisweilen als außerordentlich mühsam. Immerhin scheint die von Seiten der senegalesischen Regierung lange Jahre unverdrossen betriebene »Politik der Bulldozer« (GTZ-Faltblatt) endgültig passé.

Plage de Fann. Rechter Hand der Küstenstraße liegen, in einer schönen Parkanlage beheimatet, die Institutsgebäude der renommierten, 1957 gegründeten **Cheikh-Anta-Diop-Universität** mit dem angeschlossenen I.F.A.N.-Institut. (Die Dakarer Uni ist nach dem bedeutenden senegalesischen Historiker, Anthropologen, Linguisten und Oppositionspolitiker Cheikh Anta Diop benannt. Mit der kühnen These, die altägyptische Kultur sei eine genuin schwarzafrikanische, matriarchalischen Prinzipien verpflichtete Kultur, hat Diop das Geschichtsbild und den Geschichtsmythos Afrikas revolutioniert. Er gehört zweifellos zu den herausragenden Wissenschaftlern der afrikanischen Moderne.)

Die Route de la Corniche Ouest weiter gen Nordwesten befahrend, kommt man an dem eleganten Viertel Résidence de Fann vorbei, passiert sodann den nach dem legendären Piloten Jean Mermoz (er flog als erster die Route Paris – Dakar – Südamerika) benannten Stadtteil Fenêtre Mermoz und gelangt in den dörflich geprägten Stadtteil Ouakam. Die Küstenstraße führt weiter zu den beiden etwa 100 m hoch aufragenden Vulkankegeln Les Mamelles und endet schließlich an der Pointe des Almadies.

Wenn man die Stichstraße etwa drei km zurückfährt und an der großen Kreuzung nach links abbiegt, gelangt man direkt in das malerisch gelegene, von Lebou-Fischern bewohnte Dorf **Ngor.** In seiner unmittelbaren Umgebung ist inzwischen das Zentrum des Dakarer Pauschal- und Badetourismus mit riesigen Luxushotels , Beach-Clubs, Appartementanlagen, Feriendörfern und einigen exklusiven Restaurants entstanden. Die Nachbarschaft zu den touristischen Luxus-Ghettos und dem dörflichen Ortskern mit seinen versandeten Gäßchen, den einfachen Behausungen und den beiden kleinen Moscheen trägt hier bisweilen absurde Züge. Wer dem Rummel etwas entrinnen will, kann im Dorf Privatzimmer oder auch einfache Häuser anmieten. Sehr zu empfeh-

Dakarer
Vorstadtidyll

len ist auch ein Ausflug auf die der Küste unmittelbar vorgelagerte **Ile de Ngor** (Pirogen mit Außenbordmotor setzen bei Bedarf über). Die Insel hat an ihrer Südflanke zwei schöne Strandabschnitte; besonders zum Tauchen, Schnorcheln und Windsurfen lohnt sich der kleine Ausflug.

Über die Küstenstraße gelangt man, vorbei am Internationalen Aeroport Léopold Sédar Senghor, in das alte Fischerdorf **Yoff,** das sich, anders als das von wuchtigen Hotelklötzen geprägte Ngor, einiges von seiner Ursprünglichkeit bewahrt hat.

Über die Stadtautobahn fährt man direkt in die Dakarer City zurück. Im nordöstlichen Vorort Hann lohnt der 1903 angelegte **Botanische Garten** mit dem angegliederten **Zoo** einen Besuch. Zu sehen sind hier die wichtigsten Baum- und Pflanzenarten der verschiedenen Vegetationszonen des Senegal sowie die wichtigsten Tierarten der afrikanischen Savanne (Gazellen, Antilopen, Fenneks, Affen, Leoparden, Löwen).

Im östlichen Hinterland der Cap-Vert-Halbinsel erstrecken sich mit den Vierteln Guediawaye, Pikine, Tiaroye und Yeumbeul jene trostlosen Slums und Squatter-Siedlungen, in denen die vielköpfigen afrikanischen Familien tagtäglich ums pure Überleben kämpfen. Mit Kameras ausgerüstete *Toubabs* (Weiße) sind hier nicht gerne gesehen; man sollte daher sein Schicksal nicht unnötig herausfordern.

ℹ Information: Tourismus-Ministerium, 7, rue Calmette, Dakar, ✆ 8 21 86 89, Fax 8 22 94 13; Veranstaltungshinweise, Fahrpläne, nützliche Adressen stehen in der monatlich erscheinenden Broschüre ›Le Dakarois‹ (liegt in Hotels, Reisebüros, Restaurants aus).

🛏 Unterkunft: Indépendance, Place de l'Indépendance, ✆ 8 23 10 19, Fax 8 22 11 17 ($$$$, klimatisierter Luxus auf 16 Etagen, Pool auf dem Hoteldach, 2 Restaurants, die Hoteldisco Aldo Club gilt als eine der schicksten in ganz Dakar). Sofitel Teranga, Place de l'Indépendance, ✆ 8 23 80 12–14, Fax 8 23 50 01 ($$$$, 244 Luxuszimmer in Toplage, mehrere Restaurants, Tennis, Sauna, Schwimmbad; die Hoteldisco ist zeitweise geschlossen). Novotel, Av. A. Fadiga (Nähe BCEAO-Hochhaus), ✆ 8 23 10 90, 8 23 88 49, Fax 8 23 89 29 ($$$$, 258 Zimmer, Restaurant, Konferenzräume, Schwimmbad, Tennisplatz). Al Afifa, 46, Rue Jules Ferry, ✆ 8 23 87 37, Fax 8 23 88 39 ($$$, gepflegter Neubau im Plateau-Viertel, Pool, Restaurant, Disco Le Play-Club). La Croix du Sud, 20, Av. A. Sarraut, ✆ 8 23 29 47, Fax 8 23 26 55 ($$$, gepflegtes 60-Zimmer-Hotel in zentraler Lage mit renommiertem Restaurant). Le Miramar, 25, Rue Felix Faure, ✆ 8 23 55 98, Fax 8 23 35 05 ($$, im Plateau-Viertel, faire Preise, kleiner lauschiger Innenhof). Hotel Farid, 51, Rue Vincens, ✆ 8 21 61 27, Fax 8 21 08 94 ($$, kleines, gut geführtes Hotel in zentraler Lage, im Erdgeschoß gutes libanesisches Restaurant). Le Ganalé, 38, Rue A. Assane Ndoye, ✆ 8 21 55 70, Fax 8 22 34 30 ($$, sehr gut geführtes 40-Zimmer-Hotel in der Nähe des Marché Sandaga, gutes Restaurant, Reservierung empfohlen). Saint-Louis Sun, 68, Rue Felix Faure, ✆ 8 22 25 70, Fax 8 21 17 21 ($$, familiär geführtes 11-Zimmer-Hotel mit schönem Innenhof, alter Kolonialbau mit angeschlossenem Restaurant). Hotel Balanou, Ecke Av. Jean Jaurès/Rue Paul Holle, ☎ 8 21 67 34 ($, Nähe Marché Sandaga, freundliches Personal, kleine Bar mit Restaurationsbetrieb, günstig und empfehlenswert). Océanic, 9, Rue de Thann, ☎ 8 22 40 44, Fax 8 21 52 28 ($, Nähe Marché Kermel, alter Kolonialbau mit Innenhof). Continental, 10, Rue Galandou Diouf, ☎ 8 22 03 71 ($, Kolonialbau in Hafen- und Bahnhofsnähe). Hôtel du Marché, 3, Rue Parent, ☎ 8 21 57 71 ($, Nähe Marché Kermel, schöner Innenhof, im Erdgeschoß Bordellbetrieb, man sollte ein Zimmer im 1. Stock mit eigener Dusche verlangen).

Hotels in Ngor und Umgebung

Méridien-President, Pointe des Almadies, ☎ 8 20 21 22, 8 20 15 15, Fax 8 20 30 30 ($$$$$, Hotel der Luxus-Spitzenklasse mit knapp 400 Zimmern, mehrere Restaurants, diverse Sportangebote, Nightclub, Mietwagen-Agenturen im Haus). Club Méditerranée, Pointe des Almadies, ☎ 8 20 09 51 ($$$$, Luxusghetto am Strand mit clubüblichen Angeboten und clubüblichen Preisen). Hôtel Ngor, Ngor, ☎ 8 23 10 05, Fax 8 20 27 23 ($$$$, 124 Zimmer mit schönem Panoramablick über die Bucht von Ngor, Konferenzsaal, Restaurant, Schwimmbad). Appartementanlage Diarama, Ngor, ☎ 8 20 10 05, Fax 8 20 27 23 ($$$$, 195 Kleinappartements, 2 Schwimmbäder, Bankettsaal). Feriendorf Calao, Ngor, ☎ 8 20 05 40, Fax 8 20 11 80 ($$$$, 150 Bungalows überwiegend in klimatisierten Luxus-Rundhütten, Restaurant, Bar, Schwimmbad). Darkasse, Route de Ngor, ☎ 8 20 03 53 ($$, kleines und derzeit einziges halbwegs preisgünstiges Hotel in Ngor und Umgebung).

✕ Essen und Trinken: Sämtlichen Luxushotels und fast allen Drei-Sterne-Häusern sind Restaurants angeschlossen, die recht teure à-la-carte-Menüs (4000 bis 8000 F CFA) sowie französische und senegalesische Küche anbieten. In der Nähe des Marché Kermel sind zahlreiche asiatische Restaurants konzentriert, Fast-Food-Shops und sogenannte *Chawarma*-Stände (die libanesische Variante des Döner Kebab, mit Pommes frites und Salat zumeist zwischen 600 und 1000 F CFA) säumen vor allem die Avenue Pompidou. Daneben finden sich überall in Dakar Kleinstrestaurants und Garküchen (die sogenannten *Tanganas,* abgeleitet von dem Wolofwort *tanga* = heiß), deren hygienischer Standard nicht jedermanns Sache ist, die aber billige Gerichte anbieten.

Eine kleine subjektive Auswahl von Restaurants verschiedener Preiskategorien: Guy'Gi (Le Baobab), 17, Rue Jules Ferry, ☎ 8 22 12 92 (exzellente Küche, schöner baumbestandener Innenhof mit angeschlossener Galerie, *Grillades* zwischen 3000 und 5000 F CFA). Keur Babou, Les Almadies, ☎ 8 20 19 42 (Fischspezialitäten-Restaurant mit Meerblick). Le Niani, Corniche Est, ☎ 8 22 60 71 (traumhaft gelegenes Luxusrestaurant). La Dakaroise, 13, Rue de Thann, ☎ 8 22 50 51 (gutes Restaurant in der Nähe des Kermel-Marktes, So Ruhetag). Keur Ndeye, Ecke Rue Vincens/Rue Sandiniery, ☎ 8 21 49 73 (senegalesische Küche, schmackhaft und preiswert). Le Medinois, Rue 15 × 6, Medina (angenehmes Kneipen-Re-

Modernes Cafe in der Innenstadt

staurant in der Nähe des Marché Soum-bedioune). Metissacana, 30, Rue de Thiong, ☎ 8 22 20 43 (Dakars erstes Internet-Café, im ersten Stock großes Restaurant, Bar, Freiluftkino, ambitioniertes Kulturprogramm). Blue Moon, Ecke Rue Victor Hugo/Rue Mohamed V., ☎ 8 22 50 12 (futuristisch gestyltes »High-Tech-Café«, Cocktails, mexikanische Spezialitäten). Chez Loutcha, 101, Rue Mousse Diop, ☎ 8 21 03 02 (gute und preiswerte europäisch-afrikanische Küche). Le Sarraut, 8, Avenue Albert Saurrat, ☎ 8 22 55 23 (nicht ganz billiges Terrassenlokal im Zentrum). Terrou-Bi, Corniche Ouest, ☎ 8 22 42 47 (erlesenes Spezialitätenrestaurant mit Panoramablick). Restaurant ›?‹ (l'Interrogativ), Ecke Rue A. A. Ndoye/Rue J. Gomis, ☎ 8 22 50 72 (von einem Frauenteam geführtes senegalesisches Restaurant, gut und preiswert, 700 bis 1500 F CFA).

Einkaufen: Die großen Dakarer Märkte sind Marché Kermel, Marché Sandaga und Marché Tilène. Das landesweit größte, kräftig übersteuerte *village artisanal* befindet sich in Soumbédioune. Ein großer Score-Supermarkt mit Zeitungskiosk und gut sortiertem Frischwarenangebot (Wurst und Käse) ist in der Avenue A. Sarraut. Weitere große Supermärkte: Score-Supermarkt an der Avenue Bourguiba (Liberté 1), Hypersahm (Kreuzungsbereich Boulevard La Gueule Tapée/Avenue Cheikh Anta Diop), Hypermarché Filifili (Plateau-Viertel).

Die mit Abstand reichhaltigste und bestsortierte Dakarer Buchhandlung ist die Librairie aux quatre-vents (55, Rue Felix Faure, ☎ 8 21 80 83, 8 22 13 46): Hier gibt es den derzeit einzigen wirklich brauchbaren Dakarer Stadtplan, gutes Kartenmaterial, Bildbände, Romane moderner afrikanischer Autoren sowie ein großes internationales Zeitungs- und Zeitschriftensortiment. Ansonsten lohnt allenfalls noch die Librairie Clair-Afrique (Ecke Rue Malenfant/Rue Sandi-

nièri an der Place de l'Indépendance) einen Besuch.

In den südlich der Avenue G. Pompidou gelegenen Seitenstraßen finden sich etliche Antiquitäten- und Souvenirläden, die sich besonders auf Möbel, Masken, Schmuck und Trachten spezialisiert haben; wer hier einkauft, sollte Kenner und mit den Gepflogenheiten beim Handeln bereits vertraut sein.

Aktivitäten/Sport: Einige lohnende Diskotheken in den Dakarer Außenvierteln: Thiossane (Grand Dakar – SICAP Amitié; Youssou N'Dours Hausdiskothek!), Le Sahel (Cité de Fass, Boulevard de la Gueule Tapée, Nähe Hypersahm-Supermarkt); Ngalam (Point E., Avenue de l'Est, Nähe Cité Universitaire), L. T. – Le Taru (Avenue Bourguiba, SICAP Liberté 2, Nähe Stadion Demba Diop), Relais (Avenue Cheikh Anta Diop, Nähe Cité Universitaire, Openair-Disco).

Ein interessantes Kulturangebot (Kino, Konzerte, Tanz, Theater, Lesungen etc.) bietet das Centre culturel français de Dakar (89, Rue Joseph Gomis, ☎ 8 21 18 21, Fax 8 21 26 19); für einen längeren Aufenthalt in Dakar empfiehlt sich eine Mitgliedskarte mit Preisnachlaß für alle Veranstaltungen. Beachten Sie auch das Veranstaltungsprogramm des Dakarer Goethe-Instituts (Centre culturel allemand; 2, Avenue A. Sarraut, ☎ 8 22 50 04, Fax 8 22 34 82; der Veranstaltungssaal befindet sich in der Rue Parchappe, einer Parallelstraße zur Avenue Sarraut).

An der Place de l'Indépendance und in der Avenue Pompidou liegen einige Kinos (etwa Le Paris, ABC, Plaza). Fast alle Kinos in den Außenbezirken beschränken sich auf Hollywood-Action-Filme oder indische Liebesmelodramen; allenfalls das Cinema Magic (H. L. M. 4, Avenue Cheikh Ahmadou Bamba) oder das Cinema Liberté (SICAP Liberté 2, dem Stadion Demba Diop schräg gegenüber) sind einen Besuch wert.

Die Luxushotels verfügen teilweise über eigene Tennisplätze, das Méridien-Président (Ngor) hat sogar eine hoteleigene Golfanlage. Schöne Schwimmbäder (Eintritt für Nicht-Hotelgäste um die 3000 F CFA) in der Innenstadt bieten das Sofitel Teranga und das Novotel. Mit einem Olympiabecken wartet das Hotel Savanna (Rue de la Corniche Est, Pointe Bernard) auf. In Ngor und an den Stränden der Pointe de Bel-Air (s. Strände) Tauchmöglichkeiten und Surfbrett-Verleih. Angeltouren können über das Centre de la pêche sportive (Embarcadère de Gorée, Hafenmole Nr. 1) gebucht werden.

 Strände: Die angenehmsten, an den Wochenenden oft überlaufenen, Dakarer Strände sind in Ngor (von der Innenstadt mit Bus Nr. 7 oder mit car rapide zu erreichen) und an der Pointe de Bel-Air (Plage Voile d'Or, Monaco Plage, Tahiti Plage; von der Innenstadt mit Bus Nr. 6 zu erreichen; bewachte Strandbäder, Sonnenschirme, Liegestühle, einige Snackbars, Eintritt zwischen 500 und 1000 F CFA).

 Geldwechsel/Banken: Die großen Banken (BCAO, BICIS-Bank, Citybank) unterhalten Filialen an der Place de l'Indépendance, an deren Wechselschaltern man problemlos Devisen und Reiseschecks (auch in DM ausgestellte!) gegen F CFA eintauschen kann; eingeschränkte Öffnungszeiten am Freitagnachmittag. Einen guten und raschen Service beim Wechseln von Devisen bietet das Bankhaus Credit Lyonnais (die Zentrale liegt in unmittelbarer Nähe des Kermel-Marktes); bei längerem Aufenthalt empfiehlt sich ein eigenes Konto: Die Bankgesellschaft Société Générale bietet einen vergleichsweise unbürokratischen Service und ist vor allem in der senegalesischen Provinz am besten vertreten.

 Post: Die Dakarer Hauptpost befindet sich an der Ecke Rue Dagorne/Boulevard El Hadji Djily Mbaye (Nähe Marché Kermel; über Mittag geschlossen, einziger Schalter für postlagernde Sendungen). Eine weitere große Postfiliale mit angeschlossener Paketpost und Postscheck-Schaltern liegt am Westende der Avenue André Peytavin.

Polizei: Das Zentralkommissariat für die Dakarer Innenstadt (☎ 8 22 23 33) befindet sich an der Ecke Rue du Docteur Thèze/Rue Sandinièri. Bei Bedarf allerdings besser an die Deutsche Botschaft wenden (Ecke Avenue Pasteur/Rue Mermoz, ☎8 23 25 19).

 Krankenhäuser: Die großen Dakarer Krankenhäuser, welche auch Nacht- und Notdienste unterhalten (Hôpital Principal, Hôpital Dantec, Institut Pasteur), sind alle im südlichen Plateau-Viertel (Avenue Pasteur) konzentriert. In der City befinden sich die Clinique Pasteur (50, Rue Carnot, ☎ 8 21 25 48) sowie die Clinique Hubert (26, Avenue Jean Jaurès, ☎ 8 21 68 48).

   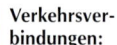 **Verkehrsverbindungen:**
Flugzeug: Der Internationale Flughafen Aeroport International Léopold Sédar Senghor liegt etwa 12 km nordwestlich der Innenstadt im Stadtteil Yoff. Die SO-TRAC-Busse Nr. 7 und 8 (Haltestelle rechts vom Ausgang der Abfertigungshalle; Fahrpreis um die 150 F CFA) fahren vom Flughafen in die Innenstadt; der Taxitarif beträgt bis 24 Uhr 3000, nach Mitternacht 4000 F CFA.

Buschtaxi *(taxi brousse):* Der zentrale Dakarer Buschtaxi-Bahnhof *(gare routière)* liegt am Anfang der Stadtautobahn in der Nähe der Feuerwache und wird deshalb kurz *pompiers* (kennt jeder Taxifahrer) genannt. Von hier starten die *taxis brousse* (s. S. 207f.) in alle Richtungen und in sämtliche größere Städte. Die Fahrtziele sind auf Schildern vermerkt, die Tarife offiziell festgelegt. Einige Buschtaxi-Tarife (Peugeot- oder Mercedes-Kombis mit einer dritten Sitzbank im Fond) ab Dakar: Thiès (900 F CFA), St. Louis (3000 F CFA), Kaolack (2000 F CFA), Matam (8600 F CFA), Rosso (4600 F CFA), Ziguinchor (5400 F CFA).

Bus *(car rapide):* Das kommunale Busnetz wird von den weiß lackierten SO-TRAC-Stadtautobussen abgefahren (zumeist hoffnungslos überfüllt, Fahrpreise zwischen 100 und 150 F CFA. Fahrpläne kann man vergessen.) Nr. 6 fährt Richtung Bel-Air, Nr. 7 und 8 Richtung Ngor/Yoff, Nr. 15 Richtung Rufisque. Mit den *cars rapides*, den blau-weiß-gelb lackierten französischen Kastenbussen, kommt man fast immer günstiger vom Fleck. Die Tarife betragen je nach Strecke zwischen 50 und 100 F CFA, die Fahrtziele werden von den hinten auf dem Trittbrett mitfahrenden Schaffnern (den sogenannten *apprentis*) permanent ausgerufen; wer aussteigen will, klopft mit einer Münze laut vernehmlich gegen das Karosserieblech.

Taxi: In Dakar gibt es eine riesige Flotte von schwarz-gelb lackierten Taxis, die durch Hupen darauf aufmerksam machen, daß sie frei sind. Sämtliche Taxis sind mit Taxometern ausgestattet. Besser ist jedoch, vorher den Fahrpreis auszuhandeln.

Eisenbahn: 1997 waren am Dakarer Hauptbahnhof sowohl die Bahnverbindungen nach St. Louis als auch nach Touba/Kaolack eingestellt. In Betrieb ist einzig die West-Ost-Verbindung von Dakar in die malische Hauptstadt Bamako (über Thiès, Diourbel, Kaffrine, Tambacounda, Kidira). Abfahrt Dakar: Mi 10 Uhr, Ankunft Bamako: Do etwa 15 Uhr (Fahrtpreis 1. Klasse 34 685

Warten auf Kundschaft: Taxis vorm Dakarer Hauptbahnhof

F CFA, 2. Klasse 26 395 F CFA); Abfahrt Dakar: Sa 10 Uhr, Ankunft Bamako: So etwa 15 Uhr (Fahrtpreis 1. Klasse 31 060 F CFA, 2. Klasse 22 770 F CFA). Die 2. Klasse ist nicht klimatisiert.

Schiff: Das Motorschiff Le Joola verkehrt zweimal wöchentlich zwischen Dakar und Ziguinchor; die Anlegestelle und die Fahrkartenschalter befinden sich an der Embarcadère Hafenmole Nr. 1. Abfahrt Dakar Di und Fr 20 Uhr, Ankunft Zigiunchor Mi und Sa etwa 14 Uhr. Auf der Insel Karabane (im Mündungsdelta der Casamance) kann zu- und ausgestiegen werden. Fahrpreise: 3500 F CFA (*classe économique* mit Holzbänken), 6000 F CFA (*classe comfort* mit verstellbaren *fauteuils* – gepolsterte Schlafsessel), 12 000 bis 18 000 F CFA (Einzel- bis Viererkabine, Preise pro Bett). Auch PKW-Transport (15 000 bis 20 000 F CFA).

Fähre: Etwa 12 tägliche Fährverbindungen zur Insel Gorée, Ablegestelle von der Embarcadère Hafenmole Nr. 1 (ausgeschildert).

Die Sklaveninsel Gorée: Zankapfel der Kolonialmächte

Selbst wer innerhalb einer Senegal-Gambia-Reise für Dakar nur wenig Zeit hat, sollte unbedingt einen Tagesausflug auf die geschichtsträchtige, der Südostspitze der Cap-Vert-Halbinsel unmittelbar vorgelagerte **Ile de Gorée** einplanen. Die nur knapp ein km lange, etwa 300 m breite ehemalige Sklaveninsel ist als architektonisches Gesamtensemble außerordentlich sehenswert. Sie beherbergt drei interessante Museen und konfrontiert den Besucher mit einem der grausigsten Kapitel der westafrikanischen Geschichte: der Epoche des europäischen Sklavenhandels. Man sollte einen Ausflug gut planen: Die Maison des Esclaves sowie sämtliche Inselmuseen sind montags geschlossen, an den Wochenenden ist die Insel sowohl von Touristen als auch von Einheimischen oft heillos überlaufen.

Geschichte

Gorée war für dreieinhalb Jahrhunderte Spielball und Streitobjekt der europäischen Kolonialmächte, zunächst umkämpft zwischen Portugiesen und Holländern, dann zwischen Engländern und Franzosen. In der zweiten Hälfte des 15. Jh. legten portugiesische Seefahrer auf der Suche nach geeigneten Ankerplätzen mehrfach auf Gorée an; berühmte Entdecker wie Vasco da Gama und Christoph Columbus gingen hier vor Anker. Nach der Niederlage der portugiesisch-spanischen Armada gegen die Engländer (1588) begannen sich die Holländer auf der Insel festzusetzen; 1607 kauften sie die Insel und errichteten mehrere Befestigungsanlagen. Der Name Gorée soll sich vom niederländischen *goede Reede* (guter Hafen) ableiten.

In der zweiten Hälfte des 17. Jh. avancierte die strategisch außerordentlich günstig gelegene Insel zu einem wichtigen Warenumschlagplatz, das frühere Fort Nassau beherbergte ein bedeutendes holländisches Handelskontor. Seit dieser Ära unterhielten die wechselnden Besatzungsmächte eine ständige Militärgarnison auf Gorée. 1677 gelang es dem französischen Admiral d'Estrée, die Holländer von dem Eiland zu vertreiben. Unter der Regie der Compagnie du Sénégal begannen die Franzosen, den immer lukrativeren Sklavenhandel mit der Neuen Welt (Louisiana, Karibik, Antillen, Südamerika) zu monopolisieren. Zwischen 1678 und 1814 kam Gorée viermal unter englische und fünfmal unter französische Herrschaft; 1815 wurde die Insel endgültig Frankreich zugeschlagen.

Gorée erlebte seine historische Blütezeit mit dem Aufschwung eines immer ungehemmteren, merkantilistisch betriebenen Sklavenhandels im 17. und 18. Jh. Von dieser Epoche künden die herr-

Mediterranes Flair auf Gorée

schaftlichen Sklavenhäuser, von denen die Maison des Esclaves zweifellos besonderes Interesse verdient. Da sich die europäischen Kolonisatoren häufig afrikanische Konkubinen nahmen, entstand auf Gorée schon früh eine eigene mulattische Mischbevölkerung. Die legendären Signaras, nach den zeitgenössischen Quellen atemberaubende Schönheiten, besaßen seit dem späten 17. Jh. eine Schlüsselstellung im internationalen Sklavenhandel.

Mit dem Zusammenbruch des Sklavenhandels nahm die Bedeutung Gorées als Handelsplatz nach 1800 rapide ab. Die Insel blieb allerdings zunächst noch administratives Zentrum der französischen Senegal-Kolonie: Das aufstrebende Dakar wurde seinerzeit noch von Gorée aus verwaltet. In der zweiten Hälfte des 19. Jh. jedoch verlagerten sich die Handelsströme durch die neugebauten Bahnlinien immer mehr auf das Festland; das Gros der Inselbewohner wanderte nach Dakar ab. In jüngster Zeit hat Gorée allerdings wieder erheblich an Bedeutung gewonnen: einerseits durch ein verstärktes touristisches Interesse, andererseits als begehrtes Objekt eines cleveren Immobilienhandels.

Rundgang über die Insel Gorée

Wer mit der Schaluppe in der Bucht von Gorée landet, traut zunächst kaum seinen Augen. Mit ihren sienarot und ocker getünchten

Maison des Esclaves

»Die Tür ohne Wiederkehr«

Das Motiv fehlt in keinem Bildband und in keinem Reiseführer, doch es ist eher die geschichtsträchtige Aura als die architektonische Bedeutung, die dieses Gebäude zu einem der meistfotografierten Objekte im Senegal macht. Die Maison des Esclaves auf der Ile de Gorée, zwischen 1776 und 1778 erbaut, gehört zu den wenigen vollständig erhaltenen Sklavenhändlerpalais aus jener Epoche. Ein streng symmetrisch ausgerichteter Bau, der an einen kleinen barocken Landsitz erinnert und an dem allenfalls die blaßrosa getünchte, doppelläufige Freitreppe ins Auge springt. Ein unscheinbares, geradezu ›harmlos‹ wirkendes Gebäude, dem man seinen einstigen grausigen Zweck nicht anmerkt.

Im Frühjahr 1997 tobte ein erbitterter Streit durch die senegalesische Presse, der vor allem eines veranschaulichte: Die Maison des Esclaves gehört zu jenen Orten, an denen sich die historische Last aus Überlieferung und Faktizität, aus Mythos und Legende in einem kaum vorstellbaren Ausmaß konzentriert. Der Disput, der sich schnell zu einem ›senegalesischen Historikerstreit‹ auswuchs, entzündete sich an der Frage, wieviele schwarze Sklaven von der Maison des Esclaves aus in die Neue Welt verschifft worden waren – ›nur‹ einige zehntausend, mehrere hunderttausend oder gar Millionen? Es wurde argumentiert, die Ile de Gorée habe weder die nötige Logistik noch die nötigen Wasservorräte aufgeboten, als daß sich hier ein Sklaventransport größeren Ausmaßes hätte organisieren lassen, kurz: Gorée sei in der barbarischen Geschichte des Sklavenhandels allenfalls eine Marginalie. Ein kollektiver Aufschrei erschütterte daraufhin das Land. Etliche Historiker, die von einem »marginalen Gorée« gesprochen hatten, sahen sich einem absurden Revisionismus-Verdacht ausgesetzt, der darin gipfelte, sie wollten – Gorée als eine Art afrikanisches Auschwitz – ein kollektives Mahnmal zerstören.

Die Epoche der Sklaverei markiert für den afrikanischen Kontinent bis heute ein Trauma, dessen Ausmaß und Konsequenzen nicht einmal zu ahnen sind. Nach unterschiedlichen Schätzungen sollen (den von den Arabern betriebenen Sklavenhandel nicht gerechnet) zwischen dem 15. und dem 19. Jh. 15 bis 60 Millionen Afrikaner von den europäischen Kolonisatoren in die Neue Welt verschleppt worden sein.

Der schottische Forschungsreisende Mungo Park berichtete 1796 über entvölkerte Dörfer und vollkommen menschenleere Landstriche im westlichen Afrika. Die Sklaverei wurde von den Europäern mit merkantiler Emsigkeit betrieben: Sklaven wurden gegen Glasperlen, billi-

Das letzte Bild Afrikas auf der Fahrt in die Neue Welt:
»Die Tür ohne Wiederkehr«

gen Fusel oder Gewehre von den einheimischen Potentaten aufgekauft. Die »Ware«, zynisch als Ebenholz oder schwarzes Elfenbein bezeichnet, wurde in diverse Qualitätskategorien eingeteilt, in »Tonnagen« berechnet und nach akribischen Plänen in die Schiffsbäuche ›eingelagert‹. Der sogenannte Dreieckshandel warf jahrhundertelang für die Sklavenhändler-Monopole riesige Profite ab: Messer, Textilien, Eisenwaren und Waffen wurden von Europa nach Afrika geliefert, von dort gingen die Sklaven auf die Zuckerrohr- und Tabakplantagen in Louisiana, der Karibik und Südamerika, und aus der Neuen Welt brachten die Sklavenhändlerflotten Zucker, Gewürze, Tabak und Kaffee nach Europa zurück. Der Sklavenhandel hat, lange vor der kolonialen Aufteilung Afrikas, den Kontinent seiner Ressourcen und seiner Menschen beraubt und indirekt die industrielle Revolution in Europa (und mit ihr den technisch-militärischen Vorsprung der alten Kolonial-mächte) beschleunigt.

In der Maison des Esclaves, wo über diese Hintergründe Informationen wünschenswert wären, erfährt der Besucher dazu – nichts. Keine Vitrinen, keine Texttafeln, kein Anschauungsmaterial. Daß oft nur die Hälfte, ja ein Drittel der Sklaven lebend in Amerika ankam, daß die Sklaven oft monatelang auf ihren Abtransport warten mußten, weil Windstille oder ungünstige Winde herrschten – in der Maison des Esclaves fehlen entsprechende Dokumente. Wer sich hier keinen Vortrag auf französisch anhören kann oder will (schwarze Amerikaner meinten, Gorée sei ein Ort, der es gebiete zu schweigen), der stolpert durch ein leergeräumtes Haus, dessen historische Dimension sich nicht einmal in Ansätzen erschließt. Statt der gerade hier dringend benötigten Informationen finden sich überall an den Wänden Selbstzitate des Kurators Joseph N'Diaye, die den Horror der Sklaverei historisch, anthropologisch oder philosophisch zu fassen suchen (mehrfach wird auf diesen handgeschriebenen Zetteln eine Parallele zu den Konzentrationslagern in Auschwitz und Dachau gezogen). Ohne jeden Kontext, ohne jede Argumentation fallen diese Selbstzitate, die in ihrer Häufung eher peinlich wirken, als pure Behauptungen auf sich selbst zurück. Die für die Museumsverwaltung zuständigen senegalesischen Behörden täten gut daran, einen unbefriedigenden Zustand zu korrigieren und das Unmögliche wenigstens zu versuchen: dem Besucher eine Annäherung an unvorstellbare Greuel zu ermöglichen, etwa mit sachlich informierenden Schrifttafeln, Schaubildern und Gegenständen.

Für Millionen Afrikaner und nordamerikanischer Schwarzer bedeutet die Maison des Esclaves ein Mahnmal von Leid und Entsetzen. Die »Tür ohne Wiederkehr«, der zum Meer offene Durchlaß am Ende des schwarzen Ganges, war vermutlich für die Sklaven das letzte Bild von Afrika, das sie in die Neue Welt mitnahmen – wenn sie denn jemals lebend dort ankamen. Wo, wenn nicht auf Gorée, ließe sich eine Ahnung der Afrika durch die Sklaverei zugefügten Leiden vermitteln?

Fassaden, mit den gepflasterten Wegen, den schmiedeeisernen Laternen an den Wegkreuzungen, den Fensterläden und den üppig bepflanzten Vorgärten präsentiert sich die Insel in einem ganz und gar mediterranen Ambiente. Wären da nicht die auf den Strand gezogenen, bunt bemalten Pirogen, die in der Sonne dösenden Rastafaris, die geschäftstüchtigen senegalesischen Händlerinnen in ihren leuchtenden Boubous – man glaubte sich in ein Dorf in Süditalien oder der Provence versetzt.

Wenn man gleich nach der Ankunft in die linker Hand vom Hafen abführende Rue Saint Germain einschwenkt, gelangt man schon nach etwa 100 m zur bedeutendsten Sehenswürdigkeit der Insel, zur zwischen 1776 und 1778 erbauten **Maison des Esclaves** (geöffnet Di–So von 10.30–12 und von 14.30–18 Uhr; Eintritt 200 F CFA). Das Gebäude erinnert in seiner strengen Symmetrie und mit der doppelläufigen, rosa getünchten, elegant-hufeisenförmig geschwungenen Freitreppe an einen barocken Landsitz. Im Untergeschoß dokumentieren die engen Verliese, in denen die Sklaven vor ihrer Verschiffung angekettet waren, ein unbeschreibliches Elend. Einige dieser Zellen sind völlig fensterlos, andere weisen schießschartenenge Durchbrüche zum Meer hin auf. Ein Raum diente eigens dem Wiegen der Sklaven. Im Obergeschoß lagen seinerzeit die Wohnräume der Sklavenhändler: Behaglicher Luxus und das Röcheln der geschundenen Menschen waren hier nur durch eine Treppe voneinander getrennt. Die Vitrinen im Obergeschoß informieren über die Inselgeschichte und über die Restaurierungsarbeiten an der Maison des Esclaves, die die UNESCO inzwischen zum Weltkulturerbe der Menschheit zählt. Eine stilecht restaurierte holländische Küche aus dem 17. Jh. setzt an diesem Ort des Grauens einen fast irrealen Akzent.

Der Maison des Esclaves direkt gegenüber, in einem repräsentativen ehemaligen Sklavenhändlerpalais untergebracht, befindet sich das **Musée de la femme** (geöffnet Di–So 10.30–13 und 14–17 Uhr; Eintritt 350 F CFA). Ausgestellt sind hier Gegenstände aus dem Alltag afrikanischer Frauen, etwa Haushaltsgerätschaften, Schmuck und Trachten, Musikinstrumente und religiöse Kultgegenstände. Ein separater Raum ist der Präsentation von Werken moderner senegalesischer Künstlerinnen gewidmet.

Am Ende der Rue Saint-Germain zweigt die Rue du Chevalier de

Gorée

Frauenmuseum

Boufflers nach rechts ab, die an den 1786/87 auf Gorée residierenden Gouverneur des Senegal erinnert, der besonders durch seine amourösen Eskapaden mit etlichen Signaras in die Annalen einging. Etwa auf halber Strecke dieses Straßenzuges liegt die 1829 vollendete katholische Pfarrkirche **Église St. Charles Borromée.** In dem architektonisch eher unbedeutenden klassizistischen Bau steht allerdings links des Altars eine Marienstatue, die die Heilige Jungfrau als Afrikanerin zeigt.

Die Südspitze der Insel wird von den Resten eines **Kastells** eingenommen, zu dem eine Allee aus al-

ten Baobab-Bäumen führt. Von den Befestigungsanlagen der holländisch-französischen Kolonialära ist hier freilich nichts mehr zu sehen; die Bunker, Schützengräben sowie das noch vorhandene Militärgerät stammen aus dem Zweiten Weltkrieg. Vom Hügel aus bietet sich ein schöner Blick über Gorée sowie an klaren Tagen über die Skyline von Dakar. Am Fuße des zum Meer steil abfallenden Basaltplateaus steht eine der ältesten aus Stein erbauten Moscheen des Senegal.

Von hier aus erreicht man über die Rue des Dongeons die **Place du Gouvernement,** den Zentralplatz der Insel, der von zahlreichen fliegenden Händlern, Souvenirverkäufern und einem inzwischen etablierten kleinen *village artisanal* geprägt ist. Die Südseite des Platzes nimmt der alte **Gouverneurspalast** ein, an der Nordwestseite sind die Überreste des von den Holländern errichteten **Fort Nassau** zu sehen. Dem Fort gegenüber liegt das 1995 renovierte **Musée de la mer** (geöffnet Di–So 9–13 und 14.30–18 Uhr; Eintritt 200 F CFA). Interessierte finden im Meeresmuseum neben präparierten Fischen auch Korallen, Muscheln und Seesterne, außerdem alte Seekarten, Navigations- und Meßinstrumente sowie diverse Fischfanggeräte. In unmittelbarer Nähe des Meeresmuseums ist die mit deutscher Finanzhilfe sehr geschmackvoll restaurierte Maison du Soudan einen kurzen Abstecher wert.

Von der Place du Gouvernement führen mehrere, von Bougainvilleas gesäumte Gäßchen zur Nordspitze der Insel. In dem früher als Gefängnis genutzten, hufeisenförmig angelegten **Fort d'Estrée** ist das wohl sehenswerteste der drei Inselmuseen untergebracht: das **Musée historique** (geöffnet Di–So 10–13 und 14.30–17 Uhr; Eintritt 200 F CFA). Die Ausstellungsräume sind in den zwölf Kasematten dieses Halbrundbaus untergebracht, eine dreizehnte ist dem Verkauf von Kunstgewerbe-Artikeln vorbehalten. Das Museum präsentiert in einem klugen didaktischen Aufbau einen geschichtlichen Streifzug von der westafrikanischen Frühzeit des Neolithikums bis zur senegalesischen Zeitgeschichte der Ära Abdou Diouf, wobei die Darstellung der Moderne allerdings mit den Wahlen des Jahres 1988 abbricht. Überzeugend ist hier vor allem die Art, in die Geschichte Gorées mit der Senegals verwoben wird. Für senegalesische Verhältnisse präsentiert das Museum eine materialreiche und kundig

arrangierte Ausstellung. Vor allem die Säle zum Sklavenhandel und zu den islamistischen Bruderschaften im Senegal verdienen ein längeres Verweilen.

Vom Fort d'Estrée gelangt man über die Rue de Herse, Rue de Hann oder Rue de Dakar wieder zur Hafenbucht. Hier liegen etliche, aufwendig restaurierte Bürgerhäuser aus dem 19. Jh. mit lauschigen Innenhöfen und dicht bepflanzten Vorgärten.

In jüngster Zeit haben sich auf Gorée zunehmend bildende Künstler niedergelassen. Neben den klassischen Produkten des einheimischen Kunsthandwerks werden hier in den zahlreichen Ateliers Aquarelle, Skulpturen, Gemälde und Hinterglasmalereien angefertigt. Vielleicht weil die frühere Sklaveninsel inzwischen zu einer Art Künstlerkolonie zu mutieren scheint, wird der Besucher den Eindruck nicht los, daß Gorée eine Art senegalesisches Worpswede darstellt. Ein autofreies

Ort der Ruhe vor den Toren Dakars: Zentraler Platz auf Gorée

Idyll und museales Schmuckkästchen ist es zweifellos.

🛏 **Unterkunft:** Keur Beer, 1, Rue du Port, ☎ 8 21 38 01 (6 sehr gut ausgestattete Doppelzimmer, angenehmer Aufenthaltsraum, Boutique im Erdgeschoß; 1996 eröffnet, $$). Hostellerie du Chevalier de Boufflers, direkt am Hafen; ☎ und Fax 8 22 53 64 (die 6 Hotelzimmer sind in einem Anbau des gleichnamigen Restaurants untergebracht; $$).

🍴 **Essen und Trinken:** Recht teure Fischspezialitäten in der Hostellerie du Chevalier de Boufflers; an der Hafenbucht liegen etliche Terrassenrestaurants, die Menüs zwischen 2500 und 4000 F CFA anbieten; hier auch einige einfache Snackbars.

🏛 **Verkehrsverbindungen:** Rund ein Dutzend Fährverbindungen täglich zwischen Gorée und Dakar (Embarcadère Mole 1); 20minütige Überfahrt; die Abfahrtszeiten sind an den Anlegestellen angeschlagen, die letzte Fähre legt Mo–Sa um 1.15 Uhr, So und feiertags um 24 Uhr von Gorée ab; Fahrpreis hin und zurück für Nicht-Senegalesen: 3000 F CFA, Kinder zahlen die Hälfte. Die Schiffe legen pünktlich ab!

Das Hinterland der Cap-Vert-Halbinsel

Ausflug zum Lac Rose

Ein Tagesausflug zum etwa 40 km nordöstlich von Dakar gelegenen Salzsee Lac Retba, der wegen der Verfärbungen seiner Wasseroberfläche auch Lac Rose genannt wird, gehört zum Standardprogramm der Dakarer Reiseveranstalter. Die Tour führt über die Stadtautobahn und die Nationalstraße (N 1) zunächst nach Tiaroye-Mer; kurz vor Mbao zweigt man links Richtung Keur Massar ab, etwa sechs km hinter Keur Massar (Richtung Sangalkam) führt eine holprige Piste in das kleine Dorf Niaga, von dort sind es noch etwa drei km bis zum Seeufer. Die Tour ist mit öffentlichen Verkehrsmitteln ziemlich umständlich; man fährt besser, wenn man sich einer organisierten Tour anschließt oder von Dakar aus ein Taxi zu einer festen Pauschale (einfache Fahrt um die 4000 F CFA) anmietet.

Der seichte **Lac Rose** liegt in einer Salzpfanne und ist nur durch einige Dünenkämme von der Atlantikküste getrennt. Aufgrund seines hohen Gehaltes an diversen Salzen und Mineralien schimmert sein Wasserspiegel besonders während der Dämmerung in Rosa-, Rot- oder Violetttönen. Der vom Lac Rose aus organisierte Salzvertrieb versorgt nicht nur das senegalesische Binnenland, sondern sogar weite Teile des südwestlichen Mali. Besonders bei Tagesanbruch und am Abend kann man schöne Spaziergänge am Ufer entlang unternehmen und mit etwas Glück die leuchtenden Farbspiele auf dem Wasser beobachten. Direkt am Ufer sind zwei Campements (Intertourisme Senegal, Campement du Lac Rose) angesiedelt, außerdem ein Restaurant sowie etliche Souvenirbuden. Ein weiteres Campement (Keur Kanni) befindet sich im Dorf Niaga.

Rufisque

Rufisque, das alte Rio Fresco aus der Portugiesenzeit des 15. Jh., gehört zu den ältesten europäischen Küstenstationen in Senegambia und liegt 28 km östlich von Dakar. Im späten 17. Jh. errichteten die Franzosen hier eine Handelsniederlassung, mit dem Ausbau der Bahnlinien Dakar–St. Louis (1885) und Dakar–Bamako (1923 fertiggestellt) nahm Rufisque als Warenumschlagplatz, insbesondere für Erdnüsse, einen rasanten Aufstieg. Mit St. Louis, Dakar und Gorée gehörte Rufisque 1916 zu den vier Kommunen Senegals, deren Einwohner nominell die französischen Bürgerrechte erhielten. Diese kolonialpolitisch vielfach erprobte Strategie Frankreichs provozierte eine künstliche Trennung der eingeborenen Bevölkerung. Heute hat Rufisque vornehmlich als Industriestandort Bedeutung; von der glanzvollen Vergangenheit hat sich wenig erhalten. Die meisten der alten Handelshäuser, die mit ihren von schmiedeeisernen Stützkonstruktionen getragenen, umlaufenden Holzbalkonen an die Faktoreien in St. Louis und Alt-Dakar erinnern, finden sich in den engen Gassen, die im Ortszentrum von der Nationalstraße zum Meer führen. In einer etwa fußballfeldgroßen Halle und in den umliegenden Gäßchen herrscht täglich ein geschäftiges Markttreiben. Die katholische Pfarrkirche aus der Mitte des 19. Jh. wirkt in diesem afrikanischen Gepräge wie ein Fremdkörper. Auffällig ist die Anzahl von Schulen und Bildungseinrichtungen, die in Rufisque konzentriert sind. Am Ortsausgang hat sich die lokale Industriezone mit etlichen Fabriken breitgemacht, das riesige, linker Hand der Nationalstraße (Richtung Thiès) liegende Zementwerk produziert, offenbar allen Umweltauflagen spottend, dichte Abgasschwaden, die auf die umliegende Vegetation niedergehen.

Unterkunft: Hotel Kumba Lamba, etwa 3 km vor dem Ortseingang, ☎ 8 36 21 30 (der dreistöckige Hotelbau war 1997 wegen Renovierung geschlossen; in dem angeschlossenen Bungalowkomplex werden einfach ausgestattete Rundhütten vermietet, $; zu dem Gesamtkomplex gehören das Restaurant Keur Nelly sowie die Disco Le Rio). Auberge de quatre vents, etwa 3 km vor dem Ortseingang, ☎ 8 36 00 65 (10 klimatisierte Zimmer, $). Auberge l'Oustal de l'Agenais, etwa 2 km vor dem Ortseingang, ☎ 8 36 16 48 (3 Zimmer, Restaurantbetrieb, $). Le Koussan, einziges Hotel im Ortszentrum, ☎ 8 36 66 41 (im Erdgeschoß Bar und Diskothek, im ersten Stock 10 einfach ausgestattete Zimmer, $)

Verkehrsverbindungen: Die gare routière befindet sich auf einem Tankstellengelände im Ortszentrum; Bustarif (Car rapide) Dakar–Rufisque 175 F CFA; ein für die 28 km Fahrtstrecke privat gemietetes Taxi kommt auf etwa 3000 F CFA.

Sahel und nordwestlicher Senegal

St. Louis, das afrikanische Venedig

Djoudj-Nationalpark

Entlang des Senegal durch den Sahel

Strandurlaub an der Petite Côte

Diourbel und Touba, die religiösen Zentren Senegals

Mauren im nördlichen Senegal

Route 1: Von Dakar nach St. Louis und in den Djoudj-National-park

Märkte und Moscheen an der Nationalstraße N2 • Auf den Spuren der Kolonialherren: St. Louis, die einstige Perle Westafrikas • Vogelparadies und Naturidyll: Unvergeßliche Eindrücke im Djoudj-Nationalpark • Tierreservat vor den Toren von St. Louis: Der Nationalpark Langue de Barbarie

Gesamtlänge: ca. 260 km
(Karte s. vordere Innenklappe, rosa Linie)

Thiès

Man verläßt Dakar auf dem Richtung Petite Côte führenden Teilstück der N 1, passiert den Industriestandort Rufisque (s. Dakarer Hinterland) und nimmt wenige Kilometer hinter dem Ort Bargny, jetzt immer dem Lauf der N 2 folgend, Kurs auf die 70 km von Dakar entfernte Provinzhauptstadt Thiès.

Thiès, mit etwa 200 000 Einwohnern inzwischen zur zweitgrößten Stadt Senegals avanciert, gehört zu den wirtschaftlich bedeutendsten Siedlungen des Landes. Die Böden der Region gehören zu den fruchtbarsten und ertragreichsten in ganz Senegambia, als Agrarzentrum (Erdnußanbau, zahlreiche Obst- und Gemüsekulturen) steht das Umland von Thiès der Casamance kaum nach. Gerade der Artenreichtum an mächtigen, oft über 20 m hohen Bäumen (Kapok- und Mangobäume, Baobabs und Ölpalmen, Cailcedrats und Nimes) und die langen, von schattenspendenden Baumriesen gesäumten Alleen sind für diese Stadt überaus typisch. Vor allem als Eisenbahnknotenpunkt (mit dem Quartier Ballabey) besitzt Thiès ein eigenes Eisenbahnerviertel) und jüngst auch als Textilstandort hat die behäbig wirkende Provinzstadt ihren Aufschwung genommen.

Thiès gehört zu den traditionsreichen Markt- und Handelsorten

Allee in Thiès

im Senegal, als Standort der muslimischen Tidjanen-Bruderschaft hat es auch geistig-religiöse Bedeutung. Gleichzeitig künden die zahlreichen katholischen Kirchen der Stadt von einer intensiven christlichen Missionierung. Bis heute weist Thiès ein reges Gemeindeleben auf; in der Stadt leben etwa 30 000 Katholiken. Die wichtigsten Eisenbahnverbindungen des Landes (Dakar – Louga / St. Louis und Dakar – Diourbel / Kaolack / Tambacounda / Kayes / Bamako) kreuzen sich in Thiès. Der innere Rhythmus der Stadt wird unverkennbar von den Zugfahrplänen (bedeutsam ist auch der Waggon-Transport der in Tai-

ba, etwa 20 km nordwestlich von Tivaouane, abgebauten Phosphate) bestimmt.

Sehenswert ist in Thiès das **alte Stadtzentrum**. Die parallel zu den Schienensträngen verlaufende, von zahllosen kleinen Läden und Handwerksbuden gesäumte Avenue du Général de Gaulle markiert die Hauptschlagader des Zentrums. Freundlich-geschäftstüchtige Händlerinnen thronen hinter kunstvoll aufgeschichteten Früchtepyramiden, in den Läden stapeln sich Stoffballen, Berge von Plastikgeschirr, in den Auslagen Haushaltswaren aller Art, Kosmetika, Schuhe, Sonnenbrillen, Musikkassetten, Elektrogeräte, Armbanduhren … Der eigentliche Lebensmittelmarkt, dem Bahnhof im Kolonialstil schräg gegenüber, wird in einer großen Halle und in den angrenzenden Gäßchen abgehalten. In der Avenue du Général de Gaulle und ihren Nebenstraßen finden sich noch zahlreiche Zeugnisse der Kolonialarchitektur der Jahrhundertwende; auch in den westlich anschließenden Stadtvierteln (Richtung *village artisanal*) trifft der Spaziergänger auf etliche, in unterschiedlichen Stadien des Verfalls befindliche Kolonialvillen. Der parallel zur Avenue du Général de Gaulle verlaufende Boulevard de la Mission Catholique mit der Cathedrale de Sainte Anne markiert in etwa den Nordrand des Stadtzentrums; jenseits schließen sich Plantagen, Obstgärten und Gemüsebeete an.

Lohnend sind Besuche des **village artisanal** (südwestlich des Zentrums, ausgeschildert) und der gleich in der Nähe in einem architektonisch markanten Rundbau *(Salle des expositions)* untergebrachten **Wandteppichausstellung:** Hierbei handelt es sich um rund 20 großformatige, den Prinzipien abstrakter Kunst folgende, farblich eigenwillig abgestimmte Werke moderner senegalesischer Künstler. Die Teppichausstellung eröffnet eine der raren Möglichkeiten, sich mit zeitgenössischer bildender Kunst in Senegambia vertraut zu machen. In unmittelbarer Nähe befindet sich der weitläufige *village artisanal*, wo man den Webern, Goldschmieden, Holzschnitzern, Leder- und Metallhandwerkern bei der Arbeit zusehen kann. Handeln ist obligatorisch, das Preisniveau

Senegalesische Hinterglasmalerei

wesentlich günstiger als in Dakar. In den Werkstätten werden sehr schöne Holzstatuetten und Masken angefertigt; interessant sind etwa alten Vorbildern nachempfundene Siebener-Serien von kleinen Holzmasken, mit denen in den Dörfern früher die Wochentage angezeigt wurden.

Das kleine, in einem Fort aus dem Jahre 1879 untergebrachte **Stadtmuseum** von Thiès (unregelmäßige Öffnungszeiten, Eintritt 300 F CFA) enthält zwar nur einen einzigen Ausstellungsraum, informiert aber mit liebevoll arrangierten Exponaten und guten Hintergrundinformationen ausgezeichnet über die Stadtgeschichte. Insbesondere findet der Besucher hier wichtige Hinweise auf die für Thiès so bedeutsame Eisenbahngeschichte sowie auf die mit den diversen Agrartechniken verbundenen alten Mythen. Das Museum gehört zum *Complexe de la culture regionale de Thiès,* angegliedert sind ein Ausstellungssaal mit senegalesischer Hinterglasmalerei sowie die Stadtbibliothek.

Am östlichen Ende der Avenue du Général de Gaulle führt die Avenue Léopold Sédar Senghor rechtwinklig ab; sie mündet auf die rechteckige Place de France, wo das Rathaus und etliche Amtsgebäude der Stadtverwaltung liegen. Die Place de France markiert das moderne Verwaltungszentrum von Thiès. Östlich schließt sich das gediegene Eisenbahnerviertel Ballabey an – die Residenz des Direk-

tors der nationalen Eisenbahngesellschaft, ein weiß getünchtes Kolonialpalais, ist vermutlich das schönste Privathaus in Thiès. Die nach der französischen Partnerstadt Caen benannte Avenue du Caen führt von der Place de France in westlicher Richtung zur *gare routière.*

Information: Promotour Senegal, Avenue Senghor, ☎ 9 51 21 21 (allenfalls für Hotelinfos; leider existiert kein einziger Stadtplan von Thiès.).

Unterkunft: Hotel Man Gan, Rue Amadou Sow (Seitenstraße der Avenue du Général de Gaulle), ☎ 9 51 15 26, Fax 9 51 25 32 (erstes Haus am Platz in der Stadtmitte, 21 klimatisierte Zimmer, Restaurant, lauschiger Innenhof, $$). Hotel Rex, Rue Douamont (Stadtmitte), ☎ 9 51 10 81 (angenehmes Hotel mit angeschlossenem Restaurant, preisgünstig, freundliches Personal, $). Hotel du Rail, Cité Ballabey, ☎ und Fax 9 51 23 13 (8-Zimmer-Hotel, ruhig im etwa 2 km östlich der Place de France angesiedelten Viertel Ballabey gelegen, $).

Essen und Trinken: Le Cailcedrat, Avenue du Général de Gaulle, ☎ 9 51 11 30 (gute libanesisch-afrikanische Küche); gegenüber befinden sich mehrere Chawarma-Schnellrestaurants.

Banken/Post: BICIS – Bankfiliale an der Place de France, Postagenturen an der Avenue du Caen und im Stadtzentrum, Nähe Hotel Rex.

Aktivitäten: Le Dosso, Avenue Lamine Gueye (Parallelstraße zur Avenue Senghor; Nobeldisco mit Swimmingpool). Le Sangomar, Avenue du Général de Gaulle (Disco im Stadtzentrum). La Kounda, Avenue du Caen (Musikkneipe mit Biergarten, Nähe Place de France). Cinema Amitié, Nähe Place de France (zwei Abendvorstellungen, am Wochenende Disco im Nightclub Amitié).

Verkehrsverbindungen: Der Taxi-Tarif innerhalb des Stadtgebiets beträgt 325 F CFA, der Bustarif (car) 50 F CFA; der Sammeltaxistand *(gare routière)* befindet sich in einem Hangar etwa 3 km außerhalb des Stadtzentrums an der Ausfallstraße Richtung Dakar, der neuen Textilfabrik gegenüber. Der alte Kolonialbahnhof liegt im Zentrum an der Avenue du Général de Gaulle. Nach Auskunft des Bahnpersonals (Sommer 1997) wird nur noch die Strecke Dakar–Bamako betrieben (Abfahrt ab Thiès Richtung Bamako Mi und Sa 11.30 Uhr; Abfahrt ab Thiès Richtung Dakar So und Do 12.30 Uhr).

Tivaouane

22 km nordöstlich von Thiès ist mit dem Städtchen **Tivaouane** das historisch bedeutsame Zentrum der islamischen Bruderschaft der Tidjanen erreicht. Unter der Führung des charismatischen Marabouts El Hadj Malik Sy gewann die im frühen 19. Jh. von Cheikh Ahmed al Tidjiani gegründete Glaubensgemeinschaft zunehmenden religiöspolitischen Einfluß. Der El Hadj Malik Sy geweihte, gigantische **Moscheeneubau** mit seinem hoch aufragenden Minarett ist das architektonische Wahrzeichen der Stadt. In unmittelbarer Nähe der

alten, im marokkanischen Stil gehaltenen **Moschee** (sie ist zum *Mouloud*-Fest, dem Geburtstag des Propheten, das Ziel zehntausender Pilger) erhebt sich hier ein ebenso ehrgeiziger wie eigenwilliger Kolossalbau; auffällig ist besonders die spiralartig um den Minarettkern gewickelte Außentreppe. Das riesige Minarett machte 1997 im Rohbauzustand den Eindruck einer auf eine Abschußrampe montierten Rakete – das zweifellos beeindruckende Gebäude wird sich wohl erst nach Beendigung der Bauarbeiten architektonisch würdigen lassen. Außer dem würdevoll verwitterten Kolonialbahnhof aus dem Jahre 1897 und den bunten Marktgäßchen hat Tivaouane sonst nichts sonderlich Sehenswertes zu bieten.

Louga

Über die Straßendörfer Mékhé und Kébèmer erreicht man die etwa zwei km von der N 2 abgelegene Provinzhauptstadt **Louga** (um die 50 000 Einwohner; 101 km von Tivaouane entfernt). Die der Stadt vorgelagerten, leeren Prachtboulevards, die sterilen Neubauten, die futuristische neue Große Moschee verwirren zunächst. Das eigentliche Stadtzentrum mit pulsierendem Marktbetrieb und afrikanischem Gepräge liegt einige Kilometer hinter diesen eher öden

Moschee von Louga

urbanen Vorposten. Als Verwaltungshauptstadt der gleichnamigen Region, der Fläche nach immerhin die drittgrößte Verwaltungseinheit Senegals, besitzt Louga in der Ortsmitte etliche Amtsgebäude der Kommunal- und Provinzialverwaltung. Der Markt von Louga zählt zu den größten im nördlichen Senegal.

Nördlich von Louga wird die Vegetation immer karger, der jahrzehntelang als Monokultur betriebene Erdnußanbau hat die Böden ausgelaugt und die Bodenerosion beschleunigt. Vereinzelte Baobabs, dürre Akazien, sandige Böden bestimmen hier die landschaftliche Szenerie, gelegentlich auftauchen-

de Dünenzüge sind unverkennbare Signale für den sich ausdehnenden senegalesischen Sahel. Nach 73 km Fahrt durch eine eintönige, immer deutlicher Sahel-Charakter aufweisende Landschaft (bedeutende frühgeschichtliche Grabfunde bei **Rao,** etwa 30 km vor St. Louis) erreicht man die alte Kolonialhauptstadt **St. Louis,** eine der faszinierendsten Städte in Senegambia.

St. Louis

Einst als »Perle Westafrikas« oder als »afrikanisches Venedig« gerühmt, stirbt diese einzigartig im Mündungsdelta des Senegal gelegene Lagunenstadt inzwischen in

Stadion
A. Diagne

Radio
Régionale

Rue Adanson
Rue de France
Rue Khalifa Ababacar Sy
Avenue Jean Mermoz

Französisches Konsulat
und Kulturzentrum

N'DAR TOUT

Avenue Dodds

Belgisches
Konsulat

Pont de la Geôle

Moschee

Rue Brière de l'Île
Rue Blaise Diagne

Village
Artisanal

SAINT-LOUIS

Sénégal

Route de la Corniche

Rue Blanchot
Rue Bisson
Rue du G. de Gaulle
Place
Faidherbe

Markt
Avenue   Pont
Servatius Servatius

Post
Fremden-
verkehrsamt
Gouverneurs-
palast

Pont Faidherbe

Ave. du Général
de Gaulle

Rue de l'Église
Rue A.M. Javouye

Kathedrale

Bahnhof

Rue Porquet

Route de la Corniche

Rue Ibrahima Sarr
Rue Blaise Dumont
Rue Neuville
Rue Ribet
Quai Henri Jay

Gare
routière

Rue Bancal
Rue Mechin

QUARTIER SOR

GUET N'DAR

Avenue Lamotte

Atlantik

Museum
C.R.D.S.

Plage de la
Hydrobase

Campement
Fischerfriedhof
Langue de Barbarie

Dakar↓

stiller Würde oder, je nachdem, in schmutziger Agonie. Die Bausubstanz der alten Handelshäuser auf der Ile St. Louis, dem traditionsreichen Stadtkern, ist in ihren Grundfesten bedroht: Putz blättert, Mauerwerk bröckelt, Holz splittert allenthalben. Die Bemühungen der UNESCO, St. Louis als Weltkulturerbe der Nachwelt zu erhalten, sind ein verzweifelter Wettlauf gegen das Diktat der Vergänglichkeit. Dennoch läßt sich in letzter Zeit eine deutliche Veränderung feststellen: Auf der Ile St. Louis sind mehrere der alten Handelshäuser gekonnt restauriert worden. Die Place Faidherbe wird renoviert, die zerborstenen Arkadengänge des Offizierskasinos werden neu verputzt und getüncht. Außerdem markieren Hinweistafeln mit alten Fotografien und kompakten Hintergrundinformationen den Weg. Einige neue Läden sind eröffnet worden, ein fast mondänes Hotel, ein Café, eine Disco.

Die Restaurierung der alten Handelsfaktoreien gilt bisher jedoch nur vereinzelten Objekten; das Gros der historischen Bausubstanz ist weiterhin einem unerbittlichen Verfall preisgegeben. Doch immerhin scheint sich auf der Ile St. Louis das Bewußtsein durchzusetzen, daß das historische Erbe der Stadt zugleich ihr Kapital für die Zukunft ist. Und trotz aller Probleme steht St. Louis für eine ungebrochene Vitalität, die sich in der vibrierenden Geschäftigkeit der Märkte, in leuchtenden Farben, betäubenden Gerüchen und frenetischem Gelächter äußert.

Nirgendwo in Senegambia sind afrikanische, maurische und französische Kulturtraditionen zu einer so einzigartigen Mischung verschmolzen wie in St. Louis. Aus den besonders in St. Louis üblichen »Heiraten nach Sitte des Landes« (zeitlich befristete, eheähnliche Verhältnisse, die die hier ansässigen Europäer mit ihren afrikanischen Konkubinen eingingen) erwuchs im Lauf der Zeit eine mulattische Mischbevölkerung, in der die legendären Signaras den Ton angaben.

St. Louis, heute eine Stadt mit etwa 150 000 Einwohnern, ist nur durch einen schmalen Dünengürtel, der sich als Langue de Barbarie noch etwa 25 km nach Süden erstreckt, vom Atlantischen Ozean getrennt. Die Stadt gliedert sich in den Festlandstadtteil Sor, den alten Stadtkern auf der Ile St. Louis, das auf der Lagune gelegene Fischerviertel Guet N'Dar und das sich nördlich anschließende Wohnviertel N'Dar Tout. Wenige Kilometer nördlich von N'Dar Tout verläuft bereits die Grenze zu Mauretanien. Für die Stadtbesichtigung sollte man ein bis zwei Tage veranschlagen; besonders sehenswert sind der Pont Faidherbe, die Place Faidherbe, die Handelsfaktoreien auf der Ile St. Louis, das Musée

---

Die Lagunenstadt St. Louis

Die Signaras

Grausame Schönheiten

Senegal ist das Land in Westafrika, in dem sich französische und afrikanische Kultureinflüsse besonders intensiv und nachhaltig miteinander verbunden haben. Es ist schlicht unmöglich, diesen kolonialen Faktor vom Phantom eines ›afrikanischen Senegal‹ abzuziehen. Die legendären Signaras waren gleichsam Verkörperungen, frühe ›Produkte‹ dieser afrikanisch-französischen Verschmelzung. Sie repräsentieren etwas, was man zweieinhalb Jahrhunderte später ›multikulturelle Gesellschaft‹ nennen wird.

Einige ließen sich von ihren Sklavinnen ihre Juwelen auf Samtkissen hinterhertragen, um so ihren Reichtum zur Schau zu stellen. Ein extravagantes Leben waren die Damen gewöhnt, die alten Handelsfaktoreien und Palais in St. Louis und auf der Ile de Gorée vermitteln davon zumindest eine Ahnung. Laut den Reiseberichten des 18.Jh. muß es sich um atemberaubende Schönheiten gehandelt haben.

Die Signaras (der Begriff ist eine Verballhornung der portugiesischen *senhora*) waren Töchter aus Verbindungen zwischen europäischen Kolonialbeamten, Offizieren oder Kaufleuten und afrikanischen

C.R.D.S. (Centre des Recherches et du Documentation du Sénégal) und der alte islamische Fischerfriedhof.

Geschichte

Um die Mitte des 15. Jh. erkundeten portugiesische Seefahrer auf der Suche nach günstigen Ankerplätzen die Senegalmündung. 1639 legten normannische Händler auf der Flußinsel die ersten Kontore und eine Festung an, die eigentliche Stadtgründung durch die Franzosen erfolgte 1659. Die kleine Inselsiedlung wurde zu Ehren des französischen Königs Ludwig XIII. St. Louis genannt: St. Louis ist die älteste französische Niederlassung in Westafrika. Bis weit ins 18. Jh. hinein blieb St. Louis auf eine bescheidene, schachbrettartig angelegte Handelsniederlassung beschränkt, die noch kaum den Namen Stadt verdiente. Seit 1778 besaß St. Louis eigene Verwaltungsorgane und einen einheimischen Bürgermeister. Mit der Etablierung des Sklavenhandels und der Erschließung des Hinterlandes

Frauen. Jene ›Heiraten nach Sitte des Landes‹ waren im 18. Jh. in St. Louis und auf Gorée durchaus üblich: eheähnliche Verbindungen auf Zeit, die mit der Rückkehr der Europäer erloschen, in der kolonialen Gesellschaft des 18./frühen 19. Jh. offenbar problemlos toleriert. Die Signaras waren Mulattinnen, die aus ihrer Mittlerstellung zwischen Schwarz und Weiß erhebliche Profite und Privilegien zu ziehen wußten. Sie markierten innerhalb der Gesellschaft jener Epoche eine gehobene Aristokratie. Die meisten besaßen in Politik und Wirtschaft enormen Einfluß und machten mit einem offenbar skrupellos betriebenen Sklavenhandel ein Vermögen. Wie mögen sie dabei ihr afrikanisches Erbe verdrängt haben? Die Handelsnetze erstreckten sich weit ins senegambische Hinterland und in die Casamance.

Das Victoria-Alberis-Haus auf Gorée (Ecke Rue St. Germain/Rue Malavois) ist ein besonders eindrucksvolles Denkmal der Palais-Architektur jener Zeit, andere Beispiele finden sich zahlreich auf der Ile St. Louis. Die Signara bewohnte mit ihrem Personal zumeist das obere Stockwerk mit seinen Balkonen und Galerien, im Erdgeschoß waren Lager- und Verkaufsräume sowie die Kontore untergebracht. Rauschende Feste, französische Tänze, exquisite Mode, höfisches Zeremoniell, eine erlesene Wohnkultur: Nach den zeitgenössischen Quellen verkörperten die Signaras eine Art europäisches Spätbarock innerhalb der afrikanisch-maurisch-französischen Mischbevölkerung.

wuchs die Bedeutung der Stadt unaufhaltsam.

1854 bezog Louis Faidherbe, der den Senegal zum ›Frankreich Westafrikas‹ machen wollte (s. S. 118), als Generalgouverneur der senegalesischen Territorien seine Residenz in St. Louis. Der wirtschaftliche Aufschwung wurde durch die Fertigstellung der Bahnverbindung in das neu entstehende Dakar ab 1885 noch forciert. Um die Jahrhundertwende avancierte St. Louis zur Hauptstadt des riesigen Kolonialbesitzes von Französisch-Westafrika. 1907 wurde der Sitz des Generalgouverneurs in das aufstrebende Dakar verlegt, die Kolonialadministration damit mehr und mehr aus St. Louis abgezogen. Der Ausbau des Dakarer Hafens und die Fertigstellung der Bahnverbindung Dakar–Bamako (1923) besiegelten den ökonomischen Niedergang von St. Louis. Händler und Investoren wanderten verstärkt nach Dakar ab. 1957/58 verlor St. Louis seine noch verbliebenen Verwaltungsfunktionen für die Kolonien Senegal und Mauretanien. Mit der Eröffnung einer neuen Campus-Universität nordöstlich vor der

Stadt (1984), der Ansiedlung etlicher Bildungseinrichtungen, mit der Forcierung des Kultur- und Ökotourismus in der Region und der Etablierung des renommierten Jazz-Festivals von St. Louis scheint der Niedergang der Stadt inzwischen nicht mehr gänzlich unaufhaltsam.

Stadtrundgang

Wer von Dakar kommend über die Route de la Corniche nach St. Louis einfährt, passiert zunächst rechter Hand die nach der französischen Partnerstadt benannte Maison de Lille (günstiges Campement-Hotel mit angeschlossenem Restaurant),

den stets belebten **Buschtaxistand** *(gare routière)* und den verwaisten **Bahnhof** im Kolonialstil. Vor dem Bahnhofsgelände bieten geschäftige Händlerinnen ein breites Sortiment an Gemüse, Früchten, Fisch und Gewürzen an; die hier beginnende, von Verkaufsständen und Händlerbuden dicht gesäumte Avenue du Général de Gaulle führt ins Zentrum des Festlandstadtteils Sor. Folgt man der Route de la Corniche, die nach einigen hundert Metern nach rechts abknickt, so gelangt man in den in einem Rundhüttendorf angesiedelten **village artisanal,** der allerdings weder die Vielfalt des Kunsthandwerkszentrums von Dakar noch die Qualität des *village artisanal* von Thiès aufweist. Im **Quartier Sor** ist der Großteil der Verwaltungsgebäude und Fachschulen von St. Louis an-

Der Pont Faidherbe

gesiedelt, außerdem finden sich hier einige einfache afrikanische Restaurants.

Über den 500 Meter langen, aus sieben Stahlgerüstbogen bestehenden **Pont Faidherbe,** der das Festland mit der Ile St. Louis verbindet, gelangt man in das historische Stadtzentrum von St. Louis. Im Oktober 1997 wurde das 100jährige Jubiläum dieser wuchtigen Brücke gefeiert, die 1897 eine aus aneinandergereihten Booten gefertigte Pontonbrücke durch eine kühne, auf in das Flußbett gerammte Pfeiler gelagerte Stahlkonstruktion ersetzte. Ein interessantes Detail dieser Brückenkonstruktion ist der auf einer Achse drehbare zweite Stahlbogen, ein Manöver, das die Passage größerer Schiffe ermöglicht. Die beiden Mittelstreifen sind für den Autoverkehr reserviert, rechts und links befindet sich ein schmaler, geländerbewehrter Fußgängersteg. Die Kaianlagen stammen aus der Zeit um die Jahrhundertwende; zuvor wurde die Insel während der Regenzeit regelmäßig so stark überflutet, daß der Stadtverkehr mit Pirogen abgewickelt werden mußte.

Am Ende des Pont Faidherbe liegt gleich rechter Hand das traditionsreiche Hôtel de la Poste, das mit seiner von Rundbogenfenstern gegliederten Fassade ein Beispiel für die koloniale Repräsentationsarchitektur des 19. Jh. ist. Linker Hand des Brückenendes ist das **Syndicat d'Initiative** (Fremdenverkehrsamt), gleich daneben die

Mediterran anmutender Innenhof

Hauptpost (man sollte nach dem Verantwortlichen mit dem entsprechenden Schlüssel fragen, um vom Dach des Gebäudes einen Panoramarundblick über St. Louis zu genießen). Das Zentrum der Insel bildet die gleich hinter der Hauptpost gelegene **Place Faidherbe** mit der Statue des Generalgouverneurs. An der östlichen Schmalseite des Platzes ragt der massige **Gouverneurspalast** aus dem 18. Jh. auf, die Längsseiten werden vom Offizierskasino mit seinen Arkadengängen und von einem Lycée gebildet. In den Gartenanlagen des Palastes legte der französische Na-

Louis Léon César Faidherbe

Die Statue auf dem nach ihm benannten Platz in St. Louis zeigt idealisierend einen abgeklärten Militär, den Blick staatsmännisch ins Weite gerichtet. Als Louis Léon César Faidherbe, 1818 in Lille geboren, im Jahre 1852 in St. Louis eintrifft, hat der 34jährige bereits eine glänzende militärische Karriere sowie Übersee-Erfahrung in Algerien und

Guadeloupe vorzuweisen. Von 1854 bis 1861 sowie von 1863 bis 1865 amtiert Faidherbe als Generalgouverneur im Senegal. In diesen Jahren werden die Grundlagen französischer Kolonialpolitik in Westafrika geschaffen, in diesen Jahren entsteht, was man später den ›französischen Senegal‹ nennen wird.

turforscher Adanson im 18. Jh. den ersten Botanischen Garten des Senegal an. In unmittelbarer Nähe des Gouverneurspalastes bildet die katholische Kathedrale aus dem Jahre 1827 mit ihrem klassizistischen Säulenportikus ein Beispiel für den nach Westafrika importierten neoklassizistischen Baustil.

Die brutale Eroberung des Hinterlandes und der Flußregion mit Schlachten gegen den Wolof-König Lat Dior und gegen den Toucouleur-Fürsten El Hadj Omar fallen in die Ära Faidherbe. Der Aufbau einer Kette aufwendig befestigter Forts entlang des Senegal, die Etablierung des französischen Schulsystems zur Erziehung einer einheimischen frankophonen Elite, die Gründung des *Bataillon de tirailleurs sénégalais* (1857) zur Zwangsrekrutierung afrikanischer Soldaten für die französische Armee – dies sind Meilensteine Faidherbe'scher Kolonialpolitik. Die militärisch-logistische Sicherung der ältesten französischen Kolonie als Tor zur weiteren Expansion in den *Soudan français* bis hin zum Niger-Bogen und weiter zum Tschad-See – dies ist die machtpolitische Vision des Generals Faidherbe. Der Ausbau der Kaianlagen des Dakarer Hafens ab 1857, der Bau einer sicheren Landverbindung zwischen Dakar und St. Louis (die Eisenbahnlinie wurde 1885 in Betrieb genommen), eine hierarchische Verwaltungsordnung mit einem Generalgouverneur sowie untergeordneten Gouverneuren und Kreiskommandanten sollten diese koloniale Vision in die Tat umsetzen. Ökonomisch wurde dieses Konzept durch die rigide Ausdehnung der Erdnuß- und Baumwoll-Monokulturen ergänzt.

Faidherbe als skrupellosen, blutrünstigen Kolonisator zu skizzieren, hieße allerdings diese komplexe Figur gründlich mißverstehen. Der hochdekorierte Militär (seit 1880 war er Mitglied der Ehrenlegion) ist Verfasser wertvoller linguistisch-ethnographischer Studien, die ihn als intimen Kenner der Region ausweisen; Faidherbe soll Wolof wie Arabisch fließend gesprochen haben. Das von ihm ins Leben gerufene Journal ›Le Moniteur du Sénégal‹ versammelte wissenschaftliche Beiträge zur Landeskunde, die ersten detaillierten Senegambia-Karten gehen auf von Faidherbe initiierte Expeditionen ins Landesinnere zurück. Das in seinem Todesjahr 1889 erschienene Werk ›Le Sénégal, la France dans l'Afrique Occidentale‹ bilanziert Faidherbes Kolonialpolitik einer bedingungslosen Assimilierung sowie seine Idee eines frankophonen, wenn nicht gar französischen Staates in Westafrika.

Die noch am besten erhaltenen Handelsfaktoreien aus dem 18./19. Jh. stehen in den von der Kathedrale zur südlichen Inselspitze abführenden Gassen (Rue Blaise Dumont, Rue Neuville) sowie in den hinter dem Hôtel de la Poste nach Norden abzweigenden Straßenzügen (Rue Blaise Diagne, Rue Brière de l'Isle, Rue Khalifa Ababacar Sy,

Altes Kolonial-
haus in St. Louis

Rue de France). Die für das alte St. Louis typischen Faktoreien bestanden aus zwei Stockwerken: Im Erdgeschoß befanden sich die Warenlager und die Räume der Domestiken, im oberen Stockwerk residierten die Kaufleute oder die wohlhabenden Signaras. Die Fassaden, zumeist weiß, gelb oder ocker getüncht, waren häufig durch Rundbögen gegliedert, die Holzportale mit schweren Messing-Türklopfern versehen. Die hölzernen Balkone der oberen Räume ruhten auf schmiedeeisernen Trägerkonstruktionen; die Faktoreien öffneten sich nach innen auf einen zentralen, lichtdurchfluteten Patio, in dessen Mitte häufig ein Brunnen stand. Die meisten dieser das Stadtbild der Ile St. Louis prägenden Handelshäuser sind heute in einem derart verfallenen oder verwahrlosten Zustand, daß sich ihre einstige Pracht allenfalls noch erahnen läßt.

Ein Spaziergang in den nördlichen Teil der Ile St. Louis führt an der aus dem 19. Jh. stammenden **Grande Mosquée** vorbei zum Centre culturel français (Avenue Jean Mermoz; schräg gegenüber das in einem schönen Kolonialpalais untergebrachte Belgische Konsulat) und zur örtlichen Radiostation. Über die am Ostufer der Insel entlangführende Rue Neuville gelangt man zum an der Südostspitze gelegenen **Musée C.R.D.S.** (Centre des Recherches et du Documentation du Sénégal; täglich geöffnet 9–12 und 15–18 Uhr, Eintritt 500 F CFA). Das Museum enthält interessante Dokumente zur Stadtgeschichte, zur Kulturgeographie, Ethnologie und Frühgeschichte der Region des Senegaldeltas sowie Exponate des alltäglichen Lebens (Haushaltsgeräte, Holzschnitzereien, Masken, Waffen) und der lokalen Tierwelt.

Über den Pont Servatius gelangt man sodann in die beiden deutlich ärmeren Lagunenstadtteile von St. Louis. Die umtriebige, bunt bevölkerte Avenue Dodds durchzieht die Nehrung von Nord nach Süd. Wendet man sich am Ende des Pont Servatius nach links, so kommt man in das aus Holzhäuschen und Wellblechbuden zusammengesetzte Fischerviertel Guet N'Dar. Am Flußufer wird Fisch auf offenen Holzstellagen getrocknet, man watet durch Abfallberge (nichts für empfindliche Nasen), Kinderscharen lärmen in den Gassen, die Fischverkäuferinnen bieten die Reste des Fanges feil, hier und da werden Fangnetze und Reusen repariert. In den versandeten Gassen des Viertels Guet N'Dar (auch in Sor) zeigt St. Louis sein ganz und gar unpoetisches, sein häßliches, zerschundenes, verwüstetes Gesicht. Die Kloaken und Müllberge stinken zum Himmel, der Sand ist von Tierkot durchsetzt, der Boden von Plastikfetzen, Schutt und Batterien übersät. Wenn St. Louis als ›afrikanisches Venedig‹ wiederauferstehen soll, wird man

bei dieser ökologischen Katastrophe anzusetzen haben.

Über die Ausläufer der Avenue Dodds stößt man weiter nach Süden vor. Die von windzerzausten Filaos bewachsene, nur zwischen 200 und 300 Meter breite Landzunge zieht sich noch etwa 25 km weiter nach Süden, bis zur Senegalmündung in den Atlantik. Etwa 2 km hinter den letzten Hütten von Guet N'Dar erreicht man den weitläufigen islamischen **Fischerfriedhof.** Hier sind, zur Flußseite von einer Mauer abgeschirmt, unzählige kleine Gräber über die Dünen verteilt, Familiengrüfte und zerborstene Sarkophage, Grabplatten und frisch aufgeschüttete kleine Grabhügel. Die über die Gräber gelegten oder zwischen Holzpfosten aufgespannten Fischernetze verleihen diesem der Zeit entrückten Schauplatz eine ganz eigene, unwirkliche Atmosphäre. Noch weiter gen Süden liegt der schöne Strandabschnitt **Plage de la Hydro-**

Bizarre Attraktion: der Fischerfriedhof von Guet N´Dar

base (einige Imbiß- und Getränke-
buden; Baden ist wegen der star-
ken Brandung oft nicht un-
gefährlich) und das in einem
Rundhüttendorf angesiedelte
**Campement de la Langue de Bar-
barie.**

Wendet man sich am Ende des
Pont Servatius nach rechts, also
nach Norden, so stößt man unmittelbar auf den großen, in einer Halle abgehaltenen Lebensmittel-
sowie auf den Viehmarkt des Stadt-
teils **N'Dar Tout.** Am Ende der Avenue Servatius ragt der Leuchtturm
des Viertels auf, in unmittelbarer
Nähe befinden sich der Bistrot du
Phare und die stadtbekannte Diskothek La Chaumière. Der nördliche Teil der Avenue Dodds, in der
Kolonialzeit immerhin eine Prachtavenue, präsentiert sich heute als
eine von gesichtslosen Zweckbau-
ten und modernen Wohnsiedlun-
gen geprägte Straße. Nordwestlich
der Nebenstraßen dieser Avenue
beginnt der von Einheimischen fre-
quentierte Strandabschnitt Sall-
Sall; verläßt man die Avenue
Dodds in nördlicher Richtung, so
gelangt man nach etwa zwei km an
die mauretanische Grenze.

ⓘ Information: Syndicat d'Initiative, links neben der Hauptpost,
✆ 9 61 24 55, Fax 9 61 19 02. Das beste Fremdenverkehrsamt in ganz Senegal. Bei der Organisation von Touren in
die umliegenden Nationalparks ist Herr
Babacar Seck, ein Kenner der Region,
behilflich.

🛏 Unterkunft: Hotel Coumba Bang,
etwa 5 km vor der Stadt an der
Kreuzung der Nationalstraße und der
Straße nach Gandiole, ✆ 9 61 18 50,
Fax 9 61 19 02 (idyllisch an einem Se-
negal-Nebenarm gelegenes Vier-Sterne-
Hotel, Restaurant, Schwimmbad, Night-
club, $$$). Hotel de la Poste, Place de
Lille, direkt am Ende des Pont Faid-
herbe, ✆ 9 61 11 18/48, Fax 9 61 23 13
(zentral gelegenes Traditionshotel in al-
tem Kolonialpalais, Restaurant, Bar, Ter-
rassencafé, $$$). Hotel Sindone, Quai
Henri Jay, ✆ 9 61 42 44/45, Fax
9 61 42 86 (1997 eröffnete, traumhaft
an der südöstlichen Uferpromenade
gelegene Hotelanlage, Panoramater-
rasse, Restaurant, Bar, $$$). La Rési-
dence, Rue Blaise Diagne,
✆ 9 61 12 59/60, Fax 9 61 12 59 (gutes
Mittelklassehotel, schöner Innenhof,
überteuerter Restaurant- und Barbe-
trieb, Vermittlung von Exkursionen, die
Zimmer zur Straße sind sehr laut, $$).
Hotel du Palais, Rue Blanchot/Rue
Brière de l'isle, ✆ 9 61 17 72, Fax
9 61 18 28 (15 geräumige, klimatisierte
Zimmer in zentraler Lage, über die an-
geschlossene Reiseagentur Delta Tours
Voyages können Exkursionen und diverse Campemnt-Aufenthalte gebucht
werden, $$). Hotel Battling Siki, Rue S.
Tall, ✆ 9 61 18 83 (Vorsicht: schäbiges
Stundenhotel, gut besuchte Bar im Erd-
geschoß). Maison de Lille, an der Route
de la Corniche im Stadtteil Sor, ✆
9 61 11 35, Fax 9 61 13 02 (angeneh-
mes und sehr preisgünstiges campe-
ment-artiges Hotel mit angeschlosse-
nem Restaurant, $). Auberge l'Atlantide,
Rue Bouet/Rue Brière de l'Isle, ✆
9 61 24 09, Fax 9 61 33 92 (sehr gut
geführte Jugendherberge, $). Auberge
Yemoufa, 5, Avenue des Grands Hom-
mes im Stadtteil Sor, ✆ 9 61 35 27
(Campement mit Restaurant, $).

✗ Essen und Trinken: La Signara,
Rue Blaise Diagne, (französisch-
senegalesische Küche zu annehmbaren

Preisen). La Linguère, Rue Blaise Diagne, preisgünstig. Galaxie, Rue A. Fall/Rue Brière de l'Isle (günstige senegalesische Küche). Alia, Rue Blaise Diagne, gegenüber dem Hotel La Résidence (ausgezeichnete französische Küche). Le Guelewar, dem ›Casino‹-Komplex an der Nordspitze der Ile St. Louis angeschlossen, Terrasse am Flußufer (gute französisch-senegalesische Küche). Fleuve plus, Rue Blaise Diagne, günstig. Etliche Chawarma-Fastfood-Restaurants auf der Ile St. Louis.

 Feste: Großes Jazz-Festival, alljährlich im Frühjahr (zumeist im Mai); während des Festivals kann das Angebot an freien Hotelzimmern knapp werden.

Aktivitäten: Centre culturel français, Avenue Jean Mermoz, ✆ 9 61 15 78, Fax 9 61 22 23 (Konzerte, Kino, Lesungen, Theater). Diskothek La Chaumière, am Leuchtturm am Ende der Avenue Servatius. Diskothek Le Casino, an der Nordspitze der Ile St. Louis auf einem Pier gelegen. Saraba Nightclub, Quai Henri Jay, Südostpromenade der Ile St. Louis (schicke, im Sommer 1997 eröffnete Diskothek). Le Ponty Village, Quai Henri Jay, neben dem Saraba Nightclub (Bar/Bistro/Restaurant mit Terrasse, allabendlich umtriebig bevölkerter Treffpunkt).

Geldwechsel/Banken: BICIS-Bankfiliale, Rue Blanchot/Rue de France, geöffnet 8–11.30 und 14.30–16.30 Uhr

Krankenhäuser: Das städtische Krankenhaus (✆ 9 61 10 58, mit Notfalldienst) liegt an der Rue Ibrahima Sarr an der Südwestspitze der Ile St. Louis.

 Verkehrsverbindungen: Die Taxi-Festpreise innerhalb des Stadtgebiets belaufen sich auf

250 F CFA, ab etwa 23 Uhr werden 350 F CFA fällig; die Bustarife (car) liegen bei 75 F CFA. Die *gare routière* liegt in Bahnhofsnähe auf einem Tankstellengelände an der Route de la Corniche; gute Verbindungen nach Dakar (etwa 4 Stunden Fahrtzeit), nach Rosso/Richard Toll/Podor, nach Louga/Linguère. Der Bahnverkehr von/nach St. Louis war 1997 eingestellt. Der Flughafen liegt 7 km außerhalb der Stadt an der N 2 Richtung Rosso; Air Sénégal unterhält Inlandsflüge nach Dakar und in die östlichen Landesteile.

Ausflüge zu den Nationalparks der Umgebung

Der Parc National des oiseaux du Djoudj

Der **Djoudj-Nationalpark,** mit einer Fläche von rund 16 000 Hektar das weltweit drittgrößte ornithologische Reservat, wurde 1971 von der senegalesischen Regierung als Naturschutzgebiet ausgewiesen. Das über ein Pistennetz gut erschlossene, von kleineren Seenplatten, Flußläufen und Auen durchzogene Gelände liegt rund 60 km nordöstlich von St. Louis im alten Deltagebiet zwischen dem Senegalzufluß Gorom und dem Hauptstrom. Die Anfahrt von St. Louis erfolgt über die N 2 Richtung Rosso; nach etwa 15 km zweigt eine Piste nach links von der Asphaltstraße ab, der weitere Pistenverlauf (knapp 50 km) ist bis zur Einfahrt in den Nationalpark durch

Flamingos im
Vogelparadies von
Djoudj

grüne Metallschilder gut gekennzeichnet. Die Piste führt an schilfbestandenen Ufern der Senegalnebenarme und an ausgedehnten Reisfeldern vorbei, gelegentlich kreuzen Rinderherden die Strecke, dann und wann tauchen kleinere Weiler auf. Mit einigem Verhandlungsgeschick läßt sich von St. Louis aus ein Taxi für 10 000 F CFA bis zum Nationalpark chartern. Das Naturschutzgelände, in der Regenzeit überflutet und dann selbst mit Geländewagen kaum passierbar, ist zumeist zwischen Juni/Juli und September/Oktober geschlossen. Die günstigste Zeit für die Vogelbeobachtung sind nach Aussagen erfahrener Wildhüter die Monate Dezember bis Februar.

Der Djoudj-Nationalpark ist ein einzigartiges Naturidyll und Tierreservat im nördlichen Senegal. Man muß nicht unbedingt Ornithologe sein, um dem Zauber dieser Region zu verfallen; besonders die Stimmungen am frühen Morgen und

am späten Nachmittag gehören vermutlich zu den unvergeßlichen Eindrücken einer Senegambia-Reise. Etwa 360 Vogelarten, besonders natürlich Wasser- und Wattvögel, sind hier von Fachleuten beobachtet worden. Mit finanzieller Unterstützung des Landes Nordrhein-Westfalen und der Friedrich-Ebert-Stiftung ist eine Biologische Station aufgebaut worden, die über Labor- und Analyseräume sowie ein kleines Dokumentationszentrum verfügt. Da der nahegelegene Diama-Staudamm den Salzgehalt der Gewässersysteme nachhaltig verändert hat, widmet sich die Station inzwischen nicht nur biologisch-ornithologischen, sondern auch ökologisch-hydrologischen Studien.

Der Djoudj-Nationalpark ist ein bevorzugtes Überwinterungsquartier zahlreicher westeuropäischer Vogelarten. Besonders eindrucksvoll sind die großen Kolonien von weißen Pelikanen, Flamingos, Kormoranen, Fischreihern, Ibissen, Löfflern, Störchen, Weißbartseeschwalben und etlichen Fischadler- und Entenarten. Um die Vogelwelt aus nächster Nähe beobachten und fotografieren zu können, sollte man unbedingt eine Pirogenfahrt auf einem der zahlreichen Flußarme unternehmen. Der Djoudj-Nationalpark ist aber nicht nur ein ornithologisches Reservat, sondern auch Zufluchtsstätte zahlreicher Wildtierarten; besonders Warzenschweine *(phacochères),* Warane, Schakale, Krokodile sowie etliche Wasserschlangen können hier betrachtet werden. Das Parkgelände ist von etwa 50 km Piste durchzogen; an mehreren, besonders stark von Tierarten frequentierten Plätzen sind Beobachtungsposten *(poste de garde)* eingerichtet worden.

Der Djoudj-Nationalpark, als Feuchtbiotop in der ausgedörrten Sahelzone ein Geschenk der Natur, zählt zu den faszinierendsten Sehenswürdigkeiten Senegambias. Die Direktion der senegalesischen Nationalparks hat seit den 70er Jahren versucht, die von Wolof, Fulbe und Mauren bewohnten Saheldörfer der Region in ihre Planungen einzubeziehen. Im Bemühen, das heikle Gleichgewicht zwischen den Belangen von Naturschutz, (Öko-)Tourismus, Landwirtschaft und Fischerei zu sichern, haben sich Dorfkomitees gebildet, die an allen Entscheidungsprozessen der Nationalpark-Verwaltung beteiligt sind.

Hinweise: Die Eintrittsgebühr für den Nationalpark beträgt 2000 - F CFA pro Person, die Gebühren pro PKW liegen bei 5000 F CFA, eine Pirogenfahrt kommt auf etwa 3000 F CFA. Sammeltarif für eine 10-Personen-Gruppe mit Führung: 20 000 F CFA.

Unterkunft: Hostellerie du Djoudj, im Eingangsbereich zum Nationalpark, ☎ 9 63 87 00, Fax 9 63 87 01 (idyllisch an einem Flußarm gelegen, 65 mit Ventilatoren und Moskitonetzen ausgestattete Zimmer, Restaurant, Schwimmbad, $$), Vermittlung von Exkursionen mit Geländewagen oder Pirogen. Die Biologische Station (☎ 9 63 87 06) unterhält mehrere Gästezimmer und einen Restaurantbetrieb; die Voranmeldung ist hier obligatorisch; Vermittlung von Führungen und Exkursionen.

Der Parc National de la Langue de Barbarie

Der **Nationalpark Langue de Barbarie** umfaßt das Gebiet der Ästuarmündung des Senegal, die Südspitze der von Dünenkämmen und Filaos geprägten Lagune sowie mehrere kleine, von zahlreichen Vogelarten bevölkerte Flußinseln. Das 1976 als Naturschutzgebiet ausgewiesene 2000-Hektar-Gelände ist mit einem Halbtagesausflug von St. Louis aus bequem zu erkunden. Fluß und Meer, Süßwasser und Salzwasser, die Brandung des Atlantik und das Wellengekräusel auf dem Senegal, Wasser und Festland: Das alles fügt sich zu einem Naturidyll, das nicht nur den ornithologisch interessierten Reisenden einiges zu bieten hat. Die Anfahrt

Riesenschildkröte

erfolgt von St. Louis zunächst über die N 2 Richtung Dakar; nach etwa fünf km zweigt beim Hotel Coumba Bang eine Stichstraße nach rechts Richtung Gandiol ab. Nach weiteren 15 km führt eine kurze Piste links ab in das Dorf Gandiol und zum Eingang in den Nationalpark (ausgeschildert; der Park ist ganzjährig geöffnet, Eintrittsgebühr 2000 F CFA).

Für die Beobachtung der Wasservögel sollte man unbedingt eine Pirogenfahrt zu den kleinen Inseln flußabwärts unternehmen (für eine knapp zweistündige Tour werden 2500 F CFA pro Person fällig). Größere Kolonien von Kormoranen, verschiedene Reiher-, Möwen- und Seeschwalbenarten sind hier zu sehen; besonders eindrucksvoll ist es, wenn die Pelikane und Flamingos mit weit ausgebreiteten Schwingen zum Flug ansetzen. Der Parc National de la Langue de Barbarie ist zwar kein Naturjuwel wie der Djoudj-Nationalpark; in unmittelbarer Nähe zu St. Louis gelegen und wesentlich leichter erreichbar als der Djoudj-Nationalpark, ist er aber gerade auch für Familien ein schönes Ausflugsziel.

Es empfiehlt sich, die Tour mit einem kurzen Abstecher in die **Réserve de Guembeul** zu verbinden; das rund 700 Hektar umfassende Tierreservat liegt etwa 10 km hinter der Abzweigung von der N 2 Richtung Gandiol (der Eingang liegt, von St. Louis kommend, links der Straße; Eintrittsgebühr 1000 F CFA). Mit etwas Glück (die günstigsten Stunden für die Tierbeobachtung sind frühmorgens und am Spätnachmittag) lassen sich hier Gazellen- und Antilopenherden, Affen, Füchse und Riesenschildkröten in freier Natur bewundern.

Unterkunft: Campement de la Langue de Barbarie (Rundhüttencampement, Reservierungen über das Hôtel de la Poste, $).

Route 2: Von St. Louis nach Kidira

Grenzgänge entlang des Senegal • Bizarre Faszination der Sahel-Landschaft • Fahrt zum Dreiländereck von Senegal, Mali und Mauretanien

Gesamtlänge: ca. 660 km
(Karte s. vordere Innenklappe, braune Linie)

Die gesamte Route gehört zweifelsohne zu den strapaziöseren Reiseunternehmungen in Senegambia. Zwischen Rosso und Kidira/ Tambacounda verkehren üblicherweise keine Sammeltaxis *(sept places)*, sondern nur Kleinbusse *(mini cars)*, was die Wartezeiten an den Busbahnhöfen erheblich verlängert und die Reisegeschwindigkeiten drastisch reduziert. Podor und Matam liegen 22 bzw. 10 km abseits der Nationalstraße N 2, was an den jeweiligen Straßenkreuzungen ein Umsteigen in Zubringertaxis (Peugeot-Pickups oder Kleinbusse) erfordert. Der Straßenzustand ab Ouro Sogui ist derzeit (1997/98) katastrophal; aufwendige Ausbesserungsarbeiten, die sich vermutlich noch über Jahre hinziehen werden, sind im Gange. Die Asphaltstraße endet wenige Kilometer hinter Bakel; eine in der Trockenzeit leidlich gute Piste führt bis in den senegale-

sisch-malischen Grenzort Kidira. Die gesamte Tour empfiehlt sich für Reisende, denen die karge Sahel-Landschaft zusagt, die über die entsprechende Zeit verfügen (bei schlechtem Pistenzustand während der Regenzeit muß man ohne eigenes Fahrzeug für die Route eine Woche Fahrzeit einplanen) und die mit den bescheidenen touristischen Infrastrukturen im östlichen Senegal (spartanische Hotels, so gut wie keine Restaurants) zurechtkommen. Ein kaum erschlossenes, noch sehr ursprüngliches ländliches Afrika ›belohnt‹ für die Entbehrungen während der Reise.

Rosso

Man verläßt St. Louis über die N 2 in nordöstlicher Richtung, passiert die linker Hand gelegene, moderne Campus-Universität der Stadt und erreicht nach 101 km den senegalesisch-mauretanischen Grenzort **Rosso**. Schon zwischen Ross-Bethio und Rosso wird sinnfällig,

Fähre bei Rosso

was die gesamte Region kennzeichnet: Sie ist seit Jahrhunderten
eine Kontakt- und Konfliktzone
zwischen seßhaften Ackerbauern
und nomadisierenden Viehzüch-
tern; eine Doppelnutzung, die
durch die ehrgeizigen Staudammprojekte am Senegal gefährdet
(s. S. 130) ist. Reisfelder und Zuk-
kerrohrplantagen säumen die Straße, auf den Weideflächen grasen
Rinder- und Ziegenherden.

Der Grenzort Rosso erweist sich
am senegalesischen Ufer (der eigentliche Ortskern liegt in Mauretanien) als gesichtsloses Straßendorf
mit einigen Läden sowie Polizei-
und Zollstation. Die Flußfähre, die
Autos und Lastwagen ans andere

Senegalufer befördert, verkehrt bis
zum Einfall der Dämmerung. Reisende aus der Bundesrepublik
benötigen für die Einreise nach
Mauretanien ein Visum; von Rosso
führt eine gut ausgebaute, 203 km
lange Asphaltstraße in die Hauptstadt Nouakchott.

Unterkunft: L'Auberge La Taver-
ne du Waalo, am Ortseingang
linker Hand (Campement-Bungalow-
Anlage, $).

Geldwechsel/Banken: Wer nicht
in den Senegal zurückkehren will,
sollte – gegebenenfalls bei Schwarzhändlern – seine Bestände an F CFA-No-
ten gegen mauretanische Währung (Ou-
guiya) eintauschen; Mauretanien gehört
nicht zur F CFA-Zone, mauretanische
Banken tauschen keine F CFA-Werte!

 Verkehrsverbindungen:
Sammeltaxis nach St. Louis;

Kleinbusse nach Richard Toll / Dagana / Podor. Mehrere Fährverbindungen täglich nach Rosso – Mauretanien.

Richard Toll

Nur wenige Kilometer östlich der Abzweigung nach Rosso liegt das Flußstädtchen **Richard Toll** inmitten ausgedehnter Zuckerrohrplantagen. *Toll* bedeutet in der Wolof-Sprache Garten. Der eigentümliche Ortsname verweist auf den französischen Pflanzer Richard, der in den 1820er Jahren unter dem Gouverneur Baron Roger (sein Herrschaftshaus liegt auf einer Insel am Senegal-Nebenfluß Taouey) vor Ort ein landwirtschaftliches Versuchsprojekt leitete.

Den Ortseingang beherrscht die rechter Hand der Hauptstraße an einem Kanal gelegene riesige, von der Mimram-Unternehmergruppe kontrollierte Zuckerfabrik, in der das Zuckerrohr der Region zu Raffinadezucker verarbeitet wird. Schräg gegenüber liegen die Lagerhallen für die lokale Reisproduktion, hinter den Hangaren befindet sich eine alte, verlassen wirkende Kaianlage. Alle wichtigen Einrichtungen (Post, Tankstellen, Rathaus, Busbahnhof, BICIS-Bankfiliale, einige sehr einfache Restaurants) liegen direkt an der Nationalstraße. Am östlichen Ortsausgang (Richtung Podor) führt eine Brücke über den Senegal-Nebenfluß Taouey.

Unterkunft: Gîte d'etape, direkt am Flußufer, ✆ 9 63 32 40 (sehr schön gelegenes Mittelklassehotel, 15 klimatisierte Zimmer, kleiner Pool, Bar, recht teures Restaurant, $$$). Relais Hôtelier La Taouey, direkt am Flußufer, ✆ 9 63 34 31 (5 klimatisierte Zimmer, Bar und Restaurant, $$).

Verkehrsverbindungen: Die *gare routière* liegt direkt an der N 2 im Ortszentrum, dem Rathaus gegenüber; Busverbindungen nach Dagana / Podor, Sammeltaxis nach St. Louis.

Podor

Die N 2 führt von Richard Toll in östlicher Richtung über Dagana (sehenswert allenfalls das Fort aus den 1820er Jahren) nach **Podor.** Östlich von Dagana endet in etwa das Siedlungsgebiet der Wolof, die weiter stromaufwärts gelegenen Regionen werden überwiegend von Fulbe und Toucouleur besiedelt. Auf dieser Teilstrecke ist der Fluß gelegentlich in Sichtweite oder als grünes Band am Horizont zu erahnen; Reiskulturen und Zuckerrohrfelder bestimmen die landschaftliche Szenerie, die gen Osten immer mehr in die kargen Ebenen des Sahel übergeht.

Von der historischen Bedeutung, die der Ort während der Ära des Tekrur-Reiches im 11. Jh. hatte, sind im Stadtbild von Podor keinerlei Zeugnisse erhalten. Das nördlich des Ortszentrums gelegene **Fort** wurde in den 1850er Jahren unter Gouverneur Faidherbe errichtet; die am Quai El Hadj Boubou Sall (be-

Desertifikation

Wenn das Wasser knapp wird ...

Nördlich von Louga wird die ohnehin schüttere Vegetation noch karger. Wer die N 2 weiter Richtung St. Louis fährt und dann über Richard Toll, Matam und Bakel in die Regionen der Ferlo-Dornbuschsavannen vorstößt, gelangt in die ausgetrocknete Sahelzone des nördlichen Senegal. Desertifikation, die vom Menschen verursachte Ausbreitung wüstenhafter (arider) Bedingungen in halbwüstenartigen (semiariden) Gebieten, ist hier kein fernes Schreckgespenst, sondern eine konkrete Bedrohung.

Die unerbittlich fortschreitende Desertifikation im westafrikanischen Sahel hat zahlreiche Gründe und vielfältige Konsequenzen. Die von den Mitgliedsstaaten Senegal, Mali und Mauretanien 1972 gegründete Organisation de Mise en Valeur de Fleuve Sénégal (OMVS; etwa: »Organisation zur Inwertsetzung des Senegalflusses«) forcierte mit dem Bau und der Inbetriebnahme der gigantischen Staudämme in Manantali (Mali; 1990 fertiggestellt) und in Diama (Mündungsbereich des Senegal; fertiggestellt 1992) eine agrarpolitische Richtungsentscheidung ersten Ranges, die das ausgeklügelte Gleichgewicht zwischen den seßhaften Ackerbauern und den viehzüchtenden Nomaden der Region zusehends bedroht. Mit den Staudammprojekten soll der im Schwemmlandgürtel des Senegal seit Jahrhunderten betriebene Überflutungsfeldbau (Aussaat auf den frisch überfluteten Feldern nach Abzug des Senegal-Hochwassers) dem Bewässerungsfeldbau durch künstliche Bewässerung (Regulierung von Fließgeschwindigkeit und Abflußverhalten des Senegal) weichen.

Das seit der Unabhängigkeit einsetzende, dramatische Dimensionen annehmende Bevölkerungswachstum hat in der Sahelzone dazu geführt, daß in einer Risikoregion Anbauflächen wie Viehbestand immer mehr vergrößert wurden. Durch die Verkürzung der Brachzeiten, die umstrittene Praxis der Brandrodung, durch Überweidung, Holzeinschlag und fortschreitende Erosion hat sich die Ertragsleistung der Böden entscheidend verringert. Ein Teufelskreis ohne Entrinnen, der zu einer immer ungehemmteren Expansion der Anbauflächen zwingt. Die in den 70er und 80er Jahren in der Ferlo-Region angelegten Tiefbrunnen haben die ökologische Katastrophe noch beschleunigt: Das mit Dieselpumpen aus Tiefen bis 300 m (!) geförderte fossile Wasser konnte die Versorgungssituation nur vorübergehend verbessern. Langfristig lösten die Tief-

brunnen Überweidung und anschließende Verwüstung in ihrem Ein-
zugsgebiet aus, der erhöhte Viehbestand fand bei abnehmenden Niederschlagsmengen keine Nahrung mehr, große Herden verendeten.

Die Dürrekatastrophen wie die prekäre Ernährungslage bewogen
die senegalesische Regierung in den 70er Jahren dazu, ihr Plazet zum
Bau des Diama-Staudamms zu geben. Die Folgen dieses exemplarisch

mißlungenen Entwicklungsprojektes, wie sie sich in der Region des
Senegaldeltas zeigen, können nur als verheerend bezeichnet werden.
Zwischen 3000 und 5000 Hektar Auenwald sind abgeholzt worden,
um Platz zu schaffen für die riesigen Bewässerungsflächen, die die
meiste Zeit des Jahres brachliegen. Die planierten Anbauflächen sollen für Reiskulturen genutzt werden – unsinnig schon deshalb, weil
die Erzeugerpreise für senegalesischen Reis seit Jahren am Boden liegen und die Bereitschaft der Bauern, angesichts des billigen Importrei-
ses aus Südostasien ausgerechnet Reis anzubauen, eher gering ist. Der
Befund ist trostlos: Im Hintergrund kahler, erodierter Bewässerungsflächen türmen sich drohend die Dünenzüge der Wüste auf.

Der von den Planern gehegte Traum einer blühenden Oase im senegalesischen Sahel kann nur mit den brachialen Methoden eines Agro-Groß-
business realisiert werden, das die traditionellen kleinen Betriebe aus-

schaltet und die Bauern dazu zwingt, sich auf fremden Böden als Landarbeiter zu verdingen. Das Stauwehr von Diama, das den Senegal im Mündungsbereich aufstaut, verhindert, daß mit dem Tidenhub Meeressalzwasser flußaufwärts gespült wird. Was für die Bewässerungskulturen von Vorteil ist, hat sich für die Bevölkerung in der Flußregion als Unheil erwiesen. Mit dem verringerten Salzgehalt des Flußwassers haben sich die Lebensbedingungen der für die Bilharziose-Krankheit verantwortlichen Überträgerschnecken so drastisch verbessert, daß in Gemeinden wie Rosso oder Richard Toll heute bereits der Großteil der Bevölkerung bilharziose-infiziert ist. Der Diama-Staudamm droht zudem das 16 000 Hektar große Feuchtbiotop des Djoudj-Nationalparks zu gefährden: Über manchen Flußarmen wuchert inzwischen eine dichte Decke von Süßwasserpflanzen, die seltene Vögel bei der Nahrungssuche behindert.

Die kommenden Kriege in Afrika werden – da sind sich Entwicklungspolitiker sehr verschiedener Couleur einig – um die verbliebenen Wasserressourcen geführt werden. Mit der im Sahel offenbar unaufhaltsamen Desertifikation rückt die nomadische Weidewirtschaft auf der Suche nach letztem Weideland immer weiter gen Süden vor.

Der ganzjährig wasserführende Senegal ist die Lebensader für den nördlichen Senegal, das südliche Mauretanien und das westliche Mali. Die jahrhundertealte, doppelte Nutzung durch Viehzüchter-Nomaden und Überflutungsfeldbau betreibende Ackerbauern scheint das einzige, der ökologisch labilen Flußregion wirklich angepaßte Konzept zu sein. Das Endstadium der Desertifikation ist eine abgestorbene Vegetation, ein versiegelter, zum Erdpanzer verhärteter Boden, eine verödete Landschaft. Allen Entwicklungs-Milliarden zum Trotz.

nannt nach dem ersten Bürgermeister von Podor) gelegenen alten **Handelsfaktoreien** stammen aus dem späten 19./frühen 20. Jh. Mit ihren weiten Innenhöfen, Balkonen und hölzernen Galerien erinnern sie an die Faktoreien auf der Ile St. Louis. Der Senegal ist ganzjährig bis Podor schiffbar, die Kaianlagen am Quai El Hadj Boubou Sall verweisen auf die Bedeutung, die einst dem Strom als Verkehrsader und der Stadt als Handelsplatz (Gold, Elfenbein, Gummi arabicum, Sklaven) zukam. Die Hauptstraße der Stadt ist die von Läden gesäumte Avenue El Hadj Oumar Tall; an ihrem nördlichen Ende befinden sich Post und das örtliche Rathaus, die nach Westen abführenden Gassen laufen auf das Marktgelände zu. Einfache, wellblechbedeckte Lehmhäuser dominieren die Wohnviertel des etwa 8000 Einwohner zählenden Ortes.

Unterkunft: Gîte d'etape Le Dou-
wayra, unmittelbar bei der *gare
routière,* ☎ 9 65 12 71 (6 Zimmer, 2 klimatisiert, Duschen, Bar, $).

Aktivitäten: Bar / Diskothek Bou-
yel, Quai El Hadj Boubou Sall.

Verkehrsverbindungen: Die *gare
routière* liegt am südlichen Ortseingang direkt an der Stichstraße zur
N 2; Busverbindungen nach Ouro So-
gui/Bakel und Richtung Rosso.

Matam

Die N 2 führt parallel zum Lauf des
Senegal in einem weiten Bogen in
südöstlicher Richtung nach **Ouro
Sogui,** wo eine Stichstraße in die
10 km entfernte Departementshauptstadt **Matam** abführt. Die
Hauptstraße der Kleinstadt (etwa
10 000 Einwohner) führt direkt
zum örtlichen Markt, wo neben
den landwirtschaftlichen Produkten der Region auch Töpferwaren
angeboten werden. Linker Hand
der Hauptstraße liegt die in traditioneller Lehmbauweise errichtete
Große Moschee, deren beide Minarette schon von weitem sichtbar
sind. Hinter dem Marktgelände
(dort, wo das östliche Ende der
Hauptstraße ans Flußufer führt) befindet sich eine Kaianlage mit einer
breiten, zum Fluß abgesenkten
Rampe – ein Indiz, daß Matam, früher ein wichtiger Warenumschlagplatz, einst für die Flußschiffahrt
von Bedeutung war. An der in südlicher Richtung verlaufenden Ufer-

straße liegen sämtliche, zumeist in
alten Kolonialbauten untergebrachte, lokalen Verwaltungseinrichtun-
gen. Auffällig im Stadtbild sind die
zahlreichen Gehöfte, die das Dekor der klassischen sudanischen
Lehmbauarchitektur variieren.

Unterkunft: Es gibt derzeit in Ma-
tam weder ein Hotel noch ein
Campement; eine Unterkunftsmöglich-
keit besteht aber im nur 10 km entfern-
ten Ouro Sogui im Hotel Auberge Sogui
(im Ortszentrum, ☎ 9 66 11 98; 12
Zimmer, davon 7 klimatisiert, schöne
Terrasse, Restauration auf Bestellung,
Preise zwischen 5000 und 15 000
F CFA).

Verkehrsverbindungen: Die *gare
routière* liegt am westlichen Ortseingang direkt an der Verbindungsstra-
ße zur N 2; von Ouro Sogui Busverbindungen Richtung Bakel/Kidira und
Richtung Podor/Rosso.

Bakel

Die N 2 ist auf der 150 km langen
Teilstrecke zwischen Ouro Sogui
und Bakel derzeit in katastropha-
lem Zustand; während der Regenzeit kann aus dieser Etappe leicht
eine strapaziöse Tagesreise werden. **Bakel,** im Dreiländereck von
Senegal, Mauretanien und Mali
etwa 25 km unterhalb der Falémé-
Mündung in den Senegal strategisch günstig gelegen, war seit jeher für den Flußhandel von großer
Bedeutung. Das auf hügeligem Gelände am Flußufer angelegte Groß-
dorf (etwa 5000 Einwohner) wird

von einem massigen, auf einem Felsvorsprung über dem Fluß errichteten **Fort** aus der Faidherbe-Zeit beherrscht. In dem Fort ist die örtliche Préfecture untergebracht, man kann aber den Innenhof der Befestigungsanlage betreten, von der aus sich ein großartiges Panorama über die Flußlandschaft bietet. Am Ufer wird emsig Wäsche gewaschen, Vieh getränkt, Pirogen setzen auf die mauretanische Seite über. Das auf einem Hügel gelegene **Palais René Caillié** (der französische Afrikaforscher machte auf seiner Reise nach Timbuktu 1828 in Bakel Station) beherbergt heute das (gründlich verwahrloste) *Centre de l'animation culturelle*. In der Nähe der *gare routière* befindet sich der örtliche Markt.

Unterkunft: Hotel L'Islam, in der Nähe der *gare routière*, ☎ 9 83 52 75 (9 spartanische Zimmer, sehr einfaches Restaurant, Gemeinschaftsduschen, $).

Aktivitäten: Diskothek Le Mboodik, am Flußufer.

Verkehrsverbindungen: Die *gare routière* liegt am westlichen Ortsrand; Busverbindungen nach Kidira/Tambacounda und Richtung Matam/Podor.

Kidira

Die Asphaltstraße endet wenige Kilometer hinter Bakel; eine etwa 60 km lange, in der Trockenzeit leidlich gut befahrbare Piste führt

bis in den senegalesisch-malischen Grenzort **Kidira.** Die Landschaft präsentiert sich auf diesem Streckenabschnitt leicht hügelig, in der Regenzeit bestimmen dichte Grasfluren und eine ingesamt üppigere Vegetation die Szenerie. Kidira, bar aller Sehenswürdigkeiten, ist allenfalls als Durchgangs- und Grenzstation von Interesse. Eine Eisenbahn- sowie eine Autobrücke führen über den Falémé nach malische Ufer. Im östlichsten Bahnhof Senegals treffen sich (mittwochs und samstags gegen Mitternacht) die Züge aus Dakar bzw. aus Bamako. In Kidira gibt es allenfalls bescheidene Versorgungsmöglichkeiten: einige Läden, ein paar einfache Essensstände, eine Tankstelle. Reisende aus der Bundesrepublik benötigen für die Einreise nach Mali ein Visum; die nötigen Formalitäten werden bei der Grenzpolizei *(Police frontalière)* in Kidira abgewickelt. Von Kidira führt eine 180 km lange Piste in die Provinzhauptstadt Tambacounda (etwa sechs Stunden Fahrzeit).

Unterkunft: Es gibt in Kidira eine nichtoffizielle, sehr einfache, campementähnliche Unterkunft, die die örtliche Grenzpolizei bei Bedarf vermittelt.

Verkehrsverbindungen: Busverbindungen nach Tambacounda und Richtung Bakel; Anschluß an die Bahnlinie Dakar – Bamako (Achtung: Die Waggons sind zumeist hoffnungslos überfüllt.).

Route 3: Von Dakar bis zur Halbinsel Sangomar : Die Petite Côte

Unbeschwerter Badeurlaub und malerische Fischerdörfer an der Petite Côte • Besuch des Geburtshauses Senghors in Joal-Fadiout • Abstecher zu den afrikanischen Dörfern im Sine-Saloum-Delta

Gesamtlänge: ca. 170 km
(Karte s. vordere Innenklappe, gelbe Linie)

Popenguine und Somone

Die sogenannte **Petite Côte,** also die Atlantikküste zwischen Rufisque und der dem Mündungsdelta des Saloum vorgelagerten Sangomar-Halbinsel, ist neben der Cap-Vert-Halbinsel und dem Cap Skirring in der Basse Casamance die touristisch am intensivsten genutzte Region Senegals. Die Badeorte der Petite Côte sind von Dakar aus in einer Autostunde bequem erreichbar; ganzjährig angenehme Luft- und Wassertemperaturen, eine milde Brise sowie eine vergleichsweise geringe Brandung garantieren hier einen unbeschwerten Badeurlaub. Vor allem die luxuriösen Hotelkomplexe in Saly Portudal sind während der Wintermonate das bevorzugte Refugium europäischer Kälteflüchtlinge und sonnenhungriger *toubabs.*

Man verläßt Dakar auf der N 1 Richtung Osten, passiert Rufisque und zweigt wenige Kilometer hinter Bargny in südöstlicher Richtung (rechts halten) nach Mbour ab. Die Straße führt durch von Akazien und Baobabs bestandene, sandige Ebenen; im Ort Sindia knickt eine neun km lange Stichstraße von der N 1 in das schön gelegene Fischerdorf **Popenguine** ab. Popenguine ist durch eine alljährlich zu Pfingsten abgehaltene christliche Wallfahrt zu einer Madonnenstatue landesweit berühmt. Der Ort wird von der Dakarer Oberschicht an den Wochenenden gerne als Naherholungsziel angesteuert. Kurz hinter Sindia führt eine Asphaltstraße zu dem Ort **Somone,** der an der Atlantikmündung des gleichnamigen Flüßchens liegt. Somone hat einen schönen Sandstrand zu bieten, in den Mangrovendickichten nisten zahlreiche Arten von Wasservögeln.

Saly Portudal

Wenige Kilometer vor Mbour (kenntlich an den riesigen Werbetafeln für die diversen Feriendörfer) zweigt eine weitere Stichstraße in das sehr schön an einer Bucht gelegene Dorf **Saly Portudal** ab. 1984 weihte Staatspräsident Abdou Diouf hier auf einem 600-Hektar-Gelände eine der größten und luxuriösesten Ferienanlagen von ganz Westafrika ein. Letztlich ähneln sich diese Luxusghettos gerade darin, wie sie sich voneinander zu unterscheiden versuchen. Sämtliche Feriendörfer sind hermetisch von der Außenwelt abgeschlossen, verfügen über eigene, oft palmenbestandene Privatstrände, sind in üppig blühende tropische Gartenanlagen eingebettet. Sämtliche Hotelkomplexe, dem gleichen Tourismuskonzept verpflichtet, verfügen über nahezu identische touristische Infrastrukturen – weshalb im folgenden eine entsprechende Spezifizierung entfallen kann. Zu diesen Infrastrukturen zählen Boutiquen, Kioske und ganze Ladenzeilen; oft gleich mehrere Spezialitätenrestaurants, diverse Bars, Cafés und Hoteldiskotheken. Ein weitgefächertes Sportangebot für Aktivurlauber (Fischen, Surfen, Segeln, Wasserski, Tennis, Reiten, Beach-Volleyball, Golf); organisierte Ausflüge in die Umgebung sowie ein ambitioniertes Animationsprogramm (etwa Trommel-Workshops, afrikanischer Tanz,

Folkloreabende etc.) sind im Angebot inbegriffen. Konferenzräume, Schwimmbäder, Mietwagen-Agenturen, Wechselstuben und Massagesäle sind hier selbstverständlich. Versteht sich, daß auch der Zimmerstandard (die meisten Anlagen sind im afrikanischen Rundhüttenstil gebaut) nichts zu wünschen übrigläßt. Das Dorf selbst ist von den Hotelanlagen inzwischen geradezu zum Verschwinden gebracht worden.

Unterkunft: Saly Hotel, ✆ 9 57 11 31, 9 57 11 25, Fax 9 57 14 60 ($$$$). Hotel-Club Les Filaos, ✆ 9 57 11 80, Fax 9 57 12 58 ($$$$). Le Palm Beach-Franissima, ✆ 9 57 11 37, Fax 9 57 20 94 ($$$$). Espadon Club Saly, ✆ 9 57 20 66, 9 57 20 67, 9 57 19 49, Fax 9 57 20 00 ($$$$, besonders für Sportfischer empfehlenswert). Hotel Savanna (umfaßt die Hotelkomplexe Savanna Koumba und Savanna Saly), ✆ 9 57 11 12, Fax 9 57 10 45 (220-Zimmer-Anlage, $$$$). Hotel Royam, ✆ 9 57 20 70, 9 57 20 71, Fax 9 57 20 72 (70 Rund-Bungalows, gleiches Management wie das Saly Hotel, im Juni geschlossen, $$$$). Zu den hier genannten Feriendörfern kommen noch Anlagen mit komplett ausgerüsteten, möblierten Ferienhäusern (etwa Neptune Beach Club, Les Cristallines), die bis zu 120 m^2 Wohnfläche bieten und sich für Reisegruppen oder größere Familien eignen.

Mbour

Wenige Kilometer nach der Abzweigung Richtung Saly Portudal ist mit **Mbour,** 83 km südöstlich von Dakar gelegen, der wichtigste Ort an der Petite Côte erreicht. Die Bewohner der Kleinstadt (etwa 120 000 Einwohner), überwiegend Sérèr, leben zumeist vom Fischfang und vom Kleinhandel. Die gut ausgebaute N 1 knickt in Mbour nach Osten, Richtung Fatick/Kaolack/Tambacounda ab. Mbour ist ein geschäftig-umtriebiges Marktstädtchen, dessen Zentrum, das **Escale-Viertel,** allerdings recht verwahrlost wirkt. Ein eher behäbiges, dörflich-afrikanisches Gepräge findet der Besucher in den schachbrettartig angelegten Stadtvierteln Toucouleur, 11. Novembre sowie Thioce-Ouest und Thioce-Est, die sich beidseits der Ausfallstraße Richtung Dakar hinziehen. In den baumbestandenen, schattigen Innenhöfen der zumeist eingeschossigen Steinhäuser spielt sich afrikanischer Familienalltag ab.

Die Hauptachsen des zentralen Escale-Viertels sind die parallel verlaufenden Straßenzüge der Avenue Demba Diop und der Rue Medioune Diop. Hier finden sich die meisten lokalen Verwaltungsbauten. Mittelpunkt des Escale-Viertels ist das große, stets belebte **Marktgelände,** das hinter dem Taxibahnhof beginnt und sich bis zum nahen Strand erstreckt. An die *gare routière* schließen sich zunächst Verkaufsstände mit Altkleidern, Haushalts- und Elektrogeräten an, dann folgt ein teilweise in einer Halle untergebrachter Lebensmittel-, Textil- und Schmuckmarkt, der zum Strand hin in den Fischmarkt ausläuft. Auf Holzgestellen wird hier der Fang an Frischfisch, Meeresfrüchten und Muscheln zum Trocknen ausgelegt, ganze Scharen von Fischverkäuferinnen sind emsig dabei, die Fische zu schuppen, zu pökeln und zu räuchern. Besonders am frühen Abend, wenn die Fischer mit ihren Pirogen zurückkehren und der Fang des Tages angelandet wird, herrscht hier ein unbeschreibliches Gedränge. Träger

Abendstimmung
in Mbour

»Hast Du heute schon gelebt?«

Der Club Aldiana

Selbst die Täfelchen, die den kulinarischen Weg durchs üppige Buffet weisen, sind auf deutsch beschriftet, deftige bayerische Spezialitäten gibt es hier im Angebot. In der weitläufigen Anlage stößt der Flaneur immer wieder auf Plakate mit der suggestiven Frage: »Hast Du heute schon gelebt?« Daß es sich hier, in einem luxuriösen Ambiente, angenehm leben läßt, steht außer Frage. Mit dem Neckermann-Feriendorf Club Aldiana Senegal ist in Nianing, etwa 90 km südöstlich von Dakar, einer der größten Tourismuskomplexe in Senegambia entstanden. Was sich hier in einer 23 Hektar umfassenden »ästhetisch überarbeiteten Pool-Landschaft« (Prospektwerbung Club Aldiana) ausdehnt, ist ein tropischer Traum, verbunden mit jenem Hauch von Luxus, von Auserwähltsein, den ein »Urlaub unter Freunden« (Prospektwerbung) zu garantieren hat. Ein dem afrikanischen Rundhüttenstil nachempfundenes architektonisches Ensemble (»Rundalows«), hinter dessen Fassaden sich freilich Schall- und Klimatechnik vom Feinsten verbirgt; das Ganze hingelagert in eine prachtvolle Gartenlandschaft, die von einem palmenbestandenen, feinsandigen kilometerlangen Privatstrand gesäumt wird.

Wer es als Nicht-Hotelgast geschafft hat, von einem wahren Zerberus an Portier einen Passierschein zu ergattern, lustwandelt durch ein weiträumiges Labyrinth wohlorganisierten Müßiggangs: Boutiquen und Konferenzräume, diverse Snack- oder Cocktailbars und Terrassenrestaurants, wo als à-la-carte-Spezialität Meeresfrüchte gereicht werden (zum Diner werden »keine kurzen Hosen« gestattet, mahnt der

in Gummianzügen, überquellende Fischkörbe auf dem Kopf balancierend, hasten im Laufschritt zwischen den Pirogen und den am Strand geparkten Kühllastern hin und her, kleine Jungen sind ihnen stets dicht auf den Fersen, um die herunterfallenden Fische zu ergattern. Auf den Ladeflächen der Lastwagen wird der Fisch in Plastikcontainer abgekippt, über die ständig Trockeneis ausgeschüttet wird. Das alles vollzieht sich in rasender Geschwindigkeit, noch in der gleichen Nacht müssen die Laster die Kühlhäuser in Dakar und im Hinterland der Petite Côte erreichen – eine aufreibende Knochenarbeit für Träger,

Club-Aldiana-Wegweiser), Hoteldiskothek und maurisches Café, Sportzentrum und Schwimmbäder, Saunen und Fitneßbereiche, »Beauty-Farm« und die »Stretching Relaxing«-Zone …

Der 1972 gegründete Club Aldiana ist eine rein deutschsprachige Ferienoase im frankophonen Senegal. Bis zu 7000 Besucher finden sich hier alljährlich ein, laut Empfangschef eine zu 90 % deutsche Klientel, deren Angehörige meist zwei Wochen im Senegal bleiben. Mit seinen 600 Betten ist das Feriendorf selbst an der mit großen Clubanlagen reich gesegneten Petite Côte ein touristischer Riese und darüber hinaus ein wichtiger Arbeitgeber in der Region. Immerhin arbeiten etwa 250 senegalesische Clubangestellte für die ungetrübten Ferienfreuden der *toubabs allemands*. Clubatmosphäre verpflichtet: Abgerechnet wird hier am Schluß. Während seines Aufenthaltes zahlt der Gast ausschließlich mit Clubkarte; Geld spielt während der schönsten Tage des Jahres nicht nur keine Rolle – es existiert gar nicht!

Der Club Aldiana steht mustergültig für eine rundum animierte, ghettoartig abgeschlossene Konzeption von Luxustourismus mit Vollversorgung, in der sich der Gast »sofort wie zu Hause fühlen« (Informationsblatt Club Aldiana) soll. Diese Konzeption bedient zweifellos einen wachsenden Markt und geht damit nach den Strategiediktaten der großen Ferienanbieter ökonomisch in Ordnung. Angeblich kommen immerhin 81 % aller Aldiana-Clubgäste zu Aldiana zurück. In Nianing haben sie am Ende zwei Wochen unbeschwerten Urlaub genossen. Ob sie damit wirklich im Senegal waren, steht dahin. Immerhin bietet der Club ein weitgefächertes Angebot organisierter Ausflüge an. Zweifellos haben die Gäste am Ende einen »Urlaub unter Freunden« verbracht. Daß es auch senegalesische Freunde geben kann, hätten die Gäste außerhalb der Clubmauern entdecken können. Doch dafür dürften zwei Wochen wohl kaum ausreichen.

Fahrer und Lagerarbeiter. Die dichten beißenden Rauchfahnen, die hier während des Fische-Einräucherns über das Gelände wehen, verleihen der Szenerie im letzten Abendlicht eine ganz eigene, fast unwirkliche Atmosphäre, in der die Akteure nur noch als bleiche Schemen kenntlich sind.

Unterkunft: Centre touristique – Coco Beach Hotel, am Strand neben der Präfektur, ☎ 9 57 10 04, Fax 9 57 10 77 (105 Zimmer umfassende Bungalowanlage, Privatstrand, Schwimmbad, Restaurant, Tennisplatz, Disco, Exkursionsprogramm, $$$). Mehrere einfache Campements in der Umgebung.

Stammbaum Senghors in Joal

Essen und Trinken: The Calabash, Restaurant Chez Paolo, 276, Avenue Demba Diop, ☎ 9 57 13 10 (gute afrikanische Küche). L'Escale, an der Ausfallstraße Richtung Dakar, ☎ 9 57 16 46, (sehr angenehmes Restaurant mit Bar, Fischspezialitäten). Restaurant Sénégaulois, Escale-Viertel (französische und senegalesische Küche). Etliche sehr einfache Restaurants um die *gare routière.*

Aktivitäten: Mehrere Diskotheken im Escale-Viertel; im Ortszentrum einige mehr oder weniger angenehme Bars (so etwa die Bar Chez Oncle Pat).

Strände: Zu empfehlen ist ausschließlich der Privatstrand des Coco-Beach-Hotels; Schwimmbadbenutzung (2000 F CFA) auch für Nicht-Hotelgäste.

Banken / Post: Bicis-Bank (9–12.30 und 15.30–17 Uhr) im Escale-Viertel; Postbüro in unmittelbarer Nähe.

Verkehrsverbindungen: Der Taxibahnhof (*gare routière* oder kurz *garage* genannt) liegt im Ortszentrum hinter der Mobil-Tankstelle; gute Verbindungen nach Dakar (rund eine Stunde Fahrzeit), nach Joal-Fadiout, nach Fatick/Kaolack.

Nianing

Etwa zehn km südlich von Mbour erreicht man das unscheinbare Dorf **Nianing,** wo zwei riesige Clubanlagen angesiedelt sind: das ganz auf die deutsche Klientel zugeschnittene Neckermann-Feriendorf Club Aldiana (s. S. 138) und als Pendant für das französische

Publikum die weitläufige Domaine de Nianing. Beide Tourismuskomplexe, in schöne Parkanlagen gebettet, verfügen über eigene Strandparzellen und bedienen mit ihren aufwendigen Infrastrukturen den gehobenen Club-Tourismus.

Unterkunft: Club Aldiana Senegal, Nianing, ✆ 9 57 15 49, 9 57 15 95, 9 57 10 84, Fax 9 57 15 66 ($$$$). Le Domaine de Nianing, ✆ 9 57 11 20, 9 57 11 49, 9 57 10 85, 9 57 15 03, Fax 9 57 15 04/05 (riesige Rundbungalow-Anlage gehobenen Standards, Vollpension obligatorisch, Sportangebote, Animationsprogramm, zumeist zwischen Mitte August und Mitte Oktober geschlossen, $$$$). Auberge des Coquillages, ✆ 9 57 16 76, Fax 9 57 14 28 (kleines Hotel, angegliedert sind Restaurant, Swimmingpool und Disco, $$).

Joal – Fadiout

Wenige Kilometer hinter dem kleinen Ort Nagazobil (hier befindet sich die älteste katholische Missionsstation Senegals, in dem 1914 erbauten Gymnasium hat der spätere Präsident Senghor die Schulbank gedrückt) erreicht man das 114 km von Dakar entfernte Fischerstädtchen **Joal.** Joal gehört zu den von den Portugiesen bereits im 15. Jh. an der westafrikanischen Küste angelegten Handelsniederlassungen; von hier aus nahm die Missionierung der Küstenregion durch Kapuzinermönche ihren Ausgang. Der Ort präsentiert sich heute als langgezogenes, zwischen Küstenstraße und Strandabschnitt angelegtes Straßendorf. In der Ortsmitte befindet sich ein bunt bevölkertes Marktgelände mit einer Markthalle unmittelbar am Strand sowie ein durch seine Artenvielfalt bemerkenswerter Fischmarkt. Besonderer Trubel herrscht zumeist am Spätnachmittag, wenn die Fischer mit ihren Pirogen zurückkehren.

Wirklich sehenswert in Joal ist die **Maison Léopold Sédar Senghor** (keine geregelten Öffnungszeiten; der Wärter, der einem aufschließt, ist allerdings meist nicht weit), ein weiß getünchter Bau, der sich direkt an der Hauptstraße in der Ortsmitte befindet. Senghors Geburtshaus wurde kurz vor der Jahrhundertwende von Senghors Vater, einem wohlhabenden Pflanzer, erbaut. Ein rechteckiger Hof wird an den Längsseiten von zwei Wohntrakten flankiert, an der rückwärtigen Seite liegt das ehemalige Wohnhaus, in dem einige zeitgenössische Möbel, eine Porträtserie von prominenten Mitgliedern der Familie Senghor, ein detaillierter Stammbaum sowie etliche Schwarzweißfotografien aus den 20er, 30er und 40er Jahren präsentiert werden.

Das Haus wurde zu Senghors 90. Geburtstag im Oktober 1996 eröffnet; es ist geplant, in Abstimmung mit der Dakarer Senghor-Stiftung in Joal eine Ausstellung mit Autographen, Werkausgaben und Fotos aufzubauen. Pierre Mbacké Senghor, ein 1938 geborener Neffe des früheren Staatspräsidenten, führt den Besucher kenntnisreich durch die kleine Ausstellung (Information unter ☎ 9 56 47 80; es wird nach der Besichtigung eine kleine Spende erwartet). Ein Besuch von Senghors Geburtshaus vermag mindestens in Ansätzen eine Vorstellung dessen zu vermitteln, was Senghor immer wieder als »Reich der Kindheit« beschworen hat. Die familiäre Welt, die Senghor tief geprägt hat, wird hier deutlich. Selbst seine Lyrik wird hier neu, weil auf ungeahnte Art konkret, verständlich. Was etwa in dem berühmten Gedicht »Joal« mit den »Mulattinnen im grünen Schatten der Veranden« gemeint ist, erschließt sich dem Besucher sofort, der die grün gestrichenen Holzgitter vor den Veranden mit ihren Lichtreflexen gesehen hat. Ein Kuriosum am Rande: Im Hof befindet sich eine 1976 gefertigte Senghor-Statue, die den Geistesheroen liebevoll ins Allzumenschliche zurückholt. Sie zeigt Senghor als Zwerg, der auf einem Folianten steht.

Unterkunft: Hotel Le Finio, am Ortsausgang, direkt an der Holzbrücke nach Fadiout, ☎ 9 57 61 12 (6 Zimmer, 4 Rundhütten, auch Halb- und Vollpension, gutes Restaurant, $). Hotel Relais 114, im Ortszentrum, ☎ 9 57 61 78 (6 Zimmer mit Ventilator, Gemeinschaftsdusche, gutes Fischrestaurant, im lauschigen Innenhof werden etliche Vogelarten gehalten, $).

Verkehrsverbindungen: Die gare routière liegt am Ortseingang, von hier Verbindungen Richtung Mbour/Dakar; ein weiterer Taxistand befindet sich im Ortszentrum, von hier Sammeltaxis (zumeist abgewrackte Peugeot-404-Pickups, lange Fahrtzeiten) ins südliche Umland.

Am südlichen Ortsende von Joal führt ein etwa 500 Meter langer Holzsteg über die Lagune in das Inselstädtchen **Fadiout.** (Man sollte sich möglichst auf keine Debatten mit jenen Jugendlichen einlassen, die den Anfang der Holzbrücke belagern und einem weismachen wollen, die Benutzung der Brücke sei gebührenpflichtig, oder die einem diverse Pirogenausflüge aufschwatzen wollen.) Fadiout, ein sehenswertes Kleinod an der südlichen Petite Côte, besteht aus der eigentlichen Wohninsel, der Friedhofs- und der Speicherinsel. Die Inseln sind seit etwa 1500 Jahren kontinuierlich aufgeschüttete Muschelhügel, die eine Fläche von mehreren Hektar einnehmen.

Die **Wohninsel** ist von niedrigen, hell verputzten Häuschen sowie einem Labyrinth enger, mit einer Muschelschicht bedeckten Gäßchen geprägt. Die einzelnen winzigen Viertel sind durch Opferstöcke oder Heiligenfiguren markiert, die an den Kreuzungen aufgestellt sind: Die meisten Inselbewohner sind christliche Sérèr, die als Fischer oder Bauern ihr Auskommen finden. Auffälligstes Bauwerk ist die sechseckige christliche **Kirche** mit ihrem hohen, von einem Herz gezierten Turm; an der Inselspitze wird gegenwärtig ein Moscheeneubau errichtet.

Über einen Holzsteg erreicht man die ebenfalls auf einem Muschelhügel errichtete **Friedhofsinsel.** Auf dieser von knorrigen Baobabs bestandenen Insel finden sich einige hundert Christengräber. Von der teilweise von Mangroven gesäumten Friedhofsinsel bietet sich ein prächtiger Ausblick auf die nur mit Pirogen zugängliche **Speicherinsel.** Dort stehen etliche kegelförmige, auf hohe Holzstelzen gelagerte Familienspeicher, die der sicheren Lagerung von Erdnüssen und Hirse dienen.

Dörfer im Sine-Saloum-Delta

Die asphaltierte Küstenstraße endet in Joal. Die umliegenden Dörfer sowie die Halbinsel Sangomar können nur über leidlich passable Pisten erreicht werden. Wer ohne eigenes Fahrzeug unterwegs ist, sollte sich auf gelegentlich recht strapaziöse Touren mit älteren Peugeot-404-Pickups und auf längere Wartezeiten bis zur Abfahrt der übervollen Sammeltaxis gefaßt machen. In der Ortsmitte von Joal beginnt eine Piste, die zunächst in das etwa 15 km entfernte Dorf **Samba Dia** (wunderschöner Dorfmarkt) führt. Von Samba Dia führt eine schlechte Piste in den Ort **Ndangane** (Unterkunftsmöglichkeit

im Hotel Le Pélican du Saloum oder in einem der örtlichen Campements); von hier aus bieten sich Pirogenausflüge in die Seitenarme des Saloum und ins Saloum-Mündungsdelta an.

Etwa 20 km von Samba Dia entfernt, schon auf der Nordspitze der Sangomar-Landzunge gelegen, befindet sich das Großdorf **Palmarin,** das sich aus den Vierteln Naglou, Sessene, Ngueth und Ngounoumane zusammensetzt. Das wohl schönste dieser Teildörfer ist **Ngounoumane,** dessen hoch aufragender Kirchturm von weitem sichtbar ist. Das Dorf, noch ohne Elektrizität und (fast) ohne Autos, vermittelt mit seinen Gehöften und baumbestandenen Gassen einen tiefen Eindruck vom ländlichen Afrika. Im Ortsteil **Sessene** befindet sich direkt am von Kokospalmen gesäumten Sandstrand ein staatlich geführtes Campement, das sich hervorragend als Refugium für einige ruhige Badetage eignet und damit eine erholsame Alternative zu den Bettenburgen von Saly Portudal darstellt.

Von Palmarin aus erreicht man nach etwa 15 Pistenkilometern das Dorf **Djifer;** von dort lassen sich Pirogenausflüge an die Südspitze der Halbinsel Sangomar, nach Ndangane oder ins Saloum-Mündungsdelta unternehmen. In Djifer gibt es als Unterkunftsmöglichkeit nur das Campement La Pointe de Sangomar. Bis zur äußersten Südspitze der Landzunge sind es von Djifer aus noch etwa 15 km.

Die *taxis brousse*

Vom Unterwegssein im Senegal

Dakar-Colobane – obschon noch früher Morgen, herrscht in dem Stadtteil bereits das übliche Gedrängel von Reisenden, Essensverkäufern, fliegenden Händlern, Schleppern, Tage- und Taschendieben aller möglichen Couleur. Wer eigentlich deckt sich vor Reiseantritt noch mit Gebetsteppichen, Plastiksandalen, Armbanduhren oder Sonnenbrillen ein? Egal, das wohlbekannte Warensortiment ist aufgeboten, der potentielle Käufer wird penetrant mit allerlei Angeboten traktiert.

Die *gare routière* als Taxibahnhof, offener Markt, Stelldichein, Freiluftspektakel oder buntscheckige Arena: Was auf den ersten Blick wie ein heilloses Chaos aussieht, ist bei näherem Hinschauen gut durchorganisiert. Die Peugeot-Kombis in dichten Kolonnen hinter den Hinweisschildern mit ihren Zielorten, die Kleinbusse und Pickups auf der anderen Seite des Platzes. Hier herrscht wahre Gerechtigkeit: *Toubabs* und Einheimische, der Handlungsreisende und der Hungerleider, die Dame von Welt und die Greisin vom Lande, alle zahlen den gleichen Fahrpreis, zu verhandeln gibt es nichts.

Wer im Senegal ohne eigenes Auto unterwegs ist, wird früher oder später (eher früher, denn es existiert hier, anders als im Maghreb, kein ausgebautes Reisebusnetz, und die Eisenbahnalternative beschränkt sich derzeit auf die Fernverbindung Dakar–Bamako) mit dem in ganz Schwarzafrika verbreiteten System der *taxis brousse,* der Buschtaxis, Bekanntschaft machen. *Taxis brousse* gibt es in drei Variationen. Die komfortabelste Variante: Peugeot-Kombis mit einer dritten Sitzbank im Fond; sie heißen auch *sept places,* da zumeist sieben Passagiere befördert werden. Daneben gibt es ältere Pickup-Modelle mit Holzbänken auf der Ladefläche. Befördert werden oft über 20 Personen, dazu reichlich Gepäck, oft auch Vieh; über die Ladefläche ist eine Plane gespannt, so daß die Rundumsicht oft gleich null ist. Schließlich existieren noch Kleinbusse, die sogenannten *Mini-Cars,* mit denen um die vierzig Personen und abenteuerlich verzurrte Gepäckberge transportiert werden. Die Fahrzeuge starten erst, wenn sie bis auf den letzten Platz besetzt sind, oder wenn ein eiliger Reisender bereit ist, für die noch freien Plätze zu zahlen.

Das Reisen mit den *taxis brousse* ist in vieler Hinsicht ein Geduldsund Glücksspiel. Gerade auf abgelegenen Strecken, besonders auf wenig befahrenen Pisten, kann das Warten auf die Abfahrt in sengender Sonne recht quälend werden. Auf den vielbefahrenen Langstrecken, also vornehmlich auf den Nationalstraßen, sind meist einigermaßen vertrauenerweckende Fahrzeuge im Einsatz. Auch der Peugeot-404-

Souvenir gefällig?
Taxibahnhof in Dakar

Klassiker aus den 60er Jahren feiert noch fröhliche Urständ'. Bisweilen wird man allerdings in schrottreife Wracks genötigt, die deutsche TÜV-Mechaniker erbleichen ließen; defekte Stoßdämpfer, ausgeschlagene Lenkung, null Profil, angeschlagene Kupplung, zweifelhafte Bremsen … Und gerade bei diesen Veteranen lassen sich fast nie die Türen von innen öffnen.

Die durchschnittlichen Reisegeschwindigkeiten liegen bei den *sept places* um die 70 Stundenkilometer, die Pickups und besonders die *Mini Cars* sind wesentlich langsamer. Gerade längere Pistentouren mit den Peugeot-404-Pickups können sich zu mittleren Strapazen auswachsen. Diese Wagen werden nur notdürftig repariert und gerade so eben am Laufen gehalten. Mit schöner Regelmäßigkeit bleiben sie denn auch auf der Strecke, was in abgelegenen Regionen den Reisenden einiges an Improvisationstalent abfordert. Doch aller Widrigkeiten zum Trotz: Irgendwann kommt man überall an. Auch im Senegal.

Route 4: Von Dakar nach Kaolack mit Abstechern nach Diourbel und Touba

Kaolack, die Hauptstadt des Erdnußbeckens • Die älteste Mouriden-Moschee Senegals in Diourbel • Touba: religiöses Herz des Senegal und Grabstätte Amadou Bambas

Gesamtlänge: ca. 190 km (Karte s. vordere Innenklappe, grüne Linie)

Fatick

Auf der Nationalstraße N 1 passiert man zunächst Rufisque, Bargny und Mbour; in Mbour zweigt die N 1 von der Küste Richtung Südosten ab. 62 km südöstlich von Mbour erreicht man die Kleinstadt **Fatick.** Der Ort, immerhin Departementshauptstadt, liegt am Ufer der Sine, etwa drei km abseits der Nationalstraße. Die Ortsmitte konzentriert sich um die Markthalle und die angrenzenden Verkaufsstände, touristisch hat Fatick keine nennenswerten Sehenswürdigkeiten zu bieten. Eine Piste führt in südlicher Richtung bis ans rechte Saloum-Ufer, mit einer Piroge kann man sich nach **Foundiougne** übersetzen lassen (dort Unterkunftsmöglichkeit im Luxushotel Les Pirogiers, ✆ 9 48 12 12 oder in der sehr angenehmen Auberge Les Bolongs, ✆ 9 48 11 10).

🛏 **Unterkunft:** Relais touristique de Fatick, Route de Foundiougne, ✆ 9 49 10 11 ($$, günstige Wochenend- und Wochentarife bei Vollpension).

🚗 **Verkehrsverbindungen:** Die *gare routière* befindet sich etwa 3 km vom Ortszentrum entfernt direkt an der N 1; günstige Verbindungen nach Mbour/Dakar und nach Kaolack.

Kaolack

44 km südöstlich von Fatick ist mit der Provinzhauptstadt **Kaolack** (etwa 200 000 Einwohner) die mit Abstand größte und wirtschaftlich bedeutendste Stadt der Sine-Saloum-Region erreicht. Kaolack hat mit seinem (inzwischen aber fast zur Bedeutungslosigkeit verkommenen) Flußhafen einen direkten Zugang zum Atlantik. Kaolack ist

ein bedeutender Verkehrsknotenpunkt, die N 1 führt in östlicher Richtung via Tambacounda bis zum Grenzort Kidira, die N 5 führt von Kaolack Richtung Banjul, die N 4 über Nioro du Rip zum Grenzort Farafenni. Kaolack ist die Hauptstadt des sogenannten Erdnußbeckens, die Ernte wird teilweise in den örtlichen Ölmühlen direkt weiterverarbeitet, teilweise für den Transport nach Dakar zwischengelagert. Ökonomisch bedeutsam ist außerdem die lokale Salzgewinnung, die Salinen am linken Saloum-Ufer sind vom Hafen gut zu erkennen. Kaolack ist mit historischen Sehenswürdigkeiten nicht gerade gesegnet und lädt daher nicht unbedingt zum längeren Verweilen ein. Interessant ist allerdings das Marktgelände, das zu den ausgedehntesten des Landes zählt.

Die Hauptverkehrsader der Stadt ist die Avenue Diogoye Basile Senghor. An ihrem Westende, etwa im Kreuzungsbereich mit der Rue Gallieni, liegen die nüchtern-funktionalen Gebäude des Rathauses, der Gouvernance, des Commissariat Central sowie des Hôpital Ibrahima Niass. In unmittelbarer Nähe befindet sich die katholische Kirche **Cathedrale Saint-Theophile,** deren schlank aufragender Glockenturm einen guten Orientierungspunkt in der Stadtmitte abgibt. Zwischen der Avenue Diogoye Senghor und der parallel verlaufenden Avenue John F. Kennedy dehnt sich der weitläufige, von einem Karree zinnenbe-

krönter Arkadengänge eingefaßte **Marché central** aus. In seinen soukartig gestaffelten Gassen gibt es ein unübersehbares Lebensmittel-, Gewürz-, Fisch- und Geflügelangebot, außerdem werden Textilien, Batikstoffe, Gold- und Silberschmuck, Lederwaren sowie allerlei Kosmetika feilgeboten. Schuster, Schreiner und Schneider sind hier in dämmerigen Hallen bei der Arbeit. Es gibt eine eigene Halle für gebrauchte Kleider, ganze Gassen sind für Keramik, Haushaltswaren, Kalebassen oder das als *mèche* gehandelte Kunsthaar reserviert. Daneben stößt man auf Verkaufsstände mit diversen Amuletten, Talismanen und Gris-Gris, Schlangenhäute und Tierfelle, Haifischzähne und Krokodilschädel. Aphrodisiaka, nach geheimnisvollen Rezepten gemischte Pülverchen und Tinkturen warten auf interessierte Käufer. In den Ladenzeilen rings um den Markt beherrscht eher moderne Unterhaltungselektronik das Warenangebot. Ein guter Orientierungspunkt innerhalb des Marktgeländes ist der viereckige, in der Mitte des südlichen Arkadenganges gelegene Uhrenturm, dessen vier in Paris gefertigte Runduhren einträchtig und offenbar für immer auf 13.25 Uhr stehengeblieben sind.

Von der Avenue Diogoye Senghor führt rechtwinklig in südlicher Richtung die Rue Gallieni ab. Hier liegen linker Hand die beiden architektonisch markantesten Gebäu-

Hier wird vieles auf der Straße erledigt:
Fotograf in Kaolack

de der Stadt: das eigenwillig gestaltete, gekonnt afrikanisches Dekor verwendende französische Kulturzentrum der *Alliance franco-sénégalaise* sowie das futuristische Bankgebäude der BCAO. Die Rue Gallieni endet am Flußhafen der Stadt. Sowohl die Kaianlagen als auch die um 1940 erbauten Lagerhallen und Hangare machen einen völlig verwaisten Eindruck. Die von der Rue Gallieni in westlicher Richtung (zum Hafen gehend rechter Hand) abführende Rue de la Gare mündet auf den 1965 eingeweihten, inzwischen stillgelegten Bahnhof. Über die Avenue John F. Kennedy kommt man zu einem der beiden Taxibahnhöfe von Kaolack, der unmittelbar bei der Handelskammer *(Chambre de commerce)* liegt. Östlich des Marktgeländes befinden sich in den Querstraßen zwischen Avenue John F. Kennedy und Avenue Diogoye Senghor zwei einfache Hotels, einige Bars und Chawarma-Restaurants, die Diskothek Malibu sowie das Cinema Lux.

Ein architektonisches Kuriosum ist die wegen Geldmangels nicht fertiggestellte neue **Große Moschee von Kaolack** an der Ausfallstraße Richtung Dakar. Die blauen Kuppeln und die fünf extrem schlanken, geradezu bleistiftdünnen Minarette künden jedenfalls von einer eigenwilligen architektonischen Konstruktion.

 Unterkunft: Hotel de Paris, Rue Gallieni, ✆ 9 41 10 19, Fax

9 41 10 17 (bestes Hotel in Kaolack, 25 klimatisierte Zimmer, Restaurant und Bar, kleiner Pool, $$$). Auberge Etoile du Sine, Avenue Diogoye Senghor, ☎ 9 41 44 58 (von den 3 billigen Hotels der Stadt das angenehmste, Zimmer mit Ventilatoren, sehr saubere Gemeinschaftsduschen, Preise incl. Frühstück, $). Hotel Adama Cire, Avenue Diogoye Senghor, Stadtmitte, ☎ 9 41 11 66 (3 klimatisierte, 3 mit Ventilatoren ausgestattete Zimmer, $)

Essen und Trinken: Restaurant Le Brasero – Chez Anouar, Avenue Diogoye Senghor, ☎ 9 41 16 08 (wohl das beste Restaurant der Stadt, ausgezeichnete libanesisch-afrikanische Küche; der Besitzer Anouar, gebürtiger Libanese, ist ein intimer Kenner von Kaolack). La Terrasse, Rue des ecoles, Stadtzentrum, ☎ 9 41 43 19. Teure à-la-carte-Gastronomie im Hotel de Paris, etliche einfache Chawarma-Restaurants im Stadtzentrum.

Aktivitäten: Diskothek Malibu, im Stadtzentrum neben dem Cinema Lux; einige Bars (etwa Etoile du Sine, Tapala Bar) im Stadtzentrum; Achtung: Eine Spezialität von Kaolack sind jene Jugendliche, die nachts auf ihren Mofas durchs Stadtzentrum kurven und an den einschlägigen Bars obskure »Taxidienste« anbieten. Man tut gut daran, sich auf derlei Offerten gar nicht erst einzulassen.

Banken/Post: Die *Société générale* unterhält ihre Niederlassung in der Avenue John F. Kennedy beim Marché central, die BCAO in der Rue Gallieni; ein Postamt befindet sich in der Rue Gallieni gegenüber der *Alliance franco-sénégalaise*.

Verkehrsverbindungen: Die *gare routière* für Verbindungen nach Mbour/Dakar, nach Diourbel/Touba, nach Thiès und in den nördlichen Senegal liegt etwa 2 km nordwestlich des Stadtzentrums an der N 1; für Verbindungen Richtung Banjul, Casamance und Tambacounda startet man von der *gare routière* bei der Handelskammer (Ostausgang der Avenue John F. Kennedy). Der Bahnanschluß via Guinguineo an die Eisenbahnverbindung Dakar/Tambacounda/Kidira/Bamako besteht derzeit (Stand: Herbst 1997) nicht.

Diourbel

Von Kaolack aus kann man einen Ausflug in die beiden heiligen Städte der Mouriden, nach Diourbel und Touba, unternehmen. **Diourbel** liegt 64 km nordwestlich von Kaolack. Amadou Bamba, der charismatische Begründer der Mouriden-Bruderschaft, hat nach seiner Rückkehr aus dem Exil einige Jahre in Diourbel gelebt. Die von seinen Anhängern zwischen 1913 und 1916 erbaute **Grande Mosquée** ist die älteste Moschee

Große Moschee von Diourbel

Amadou Bamba

Ein afrikanischer Märtyrer

Markante Nasenwurzel, energische Stirn, die Augen verdunkelt, die Mundpartie von einer über die rechte Schulter zurückgeworfenen Stoffbahn des Turbans verdeckt – eine Figur in Boubou und Sandalen vor einer Bretterwand. Der überlebensgroße Abzug der (offenbar einzigen existierenden) Fotografie von Amadou Bamba in einem Anbau der Großen Moschee von Touba läßt das Charisma der Person ahnen. Ob als Aufkleber im Taxi oder als Plakat, ob als Gemälde oder als Graffito auf unzähligen Hauswänden und Ladenschildern: Dieses Foto ist das Urbild einer Reproduzierwut, die Amadou Bamba zur meistverbreiteten Ikone im Senegal gemacht hat. Er ist im Land allgegenwärtig. Fast scheint es, als wäre der Heilige niemals gestorben; einige Gläubige behaupten ernsthaft, er lebe, in die Unsterblichkeit entrückt, im Verborgenen fort …

Amadou Bamba, um 1850 (die meisten Quellen nennen 1853 als Geburtsdatum) als Sohn eines Marabouts geboren, ist eine der schillerndsten Figuren in der senegalesischen Geschichte des späten 19./frühen 20. Jh. und zugleich einer der wichtigsten Vertreter des schwarzen Islam. Unter den fast christlich anmutenden Diktaten von Glaubenseifer und striktem Gehorsam, von Arbeit und Askese scharte Amadou Bamba, der Gründer der Mouriden-Bruderschaft, seine Anhänger um sich. Schon in den 1890er Jahren erhielten die Mouriden einen massenhaften Zulauf, der die Bruderschaft für die französische Kolonialverwaltung immer suspekter werden ließ. Amadou Bambas Heilslehre, die bis heute eine enorme Faszination ausübt, war seinerzeit revolutionär, galt körperliche Arbeit den stolzen Wolof-Clans

der Mouriden; Amadou Bamba selbst soll den Grundstein zu ihrem Bau gelegt haben. Die Moschee erhebt sich auf einem freien, weiträumigen Platzgelände, das etwa zwei km von der Ortsmitte entfernt auf einem leicht erhöhten Plateau angelegt ist. Der Bau gehört zu den größten Moscheen Senegals. Mit ihren mächtigen, hellblau getünchten Kuppeln, den beiden schlanken Minaretten und der streng befolgten architektonischen Symmetrie gehört die Moschee zum orientalisch-byzantinischen Baustil. Die Grande Mosquée ist die einzige

doch als absolut unwürdig. Schon unter der Ägide von Amadou Bamba begannen sich die Mouriden als wirtschaftliche (Erdnußanbau) und politische Macht im Land zu formieren. Heute sind die Mouriden die bedeutendste unabhängige Organisation im Senegal, die staatlicher Kontrolle nahezu entzogen ist und ganze Branchen der Volkswirtschaft monopolisiert hat (s. S. 54).

Als Volksaufwiegler wurde Amadou Bamba 1895 nach Gabun ins Exil geschickt. Dies bedeutete eine Art der Prophetenvita entsprechende *Hedschra* (der Auszug Mohammeds von Mekka nach Medina, der den Beginn der islamischen Zeitrechnung markiert). Bei seiner Rückkehr 1902 wurde er von seinen Anhängern als Märtyrer und mystischer Glaubenslehrer begeistert empfangen – was ihn für die Franzosen vollends unberechenbar machte. Er wurde erneut verbannt, kehrte 1907 endgültig in den Senegal zurück, legte den Grundstein für die Große Moschee von Diourbel, wo er sich zeitweilig niederließ. Zum Objekt eines religiösen Kults und zum Führer einer ergebenen Gefolgschaft avanciert, starb Amadou Bamba 1927 in Touba.

Wer war Amadou Bamba? Es gibt gute Gründe, ihn als einen Heroen des antikolonialen Widerstands zu bezeichnen: Schließlich hat er die Franzosen zeitweilig erbittert bekämpft. Es gibt ebenso gute Gründe, in ihm einen geschickt taktierenden Komplizen der Kolonialmacht zu sehen: Schließlich hat er sich mit den Franzosen zuweilen bestens arrangiert und sogar während des Ersten Weltkriegs Soldaten mobilisiert, die in der französischen Armee ihren Dienst ableisten mußten. Mit Amadou Bamba beginnt eine islamische Erneuerung des Senegal, die Züge einer sozialen Revolution trägt: Der Islam, jahrhundertelang eine Klassenreligion der herrschenden Eliten, mutiert zur Religion des Volkes, der Masse, ja der Entrechteten. Wer durch den Senegal reist, der weiß: Amadou Bamba, der Heilige, ist überall.

touristische Attraktion von Diourbel.

Die Stadt (etwa 75 000 Einwohner) nahm ihren Aufschwung in den frühen 20er Jahren mit der Fertigstellung der Eisenbahnverbindung Dakar/Tambacounda/Bamako (Mali). Wirtschaftlich bedeutend ist der lokale Erdnußanbau; die Handwerkskammer der Stadt Koblenz unterhält eine Partnerschaft mit der *Chambre des metiers* von Diourbel.

 **Unterkunft:** Hôtel du tourisme Le Baobab, Avenue d'Avignon, ☎

9 71 14 07, Fax 9 71 18 23 (11 klimatisierte Zimmer, 4 Bungalows, Restaurant und Bar, das Schwimmbad war im Herbst 1997 außer Betrieb; die Anlage wirkt einigermaßen abgewirtschaftet, $$).

Verkehrsverbindungen: Die *gare routière* liegt auf dem Gelände der Elf-Tankstelle im Ortszentrum; gute Verbindungen nach Touba/Linguère, nach Thiès/Dakar und nach Kaolack. Bahnanschluß an die Linie Dakar/Thiès/Tambacounda/Kidira/Bamako.

Touba

Touba gilt als die Stadt Amadou Bambas, die heilige Pilgerstätte der Mouriden, das religiöse Herz des Senegal und liegt 48 km nordöstlich von Diourbel. Touba (arabisch = Glück, Glückseligkeit), von Amadou Bamba im frühen 20. Jh. als Sammelpunkt der von ihm ins Leben gerufenen Mouriden-Gemeinschaft gegründet (s. S. 54), ist eine Art religiöses Utopia: eine Moschee mit einer ihr zugehörigen Stadt, nicht etwa umgekehrt. Zur Zeremonie des Magal, zum Todestag Amadou Bambas, strömen alljährlich Hunderttausende zum Grabmal des Heiligen; die Stadt gleicht dann einem riesigen Zeltlager, das von der religiösen Inbrunst der Pilger erfüllt ist. In Touba steht übrigens die einzige islamische Universität des Senegal.

Die Straße von M'Backé führt als kilometerlange Sichtachse auf das gewaltige, 87 Meter hoch aufragende zentrale Minarett des Moscheekomplexes zu. Der 1963 vollendete, streng symmetrisch konzipierte **Moscheekomplex** wird von vier kleineren Minaretten flankiert; das Hauptminarett ist auf eine Säulenkonstruktion gelagert, die einen prächtig verzierten Reinigungsbrunnen einfaßt. Zu dem gewaltigen, von mächtigen Kuppeln geprägten Bau gehören mehrere Vorhallen, separate Grabstätten für die Söhne Amadou Bambas, eine Bibliothek mit Koranhandschriften sowie ein muslimischer Friedhof. Im Herbst 1997 wurden die Marmorverkleidungen an den Fassaden sowie an den Säulenarkaden im Inneren der Moschee erneuert, die Minarette waren eingerüstet; auch wenn Teile der Moschee sich dem Besucher als Baustelle präsentieren, kann man vor Ort eine konkrete Vorstellung vom Geist dieser größten Moschee-Anlage in Senegambia gewinnen.

In Gips geschnittene Arabesken, abstrakter Flächendekor und ein weißer Säulenwald bestimmen das Innere der Moschee. Die Gebetshalle ist teilweise mit Teppichen ausgelegt, über der von zwei Standuhren flankierten Gebetsnische (*minbar*) – rechts befindet sich die aus Holz gearbeitete Gebetskanzel (*mihrab*) – ist ein riesiger, 500 Kilo schwerer bronzener Lüster montiert. Das Grabmal Amadou Bambas befindet sich linker Hand der Gebetsnische in einem Nebenraum, der nur von Muslimen betre-

Moschee von Touba

ten werden darf, aber dennoch gut einsehbar ist. Der Sarkophag selbst ist hinter Palisaden aus durchbrochener Bronze aufgebahrt.

Der Moscheekomplex steht prinzipiell auch »Nichtgläubigen« für eine Besichtigung offen (unbedingt Schuhe ausziehen!). Alleinreisende *Toubabs* werden freilich von selbsternannten Führern, bettelnden Talibés oder Ordnungskräften der Baye Fall (s. S 54) in Beschlag genommen, die sich wie Kletten an den Besucher hängen und penetrant ihr an dieser heiligen Stätte zu entrichtendes *cadeau* (Geschenk) einfordern. Ein Besuch der Moschee von Touba gerät entschieden nervenschonender, wenn man, soweit möglich, die Besichtigung in Begleitung einheimischer Freunde oder Bekannter angeht.

Unterkunft: Nächste Übernachtungsmöglichkeit im Campement Le Baol im 8 km entfernten M'Backé.

Verkehrsverbindungen: Die *gare routière* liegt am Stadteingang etwa 2 km von der Großen Moschee entfernt (ständiger Taxi-Pendelverkehr zwischen Taxibahnhof und Moschee); sehr gute Verbindungen nach Diourbel/Thiès/Dakar, gute nach Kaolack, mäßige nach Linguère – Louga.

Afrikas ungeschriebene Bibliotheken

Die Griots

»Wo ein Griot stirbt, brennt eine Bibliothek.«

Der Ausspruch des bedeutenden malischen Autors Amadou Hampatè Bâ kennzeichnet die Griots als Träger und Hüter kollektiver Erinnerung. Die Griots (das weibliche Pendant ist die Griotte) lassen sich am ehesten mit den fahrenden Bänkelsängern an den europäischen Fürstenhöfen des Mittelalters vergleichen. Jahrhundertelang haben sie den Kanon der Traditionen fixiert und an die nächste Generation weitergegeben. Die Überlieferung afrikanischer Geschichte und Geschichten gründet bis weit in die Moderne hinein nahezu ausschließlich auf mündlicher Überlieferung; schriftlich fixierte Quellen aus dem Mittelalter oder der Epoche des Kolonialismus stammen ganz überwiegend aus der Feder arabischer Chronisten oder europäischer Forschungsreisender – und sind häufig entsprechend tendenziös. Noch Hegels überheblich-abfälliges Diktum, Afrika sei ein Kontinent ohne Geschichte, illustriert ein Geschichtsverständnis, das Historie nur dort gelten läßt und nur dort wahrnimmt, wo sie sich in schriftlich abgefaßten Quellen niedergeschlagen hat.

Die Griots waren als Unterhalter, Musiker, Geschichtenerzähler und Berater an den Herrschersitzen der großen adligen Familien beschäftigt. Sie kündeten von den Taten des Regenten oder Familienpatriarchen, von Feldzügen und Eroberungen, von Hochzeiten und Familienfehden, von Naturkatastrophen und Freveln, kurz: von unerhörten Begebenheiten aller Art. Häufig zogen sie als musizierende Barden über die Dörfer der Savannen, begleiteten ihre Mären mit Kora (ein harfenähnliches Saiteninstrument) und Balaphon (ein dem Xylophon verwandtes Schlaginstrument). Die Tätigkeit der Griots war in etlichen Familien erblich, Griots sind im gesamten Westafrika zwischen Atlantikküste und Tschadsee nachgewiesen. Die Griots sind heute in Senegambia zwar nicht ausgestorben, aber ihrer wesentlichsten Funktionen beraubt. Einst bestimmten sie mit ihren Erzählungen und Liedern, wer in den Kanon der Überlieferung aufgenommen wurde. Diese Aufgabe historischer Überlieferung, die die Griots zu einer moralischen Instanz erhob, ist angesichts der modernen Medientechnologien heute völlig verlorengegangen. Das Erbe der Griots ist freilich lebendig geblieben. Zu traditionellen Festen auf dem Lande werden noch gelegentlich Sänger und Musiker eingeladen, die im Stil der Griots Geschichte und Geschichten vortragen.

Selbst Megastars wie Youssou N'Dour ordnen sich ganz bewußt in die reiche Tradition der Griots ein. Seine Musik verbindet afrikani-

Senegals Superstar:
Youssou N´Dour
beim Konzert

schen Trommelwirbel mit Elementen und Instrumenten westlicher Popmusik. Er singt vom Schicksal der im Ausland lebenden Senegalesen (›Immigrés‹) wie von den Traumata des Sklavenhandels, von den ökologischen Herausforderungen der Moderne wie von der Rolle der schwarzen Frau, von den Verfallserscheinungen des Familien- und Generationenverbandes wie vom Überleben in der Metropole Dakar. Youssou N'Dour hat sich in Interviews immer wieder als eine Art »Metropolen-Griot« bezeichnet, als Chronist der Moderne, der Mißstände anprangert und an ein soziales Gewissen appelliert. Seine überwiegend in Wolof vorgetragenen Lieder sind überall im Senegal bekannt, es gibt keine private *soirée dansante,* auf der nicht Youssou N'Dour aufgelegt wird. Seine Konzerte sind wahre Happenings an Ausgelassenheit und Lebensfreude.

Seit er mit seiner Gruppe »Super Etoile de Dakar« 1987 mit dem Popstar Peter Gabriel auf Tournee ging, hat Youssou N'Dour auch in Europa und in den USA seine Fangemeinde gefunden. Youssou N'Dour ist nicht nur die berühmteste Stimme Senegals, sondern vermutlich der derzeit prominenteste Senegalese überhaupt. Somit sind die Griots doch nicht ganz aus dem Senegal verschwunden – und die Geschichte Afrikas wird weitergeschrieben.

Südlicher Senegal

Tierparadies
Niokolo-Koba-Nationalpark

Kedougou und das
Bassari-Land

Die Casamance, das
ländliche Westafrika

Traumstrände am Cap Skirring

Ile de Karabane

Sandstrand in der Casamance

Route 5: Von Kaolack durch den Nio-kolo-Koba-Nationalpark bis nach Kedougou

Expedition ins Tierreich: Fahrt zum größten Naturreservat Westafrikas • Bukolische Landschaft am Gambiafluß • Zwischenstopp in Kedougou: Eine afrikanische Kleinstadt von unverwechselbarem Charme • Tour ins Land des Bassari-Volkes

Gesamtlänge: ca. 510 km
(Karte s. vordere Innenklappe, rote Linie)

Tambacounda

Von Kaolack führt die gut ausgebaute Nationalstraße N 1 in östlicher Richtung durch eine ebene, von sandigen Böden und lichtem Waldbestand geprägte Landschaft nach Tambacounda. Die Stationen unterwegs – Kaffrine, Koungheul, Koumpentoum und Koussanar – präsentieren sich als wenig interessante Straßendörfer: einfache Läden und kleine Verkaufsbuden entlang der Nationalstraße, eine Tankstelle, ein Medikamentendepot, eine Polizeistation. Wer mit einem geländegängigen Fahrzeug unterwegs ist, sollte in Koungheul von der N 1 abzweigen und die

megalithischen Steinkreise in den Dörfern Keur Ali Lobé, Sali, Diam-Diam und Mbadiane besuchen. Die Steinkreise sind Monumente der noch wenig erforschten prähistorischen Megalith-Kultur. Bis heute ist umstritten, wer diese Kultstätten errichtet hat und wie die bis zu fünf Tonnen schweren, zumeist zylinder- oder quaderförmigen Lateritsteine aufgestellt wurden. Die Kultsteine sind überwiegend in großen Kreisen angeordnet, bisweilen gibt es auch nach Osten ausgerichtete Steinreihen. Ähnliche Steinmonumente findet man auch am nördlichen Ufer des Gambia River.

275 km von Kaolack entfernt, ist mit der Provinzhauptstadt **Tambacounda** (um die 70 000 Einwohner, von den Senegalesen kurz Tamba genannt) die wichtigste Verwaltungs- und Handelsmetropole der Region erreicht. Tambacounda, der bedeutendste Verkehrsknotenpunkt

im südöstlichen Senegal, verdankt seine Entwicklung dem Anschluß an die Bahnlinie Dakar–Bamako. Vor größeren Touren in den Niokolo-Koba-Nationalpark und ins Bassari-Land kann man in Tamba noch Geld wechseln, sich mit Proviant eindecken oder Filmmaterial einkaufen.

Das Zentrum der insgesamt wenig einladenden Stadt wird von den Straßenzügen Boulevard Demba Diop und Avenue Léopold Sédar Senghor geprägt, in deren Kreuzungsbereich sich die lokalen Verwaltungsbauten (Hôtel de Ville, Gouvernance) befinden. In unmittelbarer Nähe liegt der Provinzbahnhof, der sich regelmäßig, wenn der Dakar-Bamako-Expreß vor Ort hält, mit umtriebiger Geschäftigkeit füllt. Die Avenue Senghor führt von der Bahnlinie in südlicher Richtung ab; sie ist von zahlreichen Läden und einigen sehr einfachen Restaurants gesäumt, die Bankfiliale der *Société Générale* befindet sich hier, in einer kleinen Seitenstraße liegt das Hotel Niji, ein Wegweiser führt am südlichen Ortsausgang zu dem schön auf einer Anhöhe über der Stadt gelegenen Drei-Sterne-Hotel Asta Kebe.

Unterkunft: Hotel Asta Kebe, ✆ 9 81 10 28, 9 81 15 01, Fax 9 81 12 15 (bestes Hotel am Platz, klimatisierte Zimmer, Restaurant und Bar, Schwimmbad, $$$; Tip: Die nicht klimatisierten, nur mit Ventilatoren ausgerüsteten Zimmer, immerhin 28 an der Zahl, kosten nur 10 000 F CFA). Niji Hotel, ✆ 9 81 12 50, Fax 9 81 17 44 (zentral gelegenes Hotel mit 10 klimatisierten und 12 mit Ventilatoren ausgestatteten Zimmern, Restaurant und Bar, Campement-Anbau mit acht Rundhütten, $$). Domaine Keur Khoudia, an der Ausfallstraße nach Kaolack, ✆ 9 81 17 31, Fax 9 81 11 02 (klimatisierte Rundhütten, $$)

Essen und Trinken: Chez Françis, Avenue Senghor (einfaches Terrassen-Restaurant)

Aktivitäten: Complexe Legaal Point, etwa 2 km außerhalb des Zentrums an der Ausfallstraße Richtung Bakel (Restaurant/Bar/Disco).

Verkehrsverbindungen: Die *gare routière* liegt auf einem Tankstellengelände westlich der Avenue Senghor; gute Verbindungen nach Kaolack/Dakar, seltenere Verbindungen nach Velingara/Kolda/Ziguinchor, nach Kedougou und Richtung Kidira. Bahnanschluß nach Bamako Mi und Sa gegen 19 Uhr. Bahnanschluß nach Dakar Do und So gegen 4 Uhr. Inlandsflug Dakar–Tambacounda mit Air Sénégal.

Niokolo-Koba-Nationalpark

Die 233 km lange Strecke von Tambacounda bis Kedougou führt auf der seit 1996 komplett asphaltierten und inzwischen ausgezeichnet ausgebauten Nationalstraße N 7 durch das größte senegalesische Naturreservat, den **Niokolo-Koba-Nationalpark.** Der Parkeingang (Kontrollposten) liegt bei dem Weiler Dar Salam, weitere

Kontrollposten an der N 7 sind in Dienoun Diala, in Niokolo Koba (hier befindet sich ein in der Regenzeit geschlossenes Campement) und in Mako (auch hier ein, ebenfalls in der Regenzeit geschlossenes, sehr schön am Gambia River gelegenes Campement) eingerichtet. Bei Dar Salam zweigt eine Piste nach Badi und nach Simenti (Unterkunftsmöglichkeit im Hotel Relais de Simenti, $$$, vom 1. Juli bis 30. November geschlossen) von der N 7 ab. Die Landschaft ist, je weiter man nach Südosten vorstößt, von immer dichteren Wäldern, einer tropisch üppigen Vegetation und flachen Hügelketten geprägt, die bereits Ausläufer des guinesischen **Futa-Djalon-Massivs** sind (der Mount Assirik, ein hervorragender Beobachtungsposten, weist eine Höhe von 311 m auf, die Hügelzüge um das Dorf Mako sind über 400 m hoch). **Niemeneki** und **Mako** sind besonders eindrucksvolle, ›typisch afrikani-

sche‹ Rundhüttendörfer mit ihren kegelförmigen Hirsestrohdächern, die aus ringförmig übereinander geschichteten Strohlagen gefertigt werden. In Mako verläßt die N 7 das Naturparkgelände und führt über das Dorf Tomboronkoto weiter bis in die Bezirksstadt Kedougou.

Der Niokolo-Koba-Nationalpark wird vom Oberlauf des Gambia River, vom Koulountou, vom Niokolo-Koba und vom Nieniko durchflossen; die Flußläufe bilden das Gambia-Flußsystem, das ein geringes Gefälle und endlose Mäander aufweist. Während der Regenzeit treten die Flüsse über die Ufer und verwandeln das Parkgelände in eine Urlandschaft aus Sümpfen, Morast und Schlamm. Das insgesamt etwa 600 km lange, gut ausgeschilderte Pistennetz ist dann selbst für spezielle Allradfahrzeuge nicht mehr befahrbar. Bei der Reiseplanung sollte unbedingt beachtet werden, daß der Niokolo-Koba-National-

Rechts vor links? Warzenschwein im Nikolo-Koba-Nationalpark

160

Der König der Tiere ist rar geworden im Senegal.

park während der Regenzeit (Juni bis November) geschlossen ist und der Zugang nur mit einem Fahrzeug erlaubt ist (Eintrittsgebühr pro Person und Tag 2000 F CFA, Gebühr für das Fahrzeug 5000 F CFA).

Der bereits 1954 eingerichtete Nationalpark, im Übergangsbereich von der Trockensavanne zur guineischen Feuchtwaldzone gelegen, ist mit einer Fläche von über 8000 km^2 das größte zusammenhängende und artenreichste Naturschutzreservat Westafrikas. Die großen Wildtiere der afrikanischen Savanne können hier noch beobachtet werden, allerdings sind Löwen, Elefanten und insbe-sondere Panther und Geparde inzwischen sehr selten geworden. Affen, Warzenschweine und Antilopen kann man mit etwas Glück sogar längs der Nationalstraße sehen. Das Parkgelände wird ansonsten von Büffeln, Flußpferden, Schakalen, Hyänen, Pavianen, Schimpansen, Husarenaffen, Ginster- und Zibetkatzen, Waranen und Erdhörnchen bevölkert. Etwa 200 Vogelarten, darunter große Greifvögel, sowie um die 60 Fischarten sind im Niokolo-Koba-Nationalpark nachgewiesen. An den diversen Flußläufen leben noch verschiedene Krokodilarten. Für die Erkundung des weitläufigen Parkgeländes und eine gezielte Tierbeobachtung mit einem ortskundigen Führer sollte man einen Aufenthalt von zwei bis drei Tagen einplanen.

Der sanfte Tourismus

Das Konzept der Campements

Campement touristique – das Schild springt dem Reisenden im Senegal überall ins Auge (die gambische Variante ist der Hinweis auf *lodge* oder *guest house*). Unter dem Etikett *tourisme rural integré* (etwa: integrierter Dorf-Tourismus) hat das senegalesische Tourismus-Ministerium seit 1973/74 eine Form des sanften Tourismus gefördert, die von Anfang an als Gegenkonzept zum Massen-Badetourismus mit seinen bedenklichen Konsequenzen angelegt war. Wo die Profite aus den Tourismuszentren (Cap Vert, Cap Skirring, Petite Côte) von ausländischen Bauträgern und internationalen Hotel-Multis abgeschöpft wurden, sollte der Campement-Tourismus der Landflucht entgegenwirken, selbstverwaltete dörfliche Kommunen stärken und die erwirtschafteten Gewinne in ländliche Projekte vor Ort zurückführen. Wo in den Tourismuszentren ein anonymer, ökologisch außerordentlich heikler Abfertigungsbetrieb vorherrscht, sollte der Campement-Tourismus die Natur unbelastet und die dörflichen Strukturen unangetastet lassen, ja im besten Fall zu einem tieferen Verständnis zwischen Touristen und Einheimischen beitragen. Kein Zweifel, ein ehrgeiziges, fast visionäres und in seiner Zielsetzung wohl auch utopisches Projekt für einen anderen Tourismus.

Der senegalesische Staat hat diese Bemühungen entschieden lanciert und gefördert. So wurden die Campements, als gemeinnützig anerkannt, von Steuern befreit und die Dorfbevölkerung schon in den Planungsphasen an den Campementprojekten beteiligt. Mit

Kedougou

Kedougou (um die 12 000 Einwohner), 47 km südöstlich des Parkausgangs von Mako gelegen, präsentiert sich als eine in eine geradezu bukolische Landschaft gebettete, idyllisch am Ufer des Gambia River gelegene Kleinstadt. Was den ungleich größeren Städten Kaolack und Tambacounda fehlt – in Kedougou kann man es antreffen: eine spezifische Atmosphäre, ein eigener Charme, ein unverwechselbares Gepräge. Kedougou liegt inmitten einer landwirtschaftlich intensiv genutzten Region. Hirse, Sorghum und Reis sind hier die wichtigsten Nutzpflanzen, von lokaler Bedeu-

aller gebotenen Vorsicht läßt sich Ende der 90er Jahre allerdings sagen: Die hehren Vorhaben sind allgemeiner Ernüchterung gewichen – was nicht gegen einen *tourisme rural integré* spricht. Zu tief sind oft die kulturellen Differenzen, als daß sich in kurzer Zeit gegenseitiges Verständnis entwickeln könnte, zu verschieden die gegenseitigen Erwartungshaltungen, als daß ein wirklicher Austausch möglich wäre.

Die Campements sind zumeist mit lokalen Baumaterialien errichtete Rundhütten in einfachster Ausstattung: ein Bettsockel aus Lehm mit Schaumstoffauflage, bescheidene sanitäre Anlagen (in der Regel Gemeinschaftsduschen und Stehklos), über Generatoren erzeugtes elektrisches Licht, Moskitonetze. Oft lassen sich die Zimmer nicht abschließen und verfügen über keinerlei Mobiliar. Die gemeinsamen Mahlzeiten (ein Campement-Aufenthalt umfaßt so gut wie immer die Übernachtung mit Halb- und Vollpension) werden *à la natte,* also auf ausgebreiteten Bodenmatten sitzend, eingenommen. Etliche der Casamance-Campements sind im Stil der Impluviumhäuser der traditionellen Diola-Bauernkultur errichtet. Besonders schöne Campements gibt es etwa in Enampore, Elinkine, Affiniam, Kafountine und Diembereng. In den letzten Jahren sind neben den staatlichen auch zahlreiche privat geführte Campements entstanden. Die Kosten für einen Campement-Aufenthalt sind ausgesprochen niedrig.

Die Campements empfehlen sich als touristische Alternative für Reisende, die das ländliche Afrika kennenlernen wollen, die mit einem minimalen Komfort auskommen können, die Natur schätzen, die willens sind, sich auf Fremde und Fremdes einzulassen und die im Urlaub keine Kopie ihres Zuhause suchen. Diese Kandidaten sind nicht die besseren Touristen – sie reisen nur anders.

tung sind außerdem Weidewirtschaft und Viehzucht. Die Region um Kedougou weist darüber hinaus reiche Bodenschätze auf wie etwa Gold. Das ländlich-behäbig wirkende Provinzstädtchen eignet sich gut für einen erholsamen Zwischenstopp vor oder nach anstrengenden Touren in den Busch. Auf beiden Seiten des Gambia River, der hier auf einer Breite von 30 bis 40 m träge dahinfließt (an mehreren Stellen setzen Pirogen über), kann man sehr schöne Abendspaziergänge unternehmen.

An einer großen Straßenkreuzung, die zugleich den Ortsmittelpunkt markiert, endet die asphaltierte N 7 in Kedougou. Wendet man sich an dieser Kreuzung nach

Auch das ist Senegal: üppige Vegetation am Gambiafluß bei Kedougou

links (Richtung Norden), stößt man unmittelbar auf das Rathaus des Ortes; etwas weiter befindet sich rechter Hand, auf einem Tankstellengelände, die *gare routière*, dahinter schließt sich ein Marktgelände an, wiederum dahinter erhebt sich die **Moschee** von Kedougou, deren beide Minarette von weitem sichtbar sind. Folgt man der Straße noch etwas weiter, so gelangt man zum rechter Hand gelegenen Campement Chez Diao.

Wendet man sich an der zentralen Kreuzung nach rechts (Richtung Süden), stößt man auf das **Théâtre de verdure,** dahinter liegt die in einem Rundbau untergebrachte katholische Kirche, schräg gegenüber das örtliche Postamt. Nachdem man das linker Hand der Straße gelegene Fußballstadion passiert hat, gelangt man nach einigen hundert Metern zu dem exponiert auf einer Anhöhe über dem Gambia River gelegenen Campement Relais de Kedougou (ausgeschildert).

Kedougou eignet sich gut als Ausgangspunkt für Touren ins sogenannte Bassari-Land. Das nur noch einige tausend Angehörige umfassende Volk der Bassari ist dafür bekannt, daß es seine kulturellen Traditionen, seine alten animistischen Kulte besonders zäh gegenüber den modernen und den islamischen Einflüssen verteidigt hat. Besonders im Mai finden in der Region noch eindrucksvolle Initiationszeremonien statt, zu denen prächtige Masken getragen werden. Beliebte Souvenirs sind der Bassari-Schmuck und traditionelle Kleidungsstücke wie Penisfutterale oder Lendenschurze.

Während das Dorf **Salemata** (ca. 80 km westlich von Kedougou) überwiegend von Fulbe bevölkert ist, sind die Weiler **Ebarak** (ca. zehn km westlich von Salemata) und **Etiolo** (ca. 15 km südwestlich von Salemata) reine Bassari-Siedlungen. Auch im Umkreis von **Bandafassi** (ca. 20 km westlich von Kedougou) stößt man auf Dorfanlagen der Bassari. Die während der Regenzeit kaum befahrbaren Pisten zu den Bassari-Dörfern erfordern in jedem Fall geländegängige Fahrzeuge mit Allradantrieb.

Unterkunft: Campement Relais de Kedougou, ☎ 9 85 10 62, Fax 9 85 11 26 (traumhaft über dem Fluß gelegen, 11 klimatisierte, 15 mit Ventilatoren ausgestattete Rundhütten, etwas überteuertes Restaurant, $$). Der Besitzer betreibt auch das an einer Flußbiegung noch schöner gelegene Campement Lodge Hippo Safari (etwa 5 km außerhalb der Stadt, gut ausgeschildert, von Mai bis November geschlossen). Campement touristique Chez Diao, ☎ und Fax 9 85 11 24 (5 Rundhütten mit Bad, Tagesgerichte um 2500 F CFA, $). Campement touristique Chez Moise, etwa 200 m von der *gare routière* entfernt, ☎ 9 85 11 39 (4 Rundhütten, Bar, $).

Verkehrsverbindungen: Seltene Taxiverbindungen nach Tambacounda (es empfiehlt sich, bereits am frühen Morgen auf der *gare routière* zu sein, ansonsten ist mit langen Wartezeiten zu rechnen; sehr seltene Verbindungen in die umliegenden Bassari-Dörfer, am günstigsten sind die jeweiligen Markttage). Der Flughafen von Kedougou liegt etwa 5 km vor dem Ortseingang (ausgeschildert); Inlandsflug Dakar–Tambacounda–Kedougou mit Air Sénégal.

Route 6: Von Tambacounda über Ziguinchor bis zum Cap Skirring

Ziguinchor: Südlichste Metropole Senegals voll ländlichem Charme • Dichte Mangrovensümpfe und tropischer Regenwald • Pirogenfahrten entlang der Seitenarme der Casamance • Ursprüngliches Afrika: Exkursionen zu den traditionellen Diola-Dörfern • Oase der Ruhe und tropisches Juwel: Die Ile de Karabane • Traumstrände am Cap Skirring

Gesamtlänge: ca. 510 km (Karte s. vordere Innenklappe, blaue Linie)

Kolda

Man verläßt Tambacounda auf der in der Regenzeit häufig überfluteten und dann schwer passierbaren Nationalstraße N 6 in südwestlicher Richtung, überquert den Gambia River und erreicht nach 103 km die Kleinstadt Velingara (Unterkunftsmöglichkeit im Centre touristique de Velingara, ✆ 9 97 10 46).

Die Departementshauptstadt **Kolda** (etwa 60 000 Einwohner) präsentiert sich, von Wäldern und dichter Vegetation umgeben, als ländliche Kleinstadt. Kolda, am Oberlauf der Casamance gelegen, ist Markt- und Versorgungszentrum der Region Haute Casamance, zugleich wichtige Durchgangsstation für den Transitverkehr Richtung Guinea-Bissau. Von Kolda aus lassen sich schöne Wanderungen unternehmen, das Hotel Hobbe bietet diverse Jagd-Exkursionen an.

Unterkunft: Hotel Hobbe, Ortsmitte, ✆ 9 96 11 70, Fax 9 96 10 39 (ventilierte und klimatisierte Zimmer, Restaurant, $$$). Hotel Moya, Ortsmitte, ✆ 9 96 11 75, Fax 9 96 13 57 (ventilierte und klimatisierte Zimmer, einige mit Ventilatoren ausgestattete Rundhütten, Restaurant, große Disco, $$).

Verkehrsverbindungen: Sammeltaxis Richtung Tambacounda und Ziguinchor.

Ziguinchor

Ein immer dichterer Waldbestand mit Baobabs und Kapokbäumen, Palmen- und Eukalyptushainen sowie vereinzelten Flamboyants, sattgrüne Reisfelder beiderseits der Straße, die in der Regenzeit zu einer regelrechten Seenplatte angeschwollene Casamance westlich von Tanaf immer wieder in Sichtweite: Je mehr man sich **Ziguinchor** nähert, desto unübersehbarer präsentiert sich die Natur in tropischer Üppigkeit. Mit der Haupt-

Ziguinchor, Zentrum

stadt der Casamance (etwa 180 000 Einwohner) ist die südlichste Metropole Senegals erreicht, die sich vorzüglich als Ausgangspunkt für Touren in die Diola-Dörfer der Region Basse Casamance, für Ausflüge zu den Stränden am Cap Skirring sowie für Pirogenfahrten entlang der zahlreichen gewundenen Seitenarme *(bolongs)* der Casamance eignet.

Stadtgeschichte

Bereits um die Mitte des 15. Jh. erkundeten die Portugiesen auf der Suche nach günstigen Ankerplätzen die Region um Ziguinchor. Im 17. Jh. errichteten sie in der Nähe

der heutigen Stadt einen Militär- und Handelsstützpunkt, über den vor allem Sklaven, Gold, Kautschuk und Palmöl ausgeführt wurden. In den 1820er Jahren organisierte der damalige Gouverneur des Senegal, Baron Roger, erste französische Militärexpeditionen ins Mündungsgebiet der Casamance. 1828 besetzten die Franzosen die Insel Digué, 1836 die im Mündungsdelta der Casamance gelegene Insel Karabane. Das durch Mangrovensümpfe und Urwaldgürtel geschützte Hinterland blieb für die Europäer bis ins 20. Jh. hinein nahezu unzugänglich. 1886 gaben die Portugiesen auf französischen Druck hin Ziguinchor auf, die Casamance wurde daraufhin dem französischen Senegal zugeschlagen. Seit den 1980er Jahren war die Region zwischen Ziguinchor und Cap Skirring immer wieder Schauplatz blutiger Scharmützel zwischen der senegalesischen Armee und den Separatisten des MFDC (s. S. 36); im August 1997 kam es zu schweren Kampfhandlungen unweit von Ziguinchor mit zahlreichen Toten auf beiden Seiten.

Reisende sollten vor einer Fahrt in die Region der Basse Casamance über das Auswärtige Amt in Bonn (✆ 02 28-17 31 16) oder über die Deutsche Botschaft in Dakar Erkundigungen über die aktuelle Sicherheitslage einziehen. Der südwestlich von Oussouye gelegene Parc National de Basse Casamance ist derzeit für Touristen gesperrt (Stand: 1997/98).

Stadtrundgang

Ziguinchor, am Südufer der Casamance gelegen, ist eine Stadt von ganz eigenem Charme. Selbst im Zentrum besitzt sie mit ihren schmalen, an den Rändern regelrecht zugewachsenen Querstraßen, mit ihren Baumriesen, in deren Kronen Reiher und Störche nisten, ein durchaus ländliches Gepräge. Die kleine Flaniermeile ist die von Läden gesäumte **Rue Javelier**, die geradewegs ins Zentrum, ins umtriebige **Escale-Viertel** hineinführt. Hier sind, zumeist in mehr oder weniger ruinösen Bauten der Kolonialära untergebracht, die meisten Dienststellen der Stadt- und Provinzverwaltung angesiedelt. Die Rue Javelier mündet in die Rue du Commerce (im Kreuzungsbereich der beiden Straßen befindet sich ein kleiner Fisch- und Lebensmittelmarkt), die sich in Ost-West-Richtung am Flußufer entlangzieht. Rechter Hand liegen die Kaianlagen des Flußhafens (das Passagierschiff Le Joola geht hier vor Anker), linker Hand gelangt man zum hypermodernen Bankpalast der BCEAO und zum Traditionshotel Aubert, weiter westlich schließt sich das direkt am Fluß gelegene Wohnviertel H.L.M.-Boudody an. Die schachbrettartig geführten Straßenzüge des Escale-Viertels umschließen das würdevoll verwitterte Stadtzentrum, dem die tropische Vegetation eine ganz eigene Aura verleiht. Straßennamen wie Rue Général de Gaulle oder Rue de

Hafen von Ziguinchor

France verweisen auf die Präsenz Frankreichs, das in Ziguinchor nach wie vor ein Konsulat unterhält.

Die Rue Javelier nimmt ihren Anfang am **Rond Point Jean Paul II.,** der zentralen großen, anläßlich des Papstbesuches 1992 umbenannten Kreuzung, von der sämtliche Ausfallstraßen in die diversen Außenviertel abführen. Am Rond Point liegt die katholische Kirche, der eine Konfessionsschule angeschlossen ist: Ziguinchor hat eine starke katholische Minderheit, und der gemeinsame muslimisch-christliche Friedhof der Stadt dürfte in ganz Senegambia eine mutige Ausnahme darstellen.

Über die vom Rond Point in südwestlicher Richtung abführende Avenue Ibou Diallo (und deren Verlängerung, der Avenue Djignabo) gelangt man in das Wohnviertel Boucotte, wo derzeit der 1995 fast vollständig abgebrannte, weitläufige **Marché Saint-Maur des Fosses** komplett wiederaufgebaut wird. In unmittelbarer Nähe stößt man auf den **Marché artisanal,** den Kunstgewerbemarkt von Ziguinchor. Hier werden vor allem Holzplastiken und -masken sowie Schmuck, Djembes, Lederarbeiten und Batikgewänder angeboten. Einige Kilometer außerhalb der Stadt (an der Straße Richtung Oussouye/Cap Skirring) liegt inmitten üppig wuchernder tropischer Gärten ein **Zoo,** der durchaus einen Besuch lohnt.

In Ziguinchor sind etliche Fach-schulen und Bildungseinrichtun-gen angesiedelt, zahlreiche inter-nationale Organisationen sind inzwischen vor Ort akkreditiert. Die Stadt im Herzen der tropischen Bilderbuchlandschaft der Casamance hat in jüngster Zeit einen stürmischen Aufschwung genom-men.

Information: Diatta Tour Interna-tional, 3, Rue du Général du Gaulle, ☎ 9 91 27 81, Fax 9 91 29 81. ›Kasumaay‹: das kostenlos verteilte, monatlich erscheinende Anzeigenblatt enthält Veranstaltungshinweise, prakti-sche Tips, Adressen und Telefonnum-mern.

Unterkunft: Nema Kadior, Quar-tier Boucotte, ☎ 9 91 10 52, Fax 9 91 18 24 (klimatisierter Luxus, Schwimmbad, Tennisplatz, Konferenz-säle, Spezialitätenrestaurant, Disco, $$$$). Le Diola, an der N 6 Richtung Kolda, ☎ 9 91 28 45, Fax 9 91 18 24 (gehört zur gleichen Kette wie das Ne-ma Kadior, gleicher Standard, während der Regenzeit geschlossen, $$$$). Ka-diandoumagne, Quartier Boudoy, ☎ 9 91 11 46, Fax 9 91 16 75 (sehr gepfleg-te Hotelanlage direkt am Flußufer, gu-tes Restaurant, eines der ganz wenigen behindertengerecht konzipierten Ho-tels in Senegambia, $$$). Aubert, Quartier Escale, ☎ 9 91 13 79, Fax 9 91 10 15 (etwas verblichenes Tradi-tionshotel aus dem Jahre 1954, Restau-rant, kleiner Pool, $$). Le Flamboyant, Rue de France, ☎ 9 91 22 23, Fax 9 91 22 22 (Hotelneubau, kleiner Pool, $$). Le Perroquet, Rue du Commerce, ☎ 9 91 23 29 (direkt am Flußufer, Re-staurant und Bar, $$). N'Daary Khas-soum, Rue de France, ☎ 9 91 14 72, Fax 9 91 14 93 (zentral gelegen, schö-ne Gartenanlage, Restaurant, $$). Ma-

pala, Avenue Djignabo, ☎ 9 91 26 27 (spartanisches Billighotel, einfaches Restaurant, $).

Essen und Trinken: Le Petit Be-don, Avenue Emil Badiane, ☎ 9 91 26 53 (vielleicht das beste Restau-rant von Ziguinchor, senegalesische und französische Küche, Mo Ruhetag). Le Mansah, Rue Javelier (preiswerte afrikanische Gerichte). Le Simakunda, Place Jean Paul II. Le Taboulé, Rue du Général de Gaulle (libanesische Kü-che).

Aktivitäten: Diskothek Le Bom-bolong, Quartier Escale. Disko-thek Le Katmandu, Quartier Escale. Dis-kothek Yanza, Avenue Emile Badiane, Nähe Restaurant Le Petit Bedon. Ciné-ma Rio, Avenue Ibou Diallo.

Krankenhäuser: Hôpital Silence, Avenue Emile Badiane, ☎ 9 91 10 12.

Verkehrsverbindungen: Die *gare routière* liegt an der N 6 am Osteingang der Stadt di-rekt an der großen Brücke über die Ca-samance; Sammeltaxis Richtung Tam-bacounda, Richtung Banjul/Kaolack/Dakar, nach Guinea-Bissau; Sammel-taxis und Kleinbusse Richtung Ous-souye/Cap Skirring.

Das Passagierschiff Le Joola legt So und Do 12 Uhr von Ziguinchor nach Dakar ab (Ankunft in Dakar Mo und Fr 5 Uhr; Zusteigemöglichkeit auf der Ile de Karabane). Air Sénégal bietet täglich einen Inlandsflug Dakar–Ziguinchor an, Air Sénégal-Büro in Ziguinchor: ☎ 9 91 10 81).

Der Taxitarif innerhalb des Stadtge-biets beträgt 300–400 F CFA, der Tarif für die blauweiß lackierten Stadtbusse 75 F CFA.

Exkursionen zu den Diola-Dörfern der Basse Casamance, auf die Ile de Karabane und zum Cap Skirring

Selbst wer nur wenig Zeit hat, sollte einen Tagesausflug in die Umgebung von Ziguinchor unternehmen. Die ländliche Welt der Basse Casamance, die Zeugnisse der alten Bauernkultur der Diola, die in die tropische Waldlandschaft gebetteten Dörfer mit ihren charakteristischen und unverwechselbaren Impluvium-Häusern – dies alles gehört zu den Höhepunkten einer Reise nach Senegambia, zu den tiefen Eindrücken eines ländlichen, ursprünglichen Afrika.

Man verläßt Ziguinchor über die Ausfallstraße zum Cap Skirring in südwestlicher Richtung und nimmt die bei Brin nach rechts abzweigende Piste; nach sieben km erreicht man das Dorf Essil, nach weiteren sechs km **Enampore** (hier und in Seleki finden sich sehr schöne, in Impluvium-Häusern untergebrachte Dorf-Campements), nach weiteren zwei km gelangt man nach Kamobeul. Es lassen sich hier Spaziergänge und kleinere Wanderungen durch die Palmenhaine unternehmen.

Von Oussouye (40 km südwestlich von Ziguinchor, im Ort besteht ein Campement) führt eine zehn km lange asphaltierte Straße durch

Traditionelles Diola-Haus

Die Diola

Der Kampf um Eigenständigkeit

Von allen in Senegambia lebenden Ethnien sind die Diola wohl das eigenwilligste, das faszinierendste, das am schwierigsten zu fassende Volk – schon deshalb, weil sich bei den Diola ein ausgeprägter Individualismus mit einem ungebrochenen Kollektivgeist verschränkt. Die Diola (knapp zehn Prozent der senegalesischen Gesamtbevölkerung), seit jeher ein stolzes, kriegerisches Volk, haben der französischen Kolonialisierung in den undurchdringlichen Sumpfgebieten der Casamance besonders lange erbitterten Widerstand entgegengesetzt.

Die gegen die politischen Diktate aus der Dakarer Machtzentrale verfochtenen Autonomiebestrebungen des Mouvement des forces démocratiques de la Casamance (MFDC; die Bewegung hat in den späten neunziger Jahren sehr viel an Rückhalt in der bäuerlichen Diola-Bevölkerung eingebüßt) gründeten lange Zeit auf den separatistischen Traditionen der Diola. Die gambische Fluß-Enklave, die sich wie ein Sperriegel quer durch das senegalesische Territorium legt, trennt die Casamance, die Korn- und Reiskammer sowie die touristische Attraktion des Landes, vom senegalesischen Kernland. Aus Dakarer Perspektive ist gerade die Casamance schon immer eine gefährliche, aufrührerische Provinz gewesen.

Die Diola, deren soziale Strukturen sehr stark von egalitären Prinzipien bestimmt sind, haben politische Autoritäten, deren Machtanspruch ihre Traditionen zu zerschlagen droht, von jeher erbittert bekämpft. Einst waren es die europäischen Kolonialmächte, heute sind es die politischen Eliten der neureichen Wolof-Clans. Da Landbesitz bei den Diola zumeist Kollektiveigentum ist, gibt es keine individuellen, juristisch einklagbaren Ansprüche an Grund und Boden; ein Umstand, den die Wolof-Eliten zu einer schamlosen Enteignungskampagne ausgenutzt haben. Zudem wurden seit 1988 mit Bedacht Verwaltungsbeamte aus dem fernen Dakar in die Casamance entsandt, die mit den lokalen Gegebenheiten nicht vertraut sind; einflußreiche Wolof-Unternehmer haben das lukrative, in der Casamance boomende Tourismusgeschäft zuletzt immer mehr an sich gezogen. Vieles spricht dafür, daß die Diola mit der Vernichtung ihrer Reiskulturen nicht nur ihre ökonomische Basis, sondern auch ihr kulturelles Selbstverständnis verlieren: Die Diola-Kultur ist in hohem Maße eine »Zivilisation des Reises« (Thomas Krings), die an die natürlichen Gezeiten von Reisanbau und Reisernte, an die Traditionen von Reisverteilung und Reissspeicherung mit ihren fein nuancierten sozialen Regelungen gebunden ist. Die mit internationaler Entwicklungshilfe in der Casamance vorangetriebenen Plantagenprojekte, denen ein großflächiges Abholzen der Mangrovenwälder vorausging, haben die alten Reiskulturen der Diola in ihrem Kernbestand gefährdet. Es gibt Anzeichen dafür, daß genau dies auch politisch gewollt ist.

In der Casamance lodert seit etwa 15 Jahren ein ethnischer Konflikt, der auch mit brachialem Militäreinsatz aus Dakar nicht zu lösen ist. Die Dakarer Casamance-Politik hat den Konflikt in unverantwortlicher Weise eskalieren lassen, zeitweise drohten die Kampfhandlungen sogar auf Gambia und Guinea-Bissau überzugreifen. Erst seit 1996/97 scheint sich mit den Vorgaben des Regionalisierungsgesetzes eine friedliche, politische Lösung des Casamance-Problems anzudeuten.

Zu den beeindruckendsten Zeugnissen der Diola-Kultur gehören die sogenannten Impluviumhäuser, wie sie sich etwa in den Dörfern Essil, Enampore und Seleki (Region Ziguinchor) finden. Markantestes Kennzeichen dieser Bauerngehöfte ist eine doppelte Dachkonstruktion, deren trichterförmig nach innen abgesenkter Teil das ablaufende Regenwasser in einem zentralen, runden Regenbehälter *(impluvium)* auffängt. Durch eine unterirdische, zumeist aus einem ausgehöhlten

Palmstamm gefertigte Rohrleitung wird das Regenwasser in die um das Rundgehöft angelegten Gemüsegärten geleitet. Den Frauen- und Männerräumen sind eigene Reisspeicher angegliedert, in denen die Familienmitglieder ihre Reisvorräte, über die sie individuell verfügen, in nach Erntejahren sortierten Reisbündeln einlagern. Die Wohnräume, die nach außen nur schmale Fensteröffnungen aufweisen, sind ringförmig um den Innenhof gruppiert, in dem sich das Familienleben abspielt. Die untere Dachkonstruktion, deren Firsthöhe an den oberen Trichterrand anschließt, bedeckt als nach außen tief abgesenktes Dach den eigentlichen Wohnbereich. Die gesamte Dachkonstruktion wird durch massive Holzpfeiler, zumeist Mangrovenstämme, abgestützt, die in Lehmfundamente eingelassen sind.

Die Bauernkultur der Diola ist zutiefst mit den Rhythmen der Natur verwoben. Während der monatelangen Initiationsphasen leben Jungen und Mädchen abgeschieden in den als heilige Haine verehrten Kapokwäldern. Nur wer die innere Bereitschaft aufbaut, sich der Natur und ihren Bedingungen anzuvertrauen, vermag sich in diesen Initiationen, die den Übertritt in die Sozialordnung der Erwachsenen markieren, zu bewähren. Das kollektive Gedächtnis der Familienverbände ist in diesen heiligen Hainen *(bois sacré)* gespeichert; wer von einem Problem bedrängt wird, versichert sich in den heiligen Hainen des Zuspruchs, der Unterstützung der tief verehrten Ahnen. Die Haine sind der Ort, an dem man Zwiesprache mit den Ahnen sucht, sich seiner Vergangenheit bewußt wird und sich seiner Herkunft versichert.

Die meisten Diola bekennen sich zum Christentum oder hängen animistischen Kulten an. Diese Kulte, deren geheime Riten von Fetischpriestern gehütet werden, zielen auf eine Versöhnung zwischen Menschen und Gottheiten. Fetische (zumeist Tierknochen, Fellstücke oder Muscheln) werden als Objekte verehrt, in die ein Schutzgeist eingezogen ist. Bei den kultischen Opferhandlungen träufelt der Fetischpriester Tierblut, Palmwein oder Reisbrei über die Fetischobjekte und beschwört die Geister, deren Gegenwart sich in den Fetischen materialisiert. Die Diola sind zweifellos die eigenständigste und zugleich am wenigsten ›senegalesische‹ Ethnie. *Casamancais* lautet in der Regel die Antwort der Diola auf die Frage nach ihrer Herkunft. Dem modernen senegalesischen Nationalstaat begegnen die Diola mit tiefem Mißtrauen, wenn nicht mit unverhohlener Ablehnung. Kein Wunder, daß gerade die verschiedenen Diola-Dialekte innerhalb der afrikanischen Nationalsprachen in Senegambia linguistisch eine Sonderstellung einnehmen.

einen dichten Palmenwald in das Dorf **Mlomp.** Hier sind die für die Region ganz untypischen zweistökkigen **Etagenhäuser** zu sehen, an denen besonders die mit abstrakt-geometrischem Dekor reich geschmückten Lehmsäulen auffallen, die die Fassaden gliedern. (Einige dieser Etagenhäuser können besichtigt werden; Sie sollten freilich die Privatsphäre der Bewohner respektieren.) In Mlomp ist zudem ein kleines ethnographisches **Diola-Museum** zu besichtigen, dessen Exponate der Konservator, Jules Sambou, in liebevoll-akribischer Kleinarbeit zusammengetragen hat. Das in einer Rundhütte untergebrachte Museum liegt im Quartier Jikomol in der Nähe des riesigen Kapokbaumes; der Kurator selbst führt durch die kleine Ausstellung. Sie enthält Fetischobjekte und animistische Altäre, Jagd-, Arbeits- sowie Erntegeräte. Wer in Mlomp Station macht, sollte den Besuch des Diola-Museums nicht versäumen.

Ile de Karabane

Von Mlomp sind es nur wenige Kilometer zu dem sehr schön an einer Bucht eines Casamance-Nebenarmes gelegenen Dorf Elinkine (es bestehen zwei Campements im Ort). Von hier kann man per Piroge (etwa 30 Minuten Fahrtzeit) die **Ile de Karabane** ansteuern. Die auf der Karte wie aus dem Festland herausgestanzt wirkende, im Mündungsdelta der Casamance gelegene Insel diente zunächst den Portugiesen, ab den 1830er Jahren dann den Franzosen als logistischer Stützpunkt für die Erschließung und Eroberung des Hinterlandes. Obschon das Passagierschiff Le Joola regelmäßig vor der Insel ankert und den Inselalltag kurzzeitig in hektische Betriebsamkeit stürzt, wirkt die Ile de Karabane wie eine idyllische Oase an Ruhe und Frieden. Was den Ankömmling sofort gefangennimmt, ist vermutlich diese ganz besondere Mischung aus

In der Basse Casamance sind die alten Riten noch lebendig: ein Tam-Tam in Diembereng

175

Insel-, Fluß- und Meeresstimmungen. Karabane, ein kleines tropisches Juwel, empfiehlt sich gerade für Reisende, die nach einem Aufenthalt im anstrengenden Moloch Dakar eine Verschnaufpause einlegen wollen.

In der Nähe der Pirogen-Anlegestelle künden nur noch einige kümmerliche Mauerreste von der alten Handelsfaktorei aus der Kolonialära; inzwischen wird hier ein stets lebhaft bevölkerter Markt abgehalten. Die wellblechgedeckte katholische Kirche hat ihre besten Zeiten ersichtlich längst hinter sich, in der Nähe stößt man auf die Inselschule und auf den Friedhof, wo etliche in den Kämpfen gegen die Diola gefallene Soldaten der französischen Kolonialarmee bestattet sind. Die Nordseite der Insel wird von einem schmalen Sandstrand gesäumt – das Baden im salzhaltigen Flußwasser der Casamance-Mündung birgt keine Bilharziose-Risiken. Das West- und Südufer der Insel ist weitgehend von Mangroven überwuchert, dennoch läßt sich Karabane in einer schönen Wanderung umrunden. Die zu kleinen Weilern gruppierten Gehöfte liegen inmitten einer üppigen tropischen Vegetation aus Kapokbäumen, Öl- und Kokospalmen, Mangobäumen und mächtigen Bananenstauden. Kein Motorenlärm, kein Autoverkehr, keine Elektrizität (vom Generator des Hotel Karabane einmal abgesehen). Stattdessen eine von Tierstimmen erfüllte Vollmondnacht, ein paar Petroleumfunzeln in den Vorgärten der verstreuten Hütten, Wellengeplätscher und das Wispern einer lauen Brise in den Palmenwipfeln. Karabane – oder die träumenden Tropen …

🛏 **Unterkunft:** Hotel Karabane, ✆ 9 91 27 81, Fax 9 91 29 81 (schöne Hotelanlage in der ehemaligen Missionsstation direkt am Strand, gutes Restaurant, Vollpension möglich, $$). Campement Le Cocotier (bei der Pirogen-Anlegestelle, das angeschlossene *Centre touristique de pêche* Le Barracuda bietet diverse Angeltouren an, Fischrestaurant, $). Campement Badji Kunda, ✆ 9 91 14 08, Fax 9 91 14 05 (sehr angenehmes Campement am Strand, Bar, Restaurant, Angeltouren; der Kunstmaler Badji Kunda ist inzwischen eine Insel-Berühmtheit, $).

⛴ **Verkehrsverbindungen:** Pirogen u. a. nach Elinkine und zum Cap Skirring (andere Ziele sind Verhandlungssache); Aussteige- bzw. Zusteigemöglichkeit mit dem zwischen Dakar und Ziguinchor verkehrenden Passagierschiff Le Joola (Mi und Sa morgens bzw. So und Do nachmittags).

Cap Skirring

Von Oussouye führt eine asphaltierte, streckenweise schloglochübersäte und während der Regenzeit häufig überflutete Verbindungsstraße zum **Cap Skirring.** Hier, an den feinsandigen palmenbestandenen Stränden der Cap-Region, entstand seit den 70er Jahren ein mondänes Tourismuszentrum, neben den Anlagen in Saly Portudal und der gambischen Kombo-St. Mary Area das größte in Senegam-

Strandurlaub pur am Cap Skirring

bia. Sonnenhungrige Touristen finden hier ideale Bedingungen zum Ausspannen, die geringe Wassertiefe und die nur leichte Brandung in der Bucht laden zum Baden und zu diversen Wassersportarten ein. Der überwiegend auf die Klientel der betuchten Pauschal- und Cluburlauber ausgerichtete Betrieb ist besonders auf die Monate November bis Mai konzentriert; etliche der weitläufigen Luxusanlagen sind während der Regenzeit geschlossen. Der Ort Cap Skirring selbst besteht aus einigen Fischerhütten, ein paar Souvenirshops, der staubigen *gare routière*, ein paar Restaurants, zwei Diskotheken und weist keinerlei Dorfatmosphäre auf. Die Luxushotels sind überwachte und von der Außenwelt streng abgeschirmte Refugien. Seit am Cap eine Landepiste für Inlandsflüge besteht, können die Urlauber, überwiegend Franzosen, direkt via Dakar eingeflogen werden.

Unterkunft: Die großen Hotelkomplexe weisen allenfalls geringe Nuancen auf; sämtliche Anlagen verfügen über zumeist sehr schöne Privatstrände, weitläufige Gartenanlagen, Spezialitätenrestaurants, Schwimmbäder, Nightclubs, Animations-, Exkursions- und Sportprogramme, so daß eine spezielle Kategorisierung im folgenden entbehrlich ist.

Club Med, ✆ 9 93 51 35, Fax 9 93 51 73 ($$$$$). Hôtel Savana, ✆ 9 93 51 52, Fax 9 93 51 92 ($$$$$). Village-Hôtel La Paillote, ✆ 9 93 51 51, Fax 9 93 51 17 ($$$). Hôtel Royal Cap, ✆ 9 93 51 19, Fax 9 93 51 27 ($$$$$). Hôtel Houback, ✆ 9 93 51 36, Fax 9 93 51 12, ($$$, Exkursionsprogramm mit Themenschwerpunkten). Cap Casamance, 9 93 51 19, Fax 9 93 51 27 ($$$$). Einfache Hotels und Campements: La Pirogue, an der Abzweigung nach Ziguinchor ($$). Le Palmier, Nähe *gare routière* ($$). Campement Le Mussuwam, 9 93 51 84, Fax 9 93 51 25 ($$). Campement Le paradis ($). Campement Keur Samba ($).

Essen und Trinken: Gehobene und teure à-la-carte-Gastronomie in den Luxushotels; einige einfache Restaurants in der Nähe der *gare routière*.

 Geldwechsel/Banken: In Cap Skirring gibt es keine Bank! Die großen Hotels wechseln Devisen, eventuell auch in französischen Francs ausgestellte Reiseschecks. Die nächsten Banken befinden sich in Ziguinchor.

 Verkehrsverbindungen: Sammeltaxis nach Ziguinchor (Fahrzeit 60-90 Minuten); Air Sénégal fliegt Mo, Fr, Sa und So Cap Skirring von Dakar aus an.

Diembereng

Vom Cap Skirring führt eine zehn km lange, in der Trockenzeit recht passable Piste nach **Diembereng** (im Ort bestehen drei Campe-

ments). Das nur durch einige Dünenzüge vom Atlantik getrennte Dorf besitzt das, was man in Cap Skirring vermißt: Charakter und Charme. Von dem etwa 30 m hohen Hügel bietet sich ein großartiges Panorama über das in sieben Sektoren eingeteilte Dorf (etwa 3000 Einwohner) mit seinen durch Zäunchen abgegrenzten Hofanlagen *(compounds)*. Die reet- bzw. wellblechgedeckten Gehöfte sind unter mächtige Kapokbäume geduckt, und besonders bei Einfall der Abenddämmerung, wenn einzelne Rauchfahnen aus den Höfen steigen und die Petroleumlampen die Szenerie spärlich illuminieren, zeigt sich Westafrika in seiner ursprünglichen Schönheit. Die meisten Dorfbewohner sind christianisierte Diola, die als Reisbauern sowie als Angestellte in den großen Hotelanlagen am nahen Cap Skirring ihr Auskommen finden. Trotz der Abhängigkeit von den übermächtigen internationalen Tourismus-Konzernen scheinen sich vor Ort weitgehend intakte Dorfstrukturen erhalten zu haben.

Blick auf Diembereng

Gambia

Blick auf Banjul

Westafrikas kleinster Staat

Banjul, Hauptstadt in den Mangroven: Von Geschütz-stellungen, Triumphbögen und Biergärten • Faszination in der Ringkampf-Arena von Serekunda, der größten Stadt Gambias • Erholung an den feinsandigen Stränden der Kombo-St. Mary Area • ›Back to the roots‹: Juffure und Kunta Kinte

Banjul

Die gambische Hauptstadt Banjul (ca. 60 000 bis 100 000 Einwoh-ner) liegt auf einer hakenförmigen Schwemmlandinsel im Mündungs-delta des Gambia River. Westlich der sehr provinziell wirkenden Hauptstadt verhindern mäandern-de Seitenarme des Gambia River *(bolongs)* sowie ausgedehnte Man-grovendickichte eine weitere Er-schließung und Besiedlung. Von wirtschaftlicher Bedeutung für die Freihandelszone Banjul ist der auch für große Frachtschiffe geeig-nete Tiefseehafen, über den der Großteil der nationalen Schmug-gelökonomie abgewickelt wird.

Geschichte

Im 15. Jh. erkundeten portugiesi-sche Seefahrer die Region der Gambia-Mündung. Sie nannten das Gebiet Cabo de Santa Maria. Nach der offiziellen Abschaffung des Sklavenhandels in den über-seeischen Territorien (1807) setzten sich die Engländer auf St. Mary's Is-land fest. In Banjul (der Name stammt von *banjol* = Bambusinsel) fanden sie einen strategisch günstig gelegenen Militärstützpunkt, um die Sklavenschiffe anderer europäi-scher Großmächte an der Passage ins offene Meer zu hindern. 1816 kaufte der englische Kapitän Ale-xander Grant von einem lokalen Kombo-König die Niederlassung mitsamt der Insel. Die Kleinstadt, die um die von den Engländern an-gelegte Garnison entstand, wurde nach dem damaligen britischen Kolonialminister Bathurst genannt. Der Ort zog bis zur Jahrhundert-wende zahlreiche Händler und Missionare an, etliche befreite

Banjul

Sklaven aus Sierra Leone und Liberia versuchten seit den 1830er Jahren in Bathurst ihr Glück.

Jahrzehntelang wurde die Stadt während der Regenzeit regelmäßig überflutet, die Einwohner mußten auf den zu Kanälen gewordenen Straßen Boote einsetzen; der englische Historiker J. W. Gray vermerkte entsetzt, daß noch vor hundert Jahren Krokodile in der Stadt erschienen und daß auf den Straßen Fische gefangen wurden. Die hygienischen Verhältnisse müssen katastrophal gewesen sein, die Mangrovensümpfe waren malariaverseucht. 1869 wurde im Stadtteil Moka Town die Hälfte der Bewohner von einer Cholera-Epidemie hinweggerafft – fortan wurde das Viertel *Half Die* genannt. Der 1949 fertiggestellte Deich entlang der Bund Road sichert die Stadt inzwischen gegen Flutwellen von Süden. Bathurst blieb bis zur Unabhängigkeit Gambias der Sitz der britischen Kolonialverwaltung, erst 1973 erhielt die Hauptstadt im Zuge der *gambianization* wieder ihren ursprünglichen Namen Banjul.

Stadtrundgang

Wer mit der Fähre von Barra aus übersetzt, stößt nach dem Verlassen der **Hafenanlagen** (Barra Ferry Terminal) zunächst auf die belebte Liberation Avenue (früher Wellington Street; die alten Straßenschilder waren im Sommer 1997 noch nicht abmontiert, und auch die Umbenennung schien sich noch nicht recht durchgesetzt zu haben). Linker Hand erstrecken sich die Dockanlagen und Container-Terminals, in der Brown Street (zweigt am Südende der Liberation Avenue ab) liegt die **Half-Die-Moschee** mit ihren beiden schlanken Minaretten. Die Cotton Street und ihre Seitenstraßen durchziehen das an der Südspitze Banjuls gelegene, ärmliche Half-Die-Quartier. Die Verlängerung der Cotton Street (an ihrem Ende befindet sich die GPTC-Busstation), die Bund Road, führt in einem kilometerlangen Bogen an mehreren *bolongs* und der Pumpstation vorbei gen Nordwesten bis zum Banjul-Serekunda-Highway, der vierspurigen Vorzeige-Autobahn.

Wer sich nach dem Verlassen der Fähre nach rechts wendet, gelangt über die **Liberation Avenue** ins Zentrum von Banjul. Die von zahlreichen Läden gesäumte, tagsüber sehr belebte Liberation Avenue zieht sich direkt am Gambia-Ufer entlang. Einen Besuch lohnt die Kunstgalerie African Heritage. Angeboten werden hier Antiquitäten und Objekte des gambischen Kunsthandwerks, ein recht gutes Restaurant mit Balkon ist der Galerie angeschlossen. In den von der Liberation Avenue stadteinwärts führenden Querstraßen liegen einige einfache afrikanische Hotels.

Die Liberation Avenue, die noch Zeugnisse alter Kolonialarchitektur aufweist, geht an ihrem Nordende

Eingang zum Albert Market

in die Russell Street über. Gleich hinter der **Hauptpost** (hier auch die Gamtel-Telefonzentrale) liegt rechts der Straße der Haupteingang in den **Albert Market,** den 1986 komplett abgebrannten, inzwischen aber vollständig wiederaufgebauten, größten und geschäftigsten gambischen Markt. Zur Russell Street hin wird der Markt von einer in zweistöckigen Arkadengängen untergebrachten Ladenzeile beherrscht, wo vor allem Elektrogeräte (viel Billigware aus Fernost), Haushaltswaren sowie Drogerie- und Kosmetikartikel angeboten werden. Der weitläufige Innenhof ist den Ständen eines schier unüberschaubaren Lebens-mittelmarktes vorbehalten; freundlich-geschäftstüchtige Händlerinnen in leuchtend bunten, wallenden Boubous thronen hier hinter den oft zu kleinen Pyramiden aufgeschichteten Obst-, Gemüse- und Gewürzsortimenten. Zum Flußufer hin schließt sich, leicht linker Hand des Marktgeländes, ein vielbevölkerter Fischmarkt an. Rechter Hand des Albert Market, gleich neben der Hauptpost, befindet sich das **Handicraft Centre,** die gambische Variante der senegalesischen *villages artisanals.* Der stark auf die Käuferklientel der Pauschaltouristen ausgerichtete und entsprechend kommerziell geprägte Kunsthandwerks-Markt bietet vor allem Batikkleider, mit Kaurimuscheln verzierten Schmuck, Leder- und Töpferarbeiten sowie Holzschnitzereien und Masken. Für größere Einkäufe sollte man eventuell auf den Holzschnitzermarkt in Brikama ausweichen.

Die Russell Street mündet auf den rechteckigen **Square of the 22nd July** (früher: MacCarthy Square nach dem britischen Gouverneur Sir Charles MacCarthy); die Umbenennung dieses Platzes im Zentrum der Hauptstadt erinnert an den Staatsstreich vom 22. Juli 1994. An seiner südlichen Längsseite (zur Clarkson Street hin) befindet sich das **Bathurst Memorial,** ein Kriegerdenkmal, das an die unter britischer Flagge in beiden Weltkriegen gefallenen gambischen Soldaten erinnert. Um den Square of the 22nd July gruppieren

sich mehrere Regierungsgebäude, etwa das sogenannte **Quadrangle,** ein um einen quadratischen Innenhof angelegter Gebäudekomplex, der auch das nationale Tourismus-Büro beherbergt. An der Westecke des Platzes erhebt sich die im neogotischen Baustil errichtete anglikanische **St. Mary Cathedral.**

Über den vom Square of the 22nd July zur Südspitze der Halbinsel abführenden O.A.U.-Boulevard (früher Leman Street) erreicht man ein Kuriosum von Banjul: Das unter deutsch-libanesischer Leitung stehende **Bräustüble** mit seinem von Souvenirläden umsäumten Biergarten ist ein bei Einheimischen wie Touristen beliebter und stets gut besuchter Treffpunkt (während der Regenzeit geschlossen). In unmittelbarer Nähe des Bräustüble, über die vom

Alles ist möglich: Biergarten in Afrika

O.A.U.-Boulevard abführende Nelson Mandela Street (früher Cameroon Street) zu erreichen, befindet sich auf dem Albion Place das **Edward-Francis-Small-Monument**, das zu Ehren des 1958 verstorbenen Begründers der westafrikanischen Gewerkschaftsbewegung hier errichtet wurde. Nur einen Steinwurf entfernt, an der Ecke Clarkson Street/Dobson Street, liegt die 1835 erbaute **Wesley Church.**

An der westlichen Schmalseite des Square of the 22nd July führt die Gloucester Street entlang, die in nordwestlicher Richtung in den Independance Drive übergeht, der seinerseits in den Banjul-Serekunda-Highway mündet. Am Ende der Gloucester Street liegt rechter Hand das **National Museum** (Mo–Do 8–16, Fr und Sa 8–13 Uhr, So geschlossen), das einzige Museum des Landes. Die Exponate spiegeln die koloniale Vergangenheit Gambias ebenso wie die zeitgeschichtlichen Ereignisse seit der Unabhängigkeit wider. Einzelne Abteilungen sind den verschiedenen Ethnien, den handwerklichen wie kulturellen Traditionen (Masken, Waffen, Hausgeräte, Musikinstrumente) und verschiedenen Fetischkulten gewidmet, eine kleine Naturkunde-Abteilung informiert über Flora und Fauna des Landes. Das kleine Museum lohnt durchaus einen Besuch, auch wenn seine Bestände einem Vergleich mit den reichhaltigen Sammlungen etwa der I.F.A.N.-Museen in anderen westafrikanischen Hauptstäd-

Erdnußdampfer im Nationalmuseum

ten (Dakar, Bamako, Niamey) kaum standhalten.

An der parallel zum Gambia-Ufer verlaufenden Marina Parade stehen zahlreiche repräsentative Bauten aus der Kolonialära. Hinter dem Quadrangle-Komplex liegt, an strategisch exponierter Stelle über der Flußmündung, die **Six Gun Battery,** eine englische Geschützstellung aus dem frühen 19. Jh. Das **State House,** 1824 unter MacCarthy erbaut, diente den britischen Gouverneuren als Residenz. Inzwischen ist es der Regierungssitz von Staatschef Jammeh. An der Marina Parade liegen mehrere Ministerien sowie Gebäude der Stadtverwal-

Haarige Kunstwerke

Afrikanische Frisuren

In ganz Senegambia ein alltägliches Bild: Frauen und Mädchen in entspannter Runde, im Schatten kauernd oder auf Strohmatten ausgestreckt. Es herrscht eine gelöste Heiterkeit, eine Intimität, in der ein Mann nur stört. Am Boden verstreut Bündel und ganze Packungen von *mèche*, jenes faserige Kunsthaar, das es abgepackt in reichhaltigen Sortimenten auf allen westafrikanischen Märkten zu kaufen gibt und das in das natürliche Haar eingeflochten wird. Aufwendige Zöpfchenfrisuren sind in Arbeit, kunstvolle Haarwülste entstehen, Hahnenkämme, geometrische Muster, Tollen, Klöppel, Rattenschwänze, Sputnikantennen. Mädchen und Frauen mit Kämmen, Nadeln und Aalen hingebungsvoll bei der Arbeit, selbstvergessen, zeitentrückt. Was hier entsteht, ist mehr als eine neue Frisur – dies ist ein Kunstwerk, eine Skulptur aus Haaren.

Die phantastische, auf einem reichen Fundus an Traditionen beruhende afrikanische Frisurenkunst ist Ausdruck und Element eines ausgeprägten Körper- und Schönheitskultes, zu dem Tätowierungen, Körperbemalung, Trachten und Schmuck zählen. In langwierigen Prozeduren, die Erfahrung sowie ein sicheres Händchen verlangen, werden in die prachtvollen Kunstfrisuren noch zusätzliche Applikationen eingenäht, Schmuck und Glitter eingearbeitet, Lederriemchen und Schmuckbänder eingezogen. Bernsteinkugeln, Karneol, Kaurimuscheln, Gold- und Silbermünzen, Glasperlen oder »Mekka-Ringe« (magische Schmuckanhänger) – alles Zierrat, der in diese Prachtfrisuren verwoben wird. In den Spitzenleistungen der afrikanischen Frisurenkunst gipfelt ein Schönheitskult, der die Frau als Trägerin geheimer Magie und als Gebärerin menschlichen Lebens feiert. Diese Frisuren verleihen der Afrikanerin Individualität, unverwechselbare Schönheit – und damit Würde. Was seinen Preis hat: Professionelle Frisurenkünstlerinnen können in Westafrika ein Vermögen machen; sie sind hochgeachtet und vor großen Festen wie Hochzeiten, Beschneidungszeremonien oder Kindstaufen oft wochenlang ausgebucht.

Für den Kenner bilden die schier unendlichen Variationen der Frisurenkunst eine Art Zeichensprache: Eine Maurin trägt ihr Haar anders als eine Fulbe-Frau, ein junges Mädchen anders als eine vielfache Mutter. An ihrem Kopfputz will die Afrikanerin erkannt sein: Nicht nur nach ländlichem und städtischem Raum läßt sich hier unterscheiden; bestimmte Frisuren »sprechen« auch vom sozialen Status wie von der ethnischen Herkunft der Frau, sie sagen etwas aus über Stationen ihrer Biographie – ob sie gerade ihren Mann verloren hat, ob sie einen Sohn

geboren hat oder einen Liebhaber sucht. Frisurenkunst ist in Afrika also nicht nur ein erotisches Signal oder Ausdruck des Willens zur Schönheit – sie ist auch das Material einer haarigen Geheimschrift, deren Botschaften es zu entziffern gilt. Galt noch in der Kolonialära nicht nur auf dem Lande das soziale Diktat, daß gerade die Prachtfrisuren verhüllt werden mußten (ihr Anblick war nur dem Ehemann gestattet), scheinen heute vor allem in Dakar viele junge Frauen bemüht, ihre extravaganten Rasta-Zöpfchen als ästhetische Provokationen zur Schau zu stellen. Diese Frisuren sind Blickfang und Botschaft zugleich: Seht her, wie modern und emanzipiert ich bin! Es steht zu vermuten, daß die aufwendigen, an Ethnien und Clans gebundenen traditionellen Frisurenstile allenfalls in abgelegenen Regionen überleben werden. Für die selbstbewußt demonstrierte *africanité* der modernen Senegambierin scheinen sich neue Frisurenmoden durchzusetzen, die aber mit den traditionellen Prachtfrisuren eines gemeinsam haben: Sie sind handwerkliche wie künstlerische Meisterwerke. Übrigens: »Sprechen« können auch diese modernen Frisuren – und wie!

Der Arch 22

tung, zum Strand hin erstreckt sich das **Hotel Atlantic,** das aufwendig renovierte erste Haus am Platz. Dem Independance Drive stadtauswärts folgend, erblickt man rechter Hand die Trakte des riesigen, bereits 1853 gegründeten **Royal Victoria Hospitals,** das **Banjul City Council** und das **House of Parliament.** Über die Box Bar Road, die am Ende des Independance Drive nach links abzweigt, erreicht man die 1988 eingeweihte **Große Moschee** *(Jamah Mosque).* Das mit finanzieller Unterstützung Saudiarabiens erbaute Gotteshaus, mit seinen beiden hoch aufragenden Minaretten eines der wenigen

architektonisch markanten Bauwerke Banjuls, bietet etwa 6000 Gläubigen Platz. Außerhalb der Gebetszeiten kann die Moschee auch von Nicht-Muslimen besichtigt werden (Schuhe ausziehen!).

Das wohl monströseste Bauwerk der gambischen Hauptstadt, der **Arch 22,** beherrscht das Rondell zwischen Independance Drive und dem Banjul-Serekunda-Highway. Der gigantische Triumphbogen des Arch 22 wurde am 22. Juli 1996, dem zweiten Jahrestag des Staatsstreichs eingeweiht. Für zig Millionen Dollar ließ Jammeh einen Triumphbogen vor dem Eingang der Stadt errichten, an dem vor allem die Gedenktafel interessant ist. Der Militärputsch wird hier als »takeover of the administration of the Republic of the Gambia« umschrieben – ein schönes Beispiel für Geschichtsklitterung!

Darüber hinaus lohnt sich in Banjul der Besuch des christlichen und des muslimischen Friedhofs (am Banjul-Serekunda-Highway, zum Strand hin) und des noch sehr ursprünglichen Lasso Wharf Market.

Information: Tourist Office, Quadrangle, Square of the 22nd July, ☎ 22 95 63, 22 75 93, Fax 22 77 53.

Unterkunft: Atlantic Hotel, Marina Parade, ☎ 22 86 01, Fax 22 78 61 (luxuriös ausgestattetes 200-Zimmer-Haus am Gambia-Ufer, à-la-carte-Restaurant, diverse Sportmöglichkeiten, $$$$$ – überteuert). Wadner Beach, Cape Road, ☎ 22 81 99 (gepflegte Anlage mit Privatstrand, $$$$). Carlton Hotel, 25, Independence Drive, ☎ und Fax 22 86 70 (zentral gelegen, Restaurant, $$$). Princess Diana Hotel (früher: Kantora), Independence Drive, ☎ 22 87 15, Fax 37 28 64 (frisch renoviertes, gut geführtes 36-Zimmer-Hotel, faire Preise, $$). Apollo Hotel, 35, Buckle Street, ☎ 22 81 84 (recht düsteres Etablissement in der Nähe des Barra Ferry Terminals, Restaurant, $$). Brikama Bâ Hotel, 24 b, Buckle Street, ☎ 22 22 07 (das mit Abstand billigste Hotel von Banjul ist trotz des Bordellbetriebs im 2. Stock eine akzeptable Adresse, Zimmer im 1. Stock, $).

Essen und Trinken: African Heritage Restaurant, 16, Liberation Avenue (So geschlossen). Bräustüble, O.A.U.-Boulevard. Etliche einfache Fast-Food-Lokale im Stadtzentrum.

Aktivitäten/Sport: Ein Nachtleben ist in Banjul nicht einmal in Schwundformen auszumachen – nach Einfall der Dämmerung gleicht die Kapitale einer ausgestorbenen Geisterstadt. Einzig der Oasis Nightclub (Clarkston Street) bietet, von den eher tristen Hotel-Discos einmal abgesehen, an den Wochenenden musikalisches Entertainment. Diverse (Wasser-)Sportangebote in den Luxushotels.

Strände: Das Atlantic Hotel und das Wadner Beach verfügen über saubere Privatstrände; ansonsten sollte man zum Baden nach Cape Point, Bakau oder Fajara ausweichen.

Geldwechsel/Banken: Im Stadtzentrum gibt es etwa ein Halbdutzend großer Banken, die Devisen und Reiseschecks wechseln; wer CFA-Francs gegen Dalasi tauschen will, findet bei den Schwarzwechslern zumeist günstigere Kurse als auf der Bank (10 000 F CFA nicht unter 170 D tauschen!).

Krankenhäuser: Royal Victoria Hospital, Independence Drive, ☎ 22 82 23 (einige deutschsprachige Ärzte).

Verkehrsverbindungen: Der internationale Flughafen Banjul-Yundum liegt etwa 25 km südwestlich der Hauptstadt, kein direkter Bustransfer, Taxitarif um die 150 D. Die Gambia Air Shuttle (23, Buckle Street, ☎ 22 69 98) fliegt ein- bis zweimal täglich Dakar an. Die Busstation der GPTC-Busse ist in der Cotton Street im Half-Die-Viertel. Von hier Verbindungen über die asphaltierte Süduferstraße nach Brikama, Soma, Georgetown und Basse Santa Su. Touren auf der nicht asphaltierten Norduferstraße (einige Abschnitte sind während der Regenzeit nicht passierbar) startet man am besten von Barra (letzte Fähre etwa gegen 19 Uhr; einfache Unterkunftsmöglichkeit in Barra), für Verbindungen in Richtung Casamance/Ziguinchor sollte man nach Serekunda ausweichen.

Kleinbusse starten alle paar Minuten von der Gloucester Street/Independence Drive nach Serekunda (3 D), nach Bakau und Fajara.

Vom Barra Ferry Terminal (Liberation Avenue) bestehen etwa alle zwei Stunden Fährverbindungen nach Barra am nördlichen Gambia-Ufer.

Polizist in Serekunda

Wrestling

Ein senegambisches Sportspektakel

Hereinspaziert – man bittet zum Kampf. Serekunda, Bakoteh – Wrestling Arena, ein verhangener Sonntagnachmittag: Der Aufgalopp der Kombattanten hat schon begonnen. Die Einpeitscher sind am Werk, die Trommler-Combos heizen sich gegenseitig ein, die Cheergirls sind in Stellung gegangen. Einmarsch der Athleten: Schwarze Giganten, die jeden Bodybuilder erblassen lassen. Wenn der Augenschein nicht trügt, haben die Kerle Muskeln noch an Stellen, an denen normale Männer nicht einmal Stellen haben. Die Athleten nehmen den frenetischen Jubel der Massen entgegen, Fanblöcke haben sich inzwischen im Stadionrund formiert, kleine Jungs, die Starposter der Titanen verkaufen, hasten durch die Reihen.

Wrestling oder *lutte africaine* – der traditionelle afrikanische Ringkampf, das ist in Gambia wie in Senegal ein Sportspektakel, welches an Faszination auf die Massen seinesgleichen sucht. Selbst Fußball und Basketball können da nicht mithalten. Angesiedelt ist das Ganze irgendwo zwischen Ringkampf, ›Catch as catch can‹ und Boxen. Das Regelwerk der olympischen, griechisch-römischen Ringkämpfe ist hier jedenfalls unbekannt; Boxeinlagen, gezielte Tritte und wohl auch manches unter der Gürtellinie gehört zum Rüstzeug, wird geboten und vom Publikum auch erwartet. Was nicht heißt, daß in der Arena die pure Anarchie herrscht; es gibt festgelegte Gewichtsklassen, ein Strafsystem bis zur Disqualifikation und einen Ringrichter. Der ist zumeist selbst ein Hüne, was seinen guten Grund hat: Immer wieder kommt es

Serekunda und die Kombo-St. Mary Area

Über den vierspurig ausgebauten Banjul-Serekunda-Highway verläßt man die Hauptstadt in westlicher Richtung, passiert die Denton Bridge und gelangt nach etwa 20minütiger Fahrt nach Serekunda.

Die in den vergangenen Jahren in beängstigendem Tempo gewachsene Agglomeration ist mit schätzungsweise 150 000 Einwohnern inzwischen die größte Stadt Gambias, eine quirlige, bunt bevölkerte Siedlung, die ohne erkennbares Zentrum, ja selbst ohne erkennbare urbane Struktur immer weiter wuchert. Staubige Straßen, hastig

vor, daß sich ein Kämpfer, über den dritten Mann im Ring erbost, beherzt den Ringrichter vorknöpft... Und es wird auch seinen guten Grund haben, daß auffällig viele bullige Militärs in Ringnähe postiert sind: Wenn einer dieser Muskelmänner über die Stränge schlägt, sind es oft ihrer zehn, die sich auf ihn stürzen.

Der Kampf ist beendet, wenn einer der Ringer gefällt ist, also mit beiden Schultern den Boden berührt hat. Das kann dauern, da ausgiebige Showeinlagen zum Programm gehören; die Kämpfer, muskelgestählt und im Lendenschurz, nehmen dann gleichsam eine Auszeit, um in den Sprechchören der Fans zu baden. Versteht sich von selbst, daß solche Auszeiten erst beendet sind, wenn die Stimmung ihren Siedepunkt erreicht. »Mike Tyson« oder »Ironmike« nennen sich die Kombattanten, »Muhammad Ali«, »Der Tiger von Pikine« oder auch »Der Löwe des Senegal«. Bisweilen genügt freilich eine einzige wohlgezielte, blitzschnelle Attacke, um den Gegner zu Fall zu bringen. Das dann aufbrandende Gejohle – soll man es noch Jubel nennen? – kennt schier keine Grenzen.

Eine *lutte africaine* mit ihren tausend Tricks, ihrem ganzen Tam Tam und ihren Finten, ihrem zähen Clinch und ihren ausgefeilten Verzögerungstaktiken, mit ihrem Armrudern und ihren Überrraschungscoups ist vielleicht nicht jedermanns Sache. In Senegambia ist sie unangefochten der beliebteste Nationalsport, die großen *lutteurs*, die mit Kraft und Schnelligkeit im Ring oft ein Vermögen gemacht haben, sind vielbejubelte Nationalhelden. Es gibt wohl keine Sportart, bei der das Publikum so fanatisch mitgeht wie bei einer *lutte africaine*. Man kann insgeheim beschließen, daß dies nun die letzte *lutte* gewesen sein soll – am nächsten Sonntagnachmittag, wenn die Stadien öffnen, ist das alles vergessen und es ist kein Halten mehr...

zusammengenagelte Bretterbuden, einige gesichtslos-funktionale Gebäude (etwa das neue Marktzentrum), weitläufige Wellblech-Compounds an der Peripherie: Serekunda lädt nicht gerade zum längeren Verweilen ein. Die ganze Stadt scheint tagsüber ein einziger buntscheckiger Markt zu sein, jeder betreibt emsig ein kleines *business*.

Wenn es überhaupt so etwas wie ein Zentrum auszumachen gibt, so ist es die stets hoffnungslos verstopfte Sayer Jobe Avenue, eine lärmige Basarstraße, die die Hauptverkehrsstraße von Serekunda bildet. Im Stadtteil Bakoteh (an der Straße nach Sukuta) liegt ein großes Ringkampf-Stadion *(Wrestling Arena)*, in dem an den Wochenenden stets gut

Mangrovendickicht

Geldwechsel/Banken: BICIS-Filiale an der Sayer Jobe Avenue.

Verkehrsverbindungen: In der Nähe des Marktes befindet sich der landesweit größte Busbahnhof mit den besten Verbindungen zu sämtlichen größeren Orten an der Süduferstraße.

Kombo-St. Mary Area

besuchte Ringkampf-Spektakel stattfinden. Einen architektonischen Blickfang bildet allenfalls die moderne **Ahmadiya-Moschee** (linker Hand an der Straße nach Yundum). Bei nächtlichen Alleingängen durch Serekunda ist erhöhte Wachsamkeit angesagt: Es hat jüngst einige Überfälle auf Touristen gegeben.

Unterkunft: Green Line Motel, im Zentrum dem Aisamary Cinema gegenüber, ✆ 39 40 95 (17 Zimmer, einige klimatisiert, Restaurant, $$). Serekunda Motel, Masa Dukureh Road, ✆ 39 27 80 (zentral gelegen, recht komfortabel, $$).

Einkaufen: Maroun's Supermarket, im Zentrum (großes, gut sortiertes Lebensmittelangebot).

Sonnengarantie auch im Winter, feinsandige Strände, eine luxuriöse touristische Infrastruktur: Die **Kombo-St. Mary Area** ist *das* Aushängeschild Gambias. Seit den frühen 70er Jahren sind an der Atlantikküste zwischen Cape Point und dem Bijilo Forest Park über ein Dutzend großer, hochmoderner Clubhotels und Appartementkomplexe aus dem Boden gestampft worden. Der Gambia-Tourismus, nach wie vor weitgehend auf die Wintersaison beschränkt, findet seine Infrastrukturen vornehmlich an dieser etwa 15 km langen Küstenlinie. Nahezu unberücksichtigt bleibt dabei das Landesinnere, von organisierten Bootstouren oder dem obligatorischen Kunta-Kinte-Gedächtnis-Trip einmal abgesehen. Die Luxushotels wirken hier wie überall in Senegambia wie künstliche Oasen, für eine befristete Zeit bevölkerte Ghettos, jeder afrikanischen Realität entrückt. Allenfalls in feinen Nuancen unterscheiden sich diese Ferienanlagen. Sportangebote und Animationsprogramm, Diskotheken und Boutiquen, Fitnessanlagen und à-la-carte-Gastronomie, Privatstrand und üppige Gartenanlagen – dies alles wird mehr oder weniger komplett aufgeboten, um dem Gast die schönsten Wochen des Jahres zu gewähren.

Unterkunft: Die großen Hotelanlagen der Kombo-St. Mary Area von Nordost nach Südwest: Sunwing Hotel, Cape Point, ✆ 49 54 28 ($$$$). African Village, Atlantic Road, ✆ 49 53 84 ($$$$). Tropic Garden, Atlantic Road, ✆ 49 53 69 ($$$$). Fajara Hotel, Atlantic Road, ✆ 49 53 51 ($$$$). Bungalow Beach, Kotu Strand, ✆ 46 52 51 ($$$$). Kombo Beach Novotel, Kotu Strand, ✆ 46 54 67 ($$$$$). Kotu Beach Village, ✆ 46 56 09 ($$$$). Senegambia Beach Clubhotel, Kololi Point, ✆ 46 27 17 (die größte Ferienanlage Gambias, riesiger Park, $$$$$). Kairaba Beach Hotel, Kololi Point, ✆ 46 29 40 (das 1990 eröffnete Hotel ist das Luxuriöseste, was Gambia zu bieten hat, $$$$$). Kololi Beach Klub, Kololi Point, ✆ 46 48 97 ($$$$$).

Auswahl an Unterkünften für Individualreisende: Atlantic Guest House, Atlantic Road, ✆ 49 62 37 (in Bakau, schöne Gartenanlage, $$). Friendship Lodge, Bakau, ✆ 49 58 30 ($$). Franciscos Guest House, Fajara, ✆ 49 53 32 (sympathisches kleines Hotel mit gutem Restaurant, $$$). Boucarabou Hotel, zwischen Bijilo und Kololi gelegen (ökologisch konzipierte Bungalowanlage, Trommelworkshops, spezielle Angebote für Frauenreisen, $$$). Abis Bar und Restaurant, Kololi, ✆ 46 48 04 (klein und familiär, $$). Kololi Inn, nahe dem Dorf Kololi, ✆ 46 34 10 (freundliches kleines Hotel, $$).

Exkursionen nach Juffure, Albreda und James Island

Von Banjul/Barra aus lassen sich Juffure und Albreda gut erreichen. Kurz vor Berending, das durch seinen heiligen Krokodilteich bekannt ist, zweigt eine Piste nach rechts Richtung Süden zu den beiden historisch bedeutsamen Orten ab.

In dem direkt am Flußufer gelegenen **Juffure** hat der amerikanische Romancier Alex Haley den Ausgangspunkt seines Erfolgsromans ›Roots‹ lokalisiert. Die sogenannte »Roots-Tour« ist seit Jahren eine international vielbeachtete Attraktion des Gambia-Tourismus.

Während Juffure in der Kolonialära eine britische Handelsniederlassung darstellte, war der Nachbarort **Albreda** in französischer

Ein Dorf in Gambia

›Roots‹ und die Folgen

Das kleine Dorf Juffure (Jufureh) am Nordufer des Gambia River markiert für Gambia in etwa das, was die Maison des Esclaves auf der Ile de Gorée für Senegal bedeutet: ein Mahnmal kollektiven Erinnerns, eine Topographie des Entsetzens. Daß aus dem Nest ein nationaler Wallfahrtsort wurde, ist das Ergebnis eines Romans. Die Familiensaga ›Roots‹ (Wurzeln) des amerikanischen Autors Alex Haley war, als pulitzerpreisgekrönter Bestseller wie als weltweit ausgestrahlte Fernsehserie, eines der großen Medienereignisse der 70er Jahre. Das Schicksal des Mandingo-Jungen Kunta Kinte, der im 18. Jh. von weißen Sklavenhaltern in die Neue Welt verschleppt und auf eine Farm in den Südstaaten verkauft wird, rührte Millionen zu Tränen. Haleys auf Recherchen beruhende Fiktion, sein »Drama einer Geschichte schwarzer Menschen«, lokalisiert Kunta Kintes Heimat in Juffure. So wurde aus einem eigentlich gesichtslosen Dorf ein Kristallisationspunkt schwarzer Mythologie.

Auf der Suche nach den Wurzeln ihrer afrikanischen Identität pilgerten im Sog der ›Roots‹-Debatten Zehntausende schwarzer Amerikaner nach Juffure. Gambia wurde unversehens eine bekannte Größe im Tourismusgeschäft. Noch heute, nach Abflauen des ›Roots‹-Booms, bieten so ziemlich alle großen gambischen Hotels organisierte ›Roots‹-Touren an, die zumeist einen Pirogenausflug nach Juffure mit Kurzaufenhalten auf James Island sowie in Albreda kombinieren. 1996 lancierte das gambische Tourismusministerium ein einwöchiges ›Roots Homecoming Festival‹ (mit Wahl einer Miss Gambia!), das künftig jedes Jahr ausgerichtet werden soll.

Die Tourismusindustrie, die vor Juffure nicht Halt machte, hat die sozialen Strukturen des Dorfes offenkundig radikal verändert. Schon

Hand. Seit 1996 gibt es ein kleines Museum, das sich der Geschichte des Sklavenhandels in der Region widmet.

Nachdem die Engländer die Sklaverei abgeschafft hatten, war Juffure für viele, aus dem französischen Albreda geflohene Sklaven so etwas wie eine rettende Insel: Angeblich waren jene Sklaven frei, die den englischen Fahnenmast in Juffure erreichten.

an der Mole werden die Wurzel-Sucher, kaum der Piroge entstiegen, von geschäftstüchtigen Fremdenführern in Empfang genommen, Kinder bieten selbstgefertigte Souvenirs an, eine Art Modell-Compound (aufgebaut, um die Besucherscharen von den bewohnten Compounds fernzuhalten?) wird präsentiert, und zahlreiche ›echte‹ Nachfahren Kunta Kintes berichten allen, die es hören wollen, vom leidvollen Leben ihres Urahnen. Juffure als historischer Fluchtpunkt, Kunta Kinte als Schicksalsmodell und Synonym des geschundenen Afrika.

Haleys bisweilen bedenklich ins Rührselige abgleitender Roman schildert edle Schwarze, die von barbarischen Weißen ihrer Wurzeln beraubt und in die Neue Welt verschleppt wurden; die meisten der Juffure-Pilger kommen in dem Glauben, an der Westküste Afrikas etwas Verlorenes wiederfinden zu können, etliche verklären Afrika als eine Art Urmutter. Der schwarze Washington-Post-Reporter Keith B. Richburg, dessen Vorfahren vor 300 Jahren nach Amerika verschleppt wurden, hat mit seinem Buch ›Out of America – A black man confronts Africa‹ 1997 nicht nur eine kühne Provokation, sondern zugleich eine Art Anti-Roots vorgelegt. Richburg hielt allen, die von ihrer »Mutter Afrika«, von den authentischen Werten des Kontinents sprachen, die afrikanischen Katastrophen der 90er Jahre entgegen, über die er als Reporter berichtet hatte. Für Richburg kommt die Sklaverei einer Erlösung gleich. Daß er von seinen Wurzeln getrennt wurde, daß seine Vorfahren aus Afrika verschleppt wurden, hält Richburg für das Beste, was ihm passieren konnte. Kunta Kinte wäre in dieser Perspektive keine geschundene Kreatur, sondern als schwarzer Amerikaner ein dem Elend, dem Grauen Entrissener – fürwahr ein harter Schlag gegen die *political correctness*. Liberia, Sierra Leone, Ruanda, das ehemalige Zaire – Afrikanachrichten sind Schreckensmeldungen. Sie zwingen dazu, Richburgs zynische Thesen mindestens so ernst zu nehmen wie Haleys Sehnsüchte, die im verlorenen afrikanischen Erbe eine bessere Welt vermuten.

Auch die winzige Flußinsel **James Island** (Bootstransfer von Juffure), einer der ersten europäischen Stützpunkte überhaupt, war über ein Jahrhundert lang zwischen den Kolonialmächten umkämpft. Im 18. Jh. avancierte James Island zu einem wichtigen ›Umschlagplatz‹ im damaligen Sklavenhandel. Die Ruinen des britischen Forts und die Reste der alten Geschützstellungen künden noch von dieser Zeit.

Route 7: Entlang des Gambia River: Von Serekunda über Georgetown nach Fatoto

Hautnah bei den Krokodilen im Abuko-Nationalpark • Palmenhaine und Galeriewälder entlang des Gambiaflusses • Zeugnisse aus der Kolonialära in Georgetown • Exkursionen zu den megalithischen Steinkreisen von Wassu und Kerr Batch • Auf den Spuren des Afrikaforschers Mungo Park in Karantaba Tenda

Gesamtlänge: ca. 420 km
(Karte s. vordere Innenklappe,
violette Linie)

Wer von Serekunda die Süduferstraße Richtung Yundum-Airport fährt, gelangt nach acht km südöstlich des Zentrums von Serekunda zum rechter Hand der Straße gelegenen Eingang in den **Abuko National Park** (23 km von Banjul entfernt). Das rund 100 ha große, 1968 eingerichtete Naturschutzgebiet erstreckt sich, geprägt von dichtem Galeriewald und der Vegetation der Feuchtsavanne, beidseits des Lamin Bolong, eines kleinen Gambia-Nebenflusses. Das Gelände, über einen drei km langen Rundweg gut erschlossen, ist nur zu Fuß zugänglich. Am Eingang (geöffnet täglich von 8 Uhr bis Sonnenuntergang) ist ein Lageplan sowie eine Broschüre über die einheimische Tier- und Pflanzenwelt erhältlich. Einige speziell eingerichtete Beobachtungsposten, etwa in der Nähe eines Krokodiltümpels, eignen sich (besonders am frühen Morgen und vor Einfall der Dämmerung) gut zur Tierbeobachtung und zum Fotografieren. Neben der üppigen Vegetation und etwa 200 Vogelarten gehören verschiedene Antilopen- und Affenarten, Ginsterkatzen, Hyänen, Flußpferde und Krokodile zu den zoologischen Attraktionen. Ein beliebtes Ausflugsziel ist die unter deutscher Leitung stehende **Lamin Lodge,** ein wenige Kilometer vor dem Ort direkt am Ufer des Lamin Bolong gelegenes Pfahlbau-Restaurant (renommierte Küche, Angebote diverser Pirogenausflüge).

Über die für ihren Holzschnitzermarkt berühmte Distrikthauptstadt **Brikama** gelangt man in den Ort Mandinaba; hier zweigt die N 5 rechts von der Süduferstraße nach Ziguinchor (über den Grenzort Séléti) ab. Die Süduferstraße führt nun durch eine von Palmenhainen, Erdnuß- und Reisfeldern geprägte Savannenlandschaft. Das Dorf **Faraba Banta** ist wegen der hier hergestellten Töpferwaren bekannt, bei Bessi führt eine Piste zu dem Dorf Beferet ab (Ruinen eines britischen Handelsstützpunkts), kurz vor der Kleinstadt Sibanor zweigt eine Piste linker Hand ab zu dem am Ufer des Bintang Bolong gelegenen Dorf Bintang (Ruinen einer portugiesischen Handelsniederlassung). Über die Orte Bwiam, Kalaji, Sankandi und Dumbutu (Eingang in den Kiang West National Park) erreicht man die Kleinstadt Kwinella, wo eine fünf km lange Piste zum landesweit bekannten **Tendaba Camp** abzweigt.

Das in den frühen 70er Jahren errichtete, seither unter schwedischer Regie betriebene Rundhütten-Camp liegt unmittelbar am Ufer des Gambia River beim gleichnamigen Dorf **Tendaba,** das im 19. Jh. eine wichtige Etappenstation für den von den Kolonialmächten monopolisierten Flußhandel war. Die im afrikanischen Rundhüttenstil konzipierte Anlage ist eine beliebte Anlaufstation für organisierte Rundreisen auf dem Weg von Banjul nach Georgetown.

35 km östlich von Kwinella ist der an der Kreuzung von Trans-Gambia-Highway (die N 4 von Kaolack nach Ziguinchor) und der gambischen Süduferstraße gelegene Durchgangsort Soma erreicht. Östlich von Soma bestimmt eine von Baobabs und Kapokbäumen durchsetzte Baumsavanne mit den Rundhüttendörfern von Fulbe-Hirten die landschaftliche Szenerie. In **Pakaliba** (48 km nordöstlich von Soma) wird an den Ufern des Gambia-Nebenflusses Sofanyama Bolong Flußsalz gewonnen – am Mittellauf des Gambia ein Indiz für die fortschreitende Versalzung und Erodierung der Böden. Über die Dörfer Jarreng, Kudang und Brikama Ba gelangt man nach Yorreberri Kunda. Am Ortsausgang weist ein Schild den Weg nach Georgetown (von der Süduferstraße links abbiegen, per Fähre nach MacCarthy Island übersetzen).

Unterkunft: Sankandi: Kemoto Hotel – ☎ 99 00 31. Tendaba: Tendaba Camp, ☎ 54 10 41 (130 Betten, Swimmingpool, Pirogen- und Landroverexkursionen, $$$). Pakaliba: Sofanyama Camp, ☎ 99 69 03 (Unterbringung in landestypischen Hütten, Restaurant, Pirogenexkursionen, in der Regenzeit häufig geschlossen, $$).

Georgetown

Georgetown, Distrikthauptstadt des nach der gleichnamigen Flußinsel benannten Verwaltungsgebietes MacCarthy Island, war in der Kolonialära der wichtigste bri-

tische Außenposten im Landesinneren. Der britische Kapitän Ale-
xander Grant hatte die am Mittellauf des Gambia River strategisch
günstige Insel 1823 erworben. Das
unmittelbar bei der nördlichen
Fähranlegestelle befindliche **Fort
George,** von dem inzwischen nur
noch die Außenmauern stehen,
gehört zu den architektonischen
Resten der frühen Stadtgeschichte.
Sehenswert sind in Georgetown
besonders die überwiegend noch
recht gut erhaltenen Kolonialbauten aus dem 19. Jh., zumeist in den
zum nördlichen Gambia-Seiten-
arm führenden Straßen konzentriert. Die Gebäude, in denen heute Dienststellen der Stadt- und
Distriktverwaltung untergebracht
sind, vermitteln eine konkrete Vor-
stellung vom kolonialen Alltag jener Zeit, als der Flußhandel noch
die wirtschaftliche Blüte der Stadt
sicherte.

Landesweit bekannt ist die in
Georgetown angesiedelte **Armitage
High School,** eine Oberschule mit
angegliedertem Internat, die aus einer von den Engländern zur Ausbildung einer lokalen Elite angelegten
Missionsschule hervorgegangen ist.
Bei einem Rundgang durch die Stadt
fallen besonders das **Gefängnisge-
bäude** (die Engländer planten den
Bau einer Sträflingskolonie auf Mac-
Carthy Island), die **Methodisten-
kirche** sowie das örtliche **Postamt**
mit seinem spitzbogengeschmück-
ten Eingang und dem wuchtigen,
holzgeschnitzten Eingangsportal ins
Auge. An den beiden Fähranlege-

stellen (die Fähre über den südlichen Flußarm wird wegen den
herrschenden Strömungsverhältnis-
sen und der Abdrift an einem Spann-
seil geführt) herrscht stets reger Betrieb. Auch wenn Georgetown kaum
›klassische‹ Sehenswürdigkeiten auf-
zuweisen hat: Das gesamte Ensemble dieser Siedlung und ihre Atmosphäre sind schon per se eine
Sehenswürdigkeit. Darüber hinaus
eignet sich der Ort hervorragend als
Ausgangspunkt zu diversen Flußtou-
ren und Pirogenexkursionen (das
Mungo Park Memorial sowie die
Steinkreise von Wassu und Kerr
Batch auf der North Bank liegen
ganz in der Nähe).

Unterkunft: Lamin Koto Lodge
(auch unter dem Namen Janjang
Bureh Camp bekannt), in der Nähe der
nördlichen Fähranlegestelle, ✆
67 61 82 (Rundbungalow-Anlage direkt
am Flußufer, kein elektrisches Licht, Re-
staurant, Bootsexkursionen, $$$). Bao-
bolong Camp, in der Nähe der südli-
chen Fähranlegestelle, ✆ 67 61 33,
67 61 02 (Rundbungalow-Anlage, gutes
Restaurant, Pirogenausflüge mit kundi-
ger Führung, freundlicher Service, $$).
Alaka Bung Lodge, Owen's Street (klei-
nes einfaches Camp, $). Government
Resthouse, gegenüber der Polizeistation
am Nordufer ($).

Verkehrsverbindungen: Die
beiden Flußfähren verkeh-
ren je nach Bedarf bis zum Einfall der
Abenddämmerung. An der nördlichen
bzw. südlichen Fähranlegestelle befinden sich Buschtaxistände sowie Halte-
stellen der GPTC-Busse; auf der Nord-
uferstraße Verbindungen Richtung Kun-
taur/Farafenni, auf der Süduferstraße
Richtung Banjul oder Basse Santa Su.

Exkursionen nach Wassu, Kerr Batch und Karantaba Tenda

In **Wassu** in der Nähe von Georgetown befindet sich ein ausgedehntes Gelände mit **megalithischen Steinkreisen;** die Kultstätten liegen einige hundert Meter von der Straße entfernt. Es handelt sich hier um etwa ein Dutzend Steinkreise, die aus bis zu 20 Monolithen bestehen. Die mehrere Tonnen schweren Steine sind zumeist etwa mannshoch, einige Exemplare erreichen auch Höhen bis zu drei Meter. Die konzentrischen Doppelkreise von Wassu weisen Ähnlichkeiten mit den entsprechenden Anlagen im senegalesischen Sine-Saloum-Gebiet auf. Bis heute rätseln die Wissenschaftler darüber, wer diese Steine aufgestellt hat und worin genau ihre kultische Funktion bestand. An Skeletten entdeckte Schmuckreste sowie Waffenfunde deuten darauf hin, daß die megalithischen Steinkreise von Wassu Teil einer alten Anlage von Herrschergräbern sind. Die Steinkreise sind eingezäunt, für ihre Besichtigung wird eine kleine Spende erwartet. Der Bau eines Gästehauses ist geplant. Eine weitere megalithische Kultstätte liegt beim Dorf Panchang: die **Steinkreise von Kerr Batch.** Die inzwischen eingezäunte prähistorische Kultstätte ist am besten mit einem einheimischen Führer aufzuspüren. Zu sehen sind ein aus tonnenschweren Megalithen geformter Doppelkreis sowie ein V-förmiger Lateritklotz.

Ein weiterer Ausflug lohnt sich nach **Karantaba Tenda,** 28 km von Georgetown entfernt. Hier hielt sich 1795 der schottische Arzt und Afrikaforscher Mungo Park zu Sprachstudien auf, bevor er seine erste große Niger-Expedition startete. Ein Obelisk, das **Mungo-Park-Memorial,** erinnert an die seinerzeit kühne Unternehmung.

Ländliche Idylle: Dorfplatz in Gambia

Basse Santa Su

Etwa 20 km südöstlich von George-town liegt der Ort Bansang linker Hand an der Hauptstraße direkt am Flußufer (einfache Übernachtungs-möglichkeit). Unterwegs ins noch 61 km von Bansang entfernte Basse Santa Su (von den Einheimischen kurz Basse genannt) passiert man die Grenze zum Verwaltungsdi-strikt Upper River Division, dessen Hauptstadt Basse ist. Die Region am Oberlauf des Gambia River wird von den Serahuli bewohnt, die überwiegend vom Erdnuß-, Hirse- und Baumwollanbau leben. In den kurz vor Basse gelegenen Dörfern Sotuma und Allunghari kann man hübsche Töpfer- und Webarbeiten erstehen.

Basse Santa Su ist als Marktzen-trum (Markttag ist Do) und als Ver-kehrsknotenpunkt (Verbindungen ins senegalesische, an der N 6 gelegene Velingara oder zur Nord-uferstraße) von lokaler Bedeutung, zudem als Verwaltungshauptort des östlichen Gambia. Sehenswert sind die in stiller Würde verfalle-nen **Kolonialvillen** direkt am Flußufer, stumme Zeugen beweg-terer Tage. Auf dem überdachten **Markt** werden frisch gefangene Flußfische, Obst und Gemüse feil-geboten, außerdem Produkte des einheimischen Kunsthandwerks, wobei Töpferwaren und Web-arbeiten im Sortiment dominieren. In den ungeteerten Straßen um den Marktkomplex kann man Szenen eines ländlichen Afrika beobach-ten: schrankgroße Läden mit Plastikgeschirr oder Emailwaren, Einmann-Schneiderbetriebe mit leuchtenden Stoffbahnen unter den ratternden Uralt-Nähmaschinen, kleine Lebensmittelläden, in denen Erdnußsäcke gestapelt sind, mau-retanische Händler in ihren mit Stickereien verzierten, lichtblauen Boubous…

Unterkunft: Jem Hotel, ☎ 66 83 56 (mit Restaurant, $$). Government Resthouse, ☎ 66 82 83.

Über die zumeist von Fulbe bewohnten Dörfer Kundam Kunda, Samba Kunda, Nimbo und Diabu-gu erreicht man den etwa 40 km von Basse entfernten Marktflecken **Fatoto.** Von hier aus führt eine schlecht befahrbare Piste über Kantale Kunda in den Grenzort Manda. Dort hat man Anschluß an die senegalesische Nationalstraße 6 oder kann über Medina Gounas weiterfahren bis zur Grenze nach Guinea. Ein eigenes Fahrzeug (in der Regenzeit ein Geländewagen mit Vierradantrieb) ist dazu aller-dings erforderlich.

TIPS & ADRESSEN

Alle wichtigen
Informationen rund
ums Reisen – von
ärztlicher Versorgung
über diplomatische
Vertretungen, Ge-
sundheit und Sicher-
heit bis Zeitunter-
schied – auf einen
Blick.

INHALT

REISEVORBEREITUNG

Informationsstellen

Deutsch-senegalesische Wirtschaftsgesellschaft e.V.: Berliner Freiheit 36, 53111 Bonn, ☎ 02 28-60 47 7-17, Fax 02 28-65 29 73

Senegalesisches Fremdenverkehrsamt: 22, Rue Hamelin, F-75016 Paris, ☎ 00 33-1-47 05 39 45, Fax 00 33-1-47 07 64 67

The Gambia National Tourist Office: 57 Kensington Court, GB-London W 8 5 DG, ☎ 00 44-1 71-3 76 00 93

Diplomatische Vertretungen

Senegal

... in Deutschland
Botschaft der Republik Senegal, Argelanderstr. 3, 53115 Bonn, ☎ 02 28-21 80 08/09, Fax 02 28-21 78 15

... in Österreich
Konsulat der Republik Senegal, Postgasse 16, A-1010 Wien, ☎ 00 43-1-5 12 85 76

... in der Schweiz
Konsulat der Republik Senegal, Monbijoustr. 10, CH-3011 Bern, ☎ 00 41-31-9 52 77 15

Gambia

Für **Deutschland, Österreich** und die **Schweiz**:
The Gambia Embassy, 126, Av. Franklin Roosevelt, B-1050 Brüssel, ☎ 0 03 22-6 40 10 49.

Honorarkonsulate in **Deutschland:**
in Berlin (☎ 0 30-8 92 31 21), in Frankfurt (☎ 0 69-97 12 00 30) und in München (☎ 0 89-98 90 22).
In der **Schweiz:** Konsulate in Zürich (☎ 00 41-1-7 31 10 10) und in Lugano (☎ 00 41-91-9 96 32 92).

Einreisebestimmungen und Zoll

Reisende aus der Bundesrepublik benötigen weder für Senegal noch für Gambia ein Visum, es genügt ein bei der Einreise noch drei Monate gültiger Reisepaß. Schweizer und Österreicher benötigen für beide Länder ein Visum, darüber hinaus kann ein gambisches Visum auch in Dakar beantragt werden: The Gambia High Commission, Rue de Thiong/Rue Wagane Diouf, ☎ 8 21 44 76.

Nach Senegal und Gambia dürfen für den persönlichen Gebrauch bestimmte Gegenstände (Fotoapparat, Videokamera, Walkman, Radio, Filme) zollfrei eingeführt werden. An Genußmitteln sind 200 Zigaretten oder 250 g Tabak sowie 1 l Spirituosen gestattet; Devisen müssen nicht deklariert werden. Für beide Länder gelten derzeit keine Pflichtimpfungen (s. S. 214), die Mitnahme eines gültigen Impfpasses ist aber dringend ratsam.

Kleidung und Ausrüstung

Die angemessene Kleidung für eine Senegambia-Reise ist eine strapazierfähige, leicht waschbare Baumwoll-Grundausstattung sowie feste Halbschuhe für Touren in den Busch. Auf den afrikanischen Märkten können Sie günstig Plastiksandalen (für die nicht immer hygienischen Duschen) und weitgeschnittene Hosen bzw. Boubous erstehen. Individualreisende sind mit einem strapazierfähigen kompakten Rucksack bzw. einer festen Reisetasche am besten ausgerüstet.

Sinnvoll ist die Mitnahme eines Moskitonetzes, einer Basis-Reiseapotheke, einer Wasserflasche, einer Taschenlampe, eines Taschenmessers (mit Flaschen- und Dosenöffner), gegebenenfalls einer Ersatzbrille, eventuell eines Französisch-Wörterbuchs sowie eines Feldstechers (für Tierbeobachtungen).

Reisekasse

Aus Sicherheitsgründen empfiehlt es sich, nur einen geringen Betrag an Devisen mitzunehmen und sich die übrige Barschaft in Reiseschecks ausstellen zu lassen. Falls man die Sicherheitsvorschriften nicht grob verletzt hat, erhält man Reiseschecks bei Verlust zumeist problemlos und recht zügig zurück. Die Großbanken in den Hauptstädten wechseln Reiseschecks (auch in DM ausgestellte) anstandslos; in der Provinz ist das nicht überall garantiert. Kreditkarten sind in Senegambia – außer in Dakar und den großen gambischen Strandhotels – noch wenig verbreitet. Man sollte nach Möglichkeit stets einen kleineren Münzvorrat parat halten; schon das Wechseln eines 1000 F CFA-Scheins kann einer Marktfrau

große Probleme bereiten. Außer in den Banken läßt sich Bargeld (gelegentlich auch Reiseschecks) auch in großen Hotels wechseln, allerdings zu einem ungünstigeren Kurs.

Das Wechseln von CFA-Francs gegen gambische Dalasi bereitet derzeit keinerlei Schwierigkeiten.

In der Regel erhält man bei den gambischen Schwarzhändlern sogar einen besseren Kurs als auf den Banken. 10 000 F CFA werden derzeit (Stand: Herbst 1997) für etwa 170 D gehandelt.

Reisezeit

Reisen nach Senegambia können grundsätzlich das ganze Jahr über unternommen werden, die klimatisch günstigsten Monate liegen in der Trockenzeit zwischen November und Mai. Während der Regenzeit sind die Nationalparks allerdings geschlossen, und etliche Pisten versinken in knietiefem Morast – gelegentlich sind sogar Abschnitte der Nationalstraßen (besonders übel ist die N 2 im nordöstlichen Senegal) nicht mehr passierbar. Allerdings schüttet es während der Regenzeit nicht ununterbrochen. Die Niederschläge gehen häufig nachts als heftige Schauer oder Gewittergüsse nieder, dazwischen gibt es immer wieder längere sonnige Abschnitte. Falls die Reise in den Ramadan fällt, ist mit erheblich eingeschränkten Öffnungszeiten zu rechnen. Unbedingt beachten sollte man die Spitzenbelegung während der Weihnachts- und Osterferien sowie während der Ralley Paris–Dakar im Januar. Individualreisende sollten gegebenenfalls schon von Europa aus ein Hotelzimmer buchen.

Anreise

… mit dem Flugzeug

Die Condor (in Dakar über die Lufthansa-Cargo-AG am Flughafen erreichbar: ✆ 0 02 21-8 20 10 10, 8 20 11 11, Fax 0 02 21-8 20 12 12) bietet jeweils dienstags einen Linienflug Frankfurt/M.–Dakar an (jeweils samstags Frankfurt/M.–Banjul). Pauschalarrangements (je nach Saison eine Woche Senegal inklusive Übernachtung schon ab 1600 Mark) nutzen den Condor-Flug als Charterverbindung.

Für einen Linienflug nach Dakar sind je nach Saison und Fluggesellschaft (Alitalia, Sabena, Swiss Air, Air France, Air Afrique) zwischen 1300 und 1750 Mark zu veranschlagen. Air France fliegt Dakar von Paris-Charles de Gaulle inzwischen täglich an.

Die Linienflüge nach Banjul-Yundum (Sabena, Swiss Air, Condor) liegen je nach Saison und Gesellschaft zwischen 1600 und 1900 Mark. Die Flugzeit nach Dakar/Banjul beträgt etwa sechs Stunden.

Eine weitere direkte Verbindung nach Banjul ist während der Wintersaison alle 14 Tage von Basel mit der Air futura möglich.

Bis Herbst 98 besteht mit Eurowings (✆ 02 11-42 16 81 3) jeweils montags eine direkte Verbindung Düsseldorf – Banjul (diese wird voraussichtlich auch danach weitergeführt).

UNTERWEGS IN SENEGAMBIA

Senegal

… mit dem Flugzeug

Das Inlandflugnetz wird von Air Sénégal bedient (Direction générale am Dakarer Flughafen, ✆8 20 04 45, 8 20 09 13; Innenstadtfiliale: 45, Avenue Albert Sarraut, ✆ 8 23 62 29, 8 23 49 70); angeflogen werden u. a. St. Louis, Ziguinchor, Cap Skirring, Kolda, Tambacounda und Kedougou.

… mit dem Zug

Die Eisenbahn befährt derzeit – von den Nahverkehrszügen zwischen Dakar und Rufisque abgesehen – nur die Langstrecke Dakar–Bamako.

… mit dem Schiff

Die wichtigste Fährverbindung besteht zwischen Dakar und Ziguinchor.

… mit öffentlichen Verkehrsmitteln

Alle größeren Städte Senegals sind mit Sammeltaxis (*taxi collectif* oder *taxi brousse*; zumeist Peugeot-Kombis mit einer dritten Sitzbank im Fond) verhältnismäßig gut zu erreichen. Das System der Sammeltaxis wird ergänzt durch Kleinbusse (*mini cars*) und, zumeist auf abgelegeneren Strecken, durch Pickups. Die Fahrzeuge starten von der *gare routière* (von Einheimischen häufig schlicht als *garage* bezeichnet), die meist am Stadtrand an einer großen Ausfallstraße liegt. Die Wagen fahren erst, wenn sie bis auf den letzten Platz besetzt sind (die *taxis brousse* befördern sieben Passagiere, daher auch *sept places* genannt). Wo, wie im nordöstlichen Senegal, nur Kleinbusse verkehren, ist mit erheblichen Wartezeiten zu rechnen, gleiches gilt für die Region Kedougou im südöstlichen Senegal. Für 100 km im Sammeltaxi werden etwa 1200 F CFA berechnet, für Gepäckstücke um die 200 F CFA.

… mit dem Auto

Wenn man im eigenen oder im Mietwagen unterwegs ist, sollte man neben Führerschein und Wagenpapieren stets auch den Reisepaß mitführen – Polizeikontrollen (in der Casamance auch Militärkontrollen!) an den großen Ausfallstraßen gehören zum Alltag. Bei Überlandtouren gutes Kartenmaterial (z. B. Karte Nr. 3615 vom französischen Institut Géographique National, Maßstab 1 : 1 000 000), Ersatzreifen und ausreichendes Bordwerkzeug mitführen, bei Pistenfahrten gegebenenfalls auch Reservekanister, Sandbleche und einen Wasservorrat. In abgelegeneren Regionen sollte man bei jeder Gelegenheit volltanken.

Mietwagen sind in Senegambia sehr teuer und nur dann lohnend, wenn die Kosten auf mehrere Personen verteilt werden. Im Senegal setzen sich die Kosten aus Tages- und Kilometerpauschalen zusammen, wobei als Kilometerpauschale zumeist ein Prozent der Tagespauschale berechnet wird; hinzu kommen horrende Kautionen (bis zu 500 000 F CFA!), Pflichtversicherungen, eine 20prozentige Mehrwertsteuer und der Sprit. Die meisten Mietverträge enthalten Sperrklauseln für Pistenbenutzung – und gerade für abgelegene Pisten kommt ein Mietwagen noch am ehesten in Betracht. Preisbeispiel der untersten Klasse für einen Peugeot 205: Tagespauschale 13 000 F CFA, Kilometerpauschale 130 F CFA, Wochentarif 11 700 F CFA pro Tag, Wochenendtarif 19 500 F CFA. Vom Mieter wird ein Mindestalter von 21 bis 24 Jahren sowie ein seit zwei Jahren gültiger nationaler Führerschein (manchmal zudem ein internationaler Führerschein) verlangt. Oft fährt man mit einem Taxi zu einer geschickt ausgehandelten Tagespauschale weitaus besser.

Gambia

… mit dem Schiff

Die wichtigsten Fährverbindungen über den Gambia River – es gibt bis heute keine einzige Brücke! – sind die zwischen Barra und Banjul sowie die südlich von Farafenni. Inlandsflüge und Eisenbahnverbindungen bestehen in Gambia nicht.

… mit öffentlichen Verkehrsmitteln

Die auch in Gambia üblichen Sammeltaxis werden durch ein – vor allem auf der Süduferstraße – recht gut ausgebautes Busnetz ergänzt, das von der Gambia Public Transport Corporation (GPTC) bedient wird.

Die GPTC-Busse, meist in leidlich vertrauenserweckendem Zustand, verbinden alle größeren Ortschaften des Landes, die Tarife sind ausgesprochen niedrig (etwa Banjul–Georgetown: 60 D).

… mit dem Auto

Das in Gambia erst gering entwickelte Mietwagengeschäft ist fast ausschließlich auf den Großraum Banjul/Serekunda beschränkt.

UNTERKUNFT

Senegal

Senegals Hotellerie ist für westafrikanische Verhältnisse ausgezeichnet entwickelt – allerdings besteht im Bereich gut ausgestatteter Mittelklassehotels eine empfindliche Lücke (dies gilt nicht für Dakar!). In vielen Fällen sind die Hotelpreise angesichts des gebotenen Standards schlicht überzogen. Einzelzimmer sind, falls überhaupt vorhanden, kaum billiger als Doppelzimmer. Strandhotels sind fast immer teurer als Stadthotels; pro Person und Nacht werden zuzüglich zum Hotelpreis 400 F CFA Touristensteuer erhoben. Etliche Billighotels werden als Stundenhotels genutzt, sie sind in der Regel gleichwohl akzeptabel und kommen für Reisende mit schmalem Budget durchaus in Betracht. Für die Klassifizierung in den praktischen Hinweisen des Routenteils gilt:

$ – Hotels mit spartanischer Ausstattung, häufig mit Gemeinschaftsduschen und -toiletten, Preise 5000 bis 8000 F CFA.
$$ – Hotels mit einfachem Komfort, Zimmer zumeist mit eigener Dusche und Toilette, mit Ventilator, gelegentlich sogar klimatisiert, Preise 8000 bis 14 000 F CFA.

$$$ – Hotels mit gediegenem Komfort, Klimaanlage, oft Telefon, gelegentlich mit Fernseher/Minibar, Preise 14 000 bis 20 000 F CFA.
$$$$ – Hotels mit gehobenem Komfort, oft in Garten- oder Parkanlagen, meist mit Schwimmbad, Restaurants, Nightclub, diversen Sportangeboten, Preise 20 000 bis 30 000 F CFA.
$$$$$ – Hotels der Luxus-Spitzenklasse, zumeist in Traumlagen am Strand, mit Suiten, Saunen, Golfplätzen, erlesener Gastronomie etc., Preise 30 000 bis 60 000 F CFA.

Unter dem Motto *tourisme rural integré* wurden im Senegal seit den 70er Jahren, vor allem in der Casamance, sogenannte Dorf-Campements aufgebaut, die nicht nur preislich eine Alternative zum Hotelsystem mit seinen oft bedenklichen Auswüchsen darstellen.

Gambia

Das Landesinnere ist bisher noch wenig erschlossen, doch stehen dem Individualreisenden auch stromaufwärts etliche, den senegalesischen Campements vergleichbare Buschcamps (*lodges*) zur Verfügung. Die zwischen Cape Point und dem Bijilo Forest Park an der Atlantikküste angesiedelten, großen Hotelkomplexe bieten europäischen Standard, diverse Sportmöglichkeiten sowie Privatstrände. Eine landesweite Sterne-Klassifizierung gibt es für die gambische Hotellerie bislang nicht. Für die Angaben in den Praktischen Hinweisen des Routenteils gilt (zur Ausstattung der diversen Kategorien s. o.):

$ – zwischen 70 und 100 D
$$ – zwischen 100 und 250 D
$$$ – zwischen 250 und 500 D
$$$$ – zwischen 500 und 800 D
$$$$$ – über 800 D

ESSEN & TRINKEN

Nahezu alle großen Hotelkomplexe in Senegambia verfügen über eigene Restaurants, die in der Regel afrikanische wie französische Küche anbieten. Die Menüpreise entsprechen in etwa dem europäischen Preisniveau; diese Hotel-Restaurants verfügen über Lizenzen zum Alkoholausschank. In Dakar finden Sie darüber hinaus eine breite Palette französischer, asiatischer, libanesischer, italienischer sowie einfacher senegalesischer Restaurants. In allen größeren Orten gibt es – zumeist von Libanesen geführte – Fast-Food-Läden, die etwa *Chawarma* (Hammelfleisch mit Tomaten und Zwiebeln in einem Baguette, um die 650 F CFA) anbieten. Einfache Gerichte (kleinere Reisplatten, Bratfisch, Omelette) bieten die sogenannten *Tanganas,* winzige Garküchen, deren hygienischer Standard allerdings nicht jedermanns Sache sein dürfte. Ein bescheidenes Wurst- und Käsesortiment (aus Frankreich importiert und daher entsprechend teuer) gibt es allenfalls in den Dakarer Supermärkten.

Einige landestypische Gerichte in Senegambia:
Thie-bou-dienne – in Erdnußöl gedünsteter Fisch, mit Zwiebeln, Gemüse und Reis serviert
Yassa poulet – in Zitronensaft mariniertes Hühnchen, oft mit Reis gereicht
Maffé – Rindfleischstückchen mit einer dicken Erdnußsauce
Brochettes – Fleischspießchen (zumeist Hammel- oder Rindfleisch) mit diversen Beilagen
Cous Cous – der senegalesische Cous Cous ist feinkörniger als der nordafrikanische, häufig mit verkochtem Gemüse und Hammelfleisch serviert.

An Getränken empfehlen sich frisch gepreßte Fruchtsäfte (Mango, Guave, Papaya, Tamarinde). Mineralwasser (aus Frankreich importiert und je nach Transportweg sehr teuer), in 1,5-Liter-Flaschen abgefüllt, gibt es selbst in der entlegensten Provinz; Softdrinks werden unter dem Etikett *sucrés* gehandelt. Köstlich ist der aus getrockneten Hibiskusblüten zubereitete Bissap-Saft, ein wenig gewöhnungsbedürftig der Kinkeliba-Tee. Wie überall in der arabisch-muslimischen Welt ist es auch in Senegambia ein Zeichen der Gastfreundschaft, zum Tee eingeladen zu werden. Grüner chinesischer Tee wird mit frischer Minze aufgekocht. Der Tee wird meist stark gezuckert getrunken; obligatorisch sind drei kleine Gläschen. Passionierte Kaffeetrinker gehen in Senegambia harten Zeiten entgegen – außer Nescafé ist hier nichts zu ver-

melden. An Bieren wird in Senegal Gazelle (ein als Durstlöscher gut geeignetes Leichtbier) sowie Flag (herber und alkoholhaltiger) angeboten, in Gambia Jul Brew sowie – englische Tradition verpflichtet – Guinness. Der in der Casamance gewonnene Palmwein ist durchaus eine Kostprobe wert; ansonsten wird Wein (zumeist französischer Rotwein) nur in besseren Restaurants oder Hotelbars ausgeschenkt.

REISEINFORMATIONEN VON A–Z

Ärztliche Versorgung

Die ärztliche Versorgung sowohl in den Praxen von Privatärzten als auch in den Krankenhäusern ist in Dakar und Banjul/Serekunda gut. Die große Mehrheit der senegambischen Ärzte praktiziert in den Hauptstädten, die Versorgungslage in der Provinz ist dagegen vergleichsweise dürftig. In allen Provinzhauptstädten gibt es aber mindestens ein Krankenhaus, auf dem flachen Land existieren auch in abgelegenen Regionen Gesundheitszentren mit medizinisch ausgebildetem Personal und Medikamentendepots. In den großen Hotelkomplexen der Tourismuszentren (Saly Portudal, Cap Skirring, Kombo-St. Mary Area) finden sich Erste-Hilfe-Stationen. Adressen von Fachärzten sind in Notfällen über die diplomatischen Vertretungen erhältlich. Arztkonsultationen und Krankenhausbehandlungen müssen vor Ort beglichen werden. Ratsam ist in jedem Fall der

Abschluß einer Auslandskrankenversicherung, die eine Rückholung nach Europa einschließt. Die Apotheken (über die Bereitschaftsdienste informieren die Tageszeitungen) sind in den größeren Städten recht gut sortiert.

Auskunft

Ministère du tourisme, 7 Rue Calmette, Dakar, ✆ 8 21 86 89, Fax 8 22 94 13. Zahlreiche Reisebüros, über die touristische Informationen zu beziehen sind, unterhalten ihre Agenturen in Dakar direkt an oder in unmittelbarer Nähe der Place de l'Indépendance. Detaillierte Veranstaltungshinweise und nützliche Adressen enthält das Monatsbulletin ›Dakarois‹, das in Reisebüros, Hotels und Buchhandlungen ausliegt.

Reiseinformationen zu Gambia erteilt das Ministry of Information and Tourism, Quadrangle Building, Place of the 22nd July, Banjul, ☎ 22 95 63, Fax 27 77 53.

Betteln

Bettlern, die von weißen Touristen ein *cadeau* (Geschenk) fordern, wird man überall in Senegambia begegnen; oft handelt es sich um kranke Menschen oder verwahrloste Kinder. Der Tourist gilt in den Augen der Einheimischen als unermeßlich reich. Selbstverständlich lassen sich keine Richtlinien erstellen, wie man Elend und Armut zu begegnen hat; man sollte aber bedenken, daß es für die meisten Senegambier keine Sozialversicherung gibt. Bettelnden Kindern sollte man kein Geld geben: In den Tourismushochburgen können bettelnde Kinder mehr verdienen als ihre arbeitenden Eltern, ein Schulbesuch kommt für sie dann kaum noch in Betracht.

Diebstahl

In Dakar hat sich besonders um die Place de l'Indépendance, in der Avenue Pompidou und deren Seitenstraßen sowie um den Sandaga-Markt ein gut organisiertes Bandenwesen etabliert, das sich auf Taschendiebstahl spezialisiert hat. (Achtung: Ein beliebter Ablenkungstrick ist, daß sich ein Kind plötzlich vor das jeweilige Opfer auf den Boden wirft und an seinen Hosenbeinen herumzerrt!) Wo immer möglich, sollte man seine Wertsachen im Hotel deponieren und Brustbeutel und/oder Geldgürtel benutzen. Es empfiehlt sich, besonders nachts,

nur soviel Geld mitzunehmen, wie man ausgeben will. Schon um versicherungsrechtliche Ansprüche geltend zu machen, sollte man sich bei einem Diebstahl um ein polizeiliches Protokoll bemühen.

Vorsicht ist übrigens unmittelbar vor den großen islamischen Feiertagen (besonders *Tabaski*) geboten: Vor allem in Dakar steigt die Kriminalität an, wenn für die Zeremonien noch dringend Geld beschafft werden muß.

Diplomatische Vertretungen

Senegal

Deutsche Botschaft, Avenue Pasteur/Rue Mermoz, ☎ 8 23 25 19 oder 8 23 48 84, Fax 8 22 52 99
Österreichische Botschaft, Boulevard Djily Mbaye, ☎ 8 22 38 86
Schweizer Botschaft, Rue René Ndiany/Rue Seydou Nourou Tall, ☎ 8 23 28 48

Gambia

Büro der Bundesrepublik Deutschland, Independance Drive 1, ☎ 22 77 83

Deutschland, Österreich und die Schweiz unterhalten keine diplomatischen Vertretungen in Gambia; die jeweiligen Botschaften in Dakar sind auch für Gambia akkreditiert.

Elektrizität

In Senegal und Gambia 220 V Wechselstrom. Besonders im Großraum Dakar bricht das Stromnetz in manchen Stadtteilen häufig zusammen –

wenn man Pech hat, über Stunden und gleich mehrmals am Tag.

Feste und Feiertage

Die wichtigsten islamischen Feiertage, die neben den großen christlichen Feiertagen abgehalten werden, beruhen auf dem islamischen Kalender, der auf dem Mondjahr basiert. Sie verschieben sich demnach pro Jahr um etwa zehn Tage.

Beginn des Ramadan: 1. 1. 1998 (20. 12. 1999, 10. 12. 2000)

Ende des Ramadan: 29. 1. 1998 (19. 1. 1999, 9. 1. 2000)

Tabaski: 8. 4. 1998 (28. 3. 1999, 18. 3. 2000)

Ashoura: 29. 4. 1998 (19. 4. 1999, 9. 4. 2000)

Magal: 14. 6. 1998 (4. 6. 1999, 24. 5. 2000)

Mouloud: 8. 7. 1998 (28. 6. 1999, 18. 6. 2000)

Der senegalesische Unabhängigkeitstag wird am 4. April, der gambische am 18. Februar gefeiert.

Fotografieren

»Cadeau, mon ami, un cadeau« (»Geschenk, mein Freund, ein Geschenk«) – mit diesem Satz ist jeder fotografierende Tourist im Senegal konfrontiert. Vor allem in der Nähe der touristischen Zentren wird ein kleines Geldgeschenk zwischen 100 und 200 F CFA (1–2 Dalasi) erwartet. Grundsätzlich gilt in Senegambia, wie in allen anderen Ländern der Welt auch, daß Menschen vorher gefragt werden, ob man sie fotografieren darf. Zusätzlich ist zu beachten,

daß Aufnahmen von Militäranlagen oder Regierungsgebäuden nicht erlaubt sind. Filme und Batterien können im Senegal nur in Dakar am Place de l'Indépendance gekauft werden. Hier gibt es zwei gute Fotogeschäfte, einmal Photo Cine Senegal (Ecke Rue Albert Sarraut; ausgezeichnete Filmentwicklung) und Photo Difco (Ecke Av. Alles Delmas). Im Gegensatz zu Batterien sind vor allem Farbdiafilme wesentlich teurer als in Europa.

Frauen allein

In der Regel sind alleinreisende Frauen in Senegambia – wie überhaupt in Westafrika – weniger Belästigungen oder gar rüder Anmache ausgesetzt als etwa im Maghreb. Es empfiehlt sich für alleinreisende Frauen, die Garderobe etwas den muslimischen Moral- und Schicklichkeitsvorstellungen anzupassen. Bei einem intensiveren Kontakt zu einem Afrikaner sollte frau eines nicht völlig vergessen: Viele afrikanische Männer projizieren eher ihre Wunschvorstellungen in eine Toubab-Frau, als daß sie sie als konkrete Person wahrnehmen. Der Versuch, von einer solchen Liaison zu profitieren (Geld, Paß, Visum, Auslandsaufenthalt etc.) ist bei aller Liebe fast immer mit im Spiel.

Geld

Senegal ist Mitglied der Westafrikanischen Währungsunion, der Communauté Financière Africaine (CFA), deren Währung der CFA-Franc (F CFA) ist. Seit der Abwertung 1994 ist der

F CFA im Wechselkursverhältnis von 100 : 1 an den französischen Franc gekoppelt; französische Francs werden im Land als Zweitwährung akzeptiert. Es gibt Scheine zu 500, 1000, 2500, 5000 und 10 000 F CFA; im Umlauf sind Münzen zu 5, 10, 25, 50, 100 und 250 F CFA. Für eine DM erhält man derzeit (Stand: Januar 1998) um die 334 F CFA.

Die gambische Währung ist der Dalasi (D), der in 100 Bututs eingeteilt ist. Es gibt Noten zu 5, 10, 25 und 50 Dalasi; Münzen gibt es zu 1, 5, 10, 25 und 50 Bututs sowie zu einem Dalasi. Für eine DM erhält man derzeit (Stand: Januar 1998) ungefähr 6 D.

Gesundheit

Vor Reiseantritt sollte man unbedingt für einen ausreichenden Impfschutz sorgen, Impfpläne können mit dem Hausarzt, den Gesundheitsämtern oder den tropenmedizinischen Instituten abgesprochen werden. Für eine Reise nach Senegambia ist eine Malariaprophylaxe ein absolutes Muß, zumeist in Form von Lariam (Vorsicht vor den Nebenwirkungen!) oder als Tablettenkombination der Präparate Resochin und Paludrine verabreicht. Zudem sollte man für einen Impfschutz gegen Hepatitis A und B, gegen Gelbfieber und Typhus sorgen sowie gegebenenfalls die Polio- und Tetanus-Impfung auffrischen lassen. Den Impfpaß sollte man unbedingt mit sich führen. Die Reiseapotheke sollte Desinfektionsmittel und Verbandsmaterial enthalten, außerdem ein Durchfallmittel, ein Breitband-Antibiotikum, Schmerz- und Mük-

kenschutzmittel sowie Pinzette und Fieberthermometer. Bei Restaurantbesuchen sollte darauf geachtet werden, daß Fleisch gut durchgebraten ist. Vorsicht ist beim Verzehr von ungeschältem Obst, rohen Salaten, Speiseeis, Muscheln und Austern geboten. Bezüglich Trinkwasser sollte man ausschließlich auf Mineralwasser zurückgreifen, das es im Senegal überall in 1,5-Liter-Flaschen gibt. Als Wasser-Entkeimungsmittel ist das chlorfreie Präparat Micropur bewährt. Auf keinen Fall in stehenden Gewässern baden, da diese vielfach bilharziose-verseucht sind. Die Ströme Senegal, Casamance, Saloum und Gambia River weisen noch weit flußaufwärts hohe Meeressalz-Konzentrationen auf, so daß Baden hier keine Gefahren birgt. Die Aidsraten in Senegambia liegen erheblich unter denen der meisten ost- und zentralafrikanischen Staaten; Markenkondome (frz. *capote*) führen fast alle Apotheken.

Internet

Umfassende und akutelle Informationen zu beiden Ländern erhält man beim Auswärtigen Amt in Bonn unter: http://www.auswaertiges-amt.government.de

Medien

Senegal
Das senegalesische Fernsehen heißt ORTS; es strahlt täglich um 20 Uhr eine französische Nachrichtensendung aus. Der unbestritten beliebteste Radiosender ist der landesweit zu

empfangende Dakarer Sender ›Radio Nostalgie‹, der ein gutes Musikprogramm bietet.

Die wichtigsten Tages- bzw. Wochenzeitungen sind ›Le Soleil‹, (das offizielle Parteiorgan der PS), ›Le Témoin‹, ›Le Matin‹, ›Sud Quotidien‹, ›Wal Fadjri/L'Aurore‹ (1984 gegründet, inzwischen die wichtigste Zeitung islamischer Orientierung) sowie das Satireblatt ›Le cafard liberé‹. Französische Tageszeitungen sind besonders in den Dakarer Kiosken im Sortiment. Eine gut recherchierte Afrika-Berichterstattung findet man etwa in den Zeitschriften ›Jeune Afrique‹, ›Regarder L'Afrique‹ und ›Afrique-Asie‹; ein ausgezeichnetes Wirtschaftsmagazin ist ›Marchés Tropicaux‹. Deutsche Tageszeitungen lassen sich im Dakarer Goethe-Institut einsehen.

Gambia

Ein nationales gambisches Fernsehprogramm existiert bisher nicht. Radio Gambia sendet auf 648 Khz Nachrichten auf englisch sowie in den wichtigsten afrikanischen Umgangssprachen, außerdem Musikprogramme. Den BBC World Service sowie den BBC African Service kann man auf diversen Kurzwellenfrequenzen empfangen.

In Banjul/Serekunda sind in einigen Kiosken und großen Supermärkten außer ›The Gambia daily‹ die Wochenblätter ›The Point‹ und ›The new citizen‹ erhältlich. Im Zeitungssortiment finden sich außerdem vereinzelte Exemplare englischer oder senegalesischer Tageszeitungen, gelegentlich auch ältere Ausgaben von ›Time‹ oder ›Newsweek‹. Deutsche Tageszeitungen wird man kaum auftreiben, mit etwas Glück lassen sich allenfalls ältere Spiegel- oder Stern-Nummern ergattern.

Notrufnummern

Senegal

Polizei: ☎ 17
Feuerwehr: ☎ 18
Der Serviceteil der Tageszeitung ›Le Matin‹ enthält die Telefonnummern der Dakarer Krankenhäuser und diensthabenden Apotheken sowie die Nummern der Polizeikommissariate in allen Provinzhauptstädten.

Gambia

Ambulanz: ☎ 16
Polizei: ☎ 17
Feuerwehr: ☎ 18

Öffnungszeiten

Banken: Mo–Fr 8–11.30/12, 14–16/16.30 Uhr.
Büros/Öffentliche Dienststellen: Mo–Fr 8/8.30–11.30/12, 14.30/15–17.30/18 Uhr.
Museen: 9/10–12/12.30, 14.30/15–17.30/18 Uhr. Die Öffnungszeiten sind von Museum zu Museum etwas unterschiedlich; Schließtag der Museen ist Mo (in Gambia So!).
Geschäfte: Mo–Sa 8.30/9–12/12.30, 15–19/20 Uhr.
Die Märkte sind zumeist bis etwa 20 Uhr geöffnet, die zahllosen als *boutique* bezeichneten Klein- und Kleinstläden bis tief in die Nacht – auch an Wochenenden.

Post: Mo–Fr 8/9–12/12.30, 14/14.30–17/17.30 Uhr; in den größeren Städten sind die Postämter häufig samstags von 8–12.30 Uhr geöffnet. Während des Fastenmonats Ramadan sind die Öffnungszeiten stark eingeschränkt – viele öffentliche Einrichtungen sind dann nur vormittags geöffnet. Am Freitag, dem wichtigsten Gebetstag der Muslime, wird häufig eine um etwa eine Stunde verlängerte Mittagspause eingehalten.

Post

Senegal

Die Postämter sind meist an dem markanten weiß-blauen Gebäudeanstrich oder an der Aufschrift PTT (*Poste, téléphone, télégramme*) zu erkennen. Post nach Europa sollte man per Luftpost (*par avion*) aufgeben, die Postlaufzeiten betragen 7–10 Tage, von Dakar aus manchmal auch nur 5 Tage. Ein Luftpostbrief nach Deutschland, Österreich und in die Schweiz kostet 310 F CFA, eine Postkarte 260 F CFA. Die Hauptpostämter in Dakar und St. Louis unterhalten poste-restante-Schalter (es kann durchaus vorkommen, daß postlagernde Sendungen nicht unter dem Nach-, sondern unter dem Vornamen sortiert sind!)

Gambia

Die Hauptpost in Banjul unterhält einen poste-restante-Schalter. Die Portogebühren für einen Luftpostbrief nach Europa betragen 2 D ; die Postlaufzeit von Banjul nach Deutschland beträgt oft nur vier Tage. Briefmarken sind auch in den großen Hotelanlagen erhältlich.

Sicherheit

Im Senegal stellt sich ein Sicherheitsproblem – vom Stadtzentrum in Kaolack einmal abgesehen – vor allem in der Dakarer City sowie in den Stadtteilen Medina, Colobane, Grand Dakar, Dieuppeul und Grand Yoff. Die Gefahr geht zumeist von Jugendlichen aus, die in gut organisierten Banden agieren und vornehmlich Touristen – besonders wenn sie allein unterwegs sind – einkreisen, mit Messern bedrohen und um Geld sowie Wertsachen erleichtern. Beim geringsten Verdacht, daß sich Jugendliche zusammenrotten oder daß sich eine Situation gefährlich zuspitzt, hilft nur, lautstark um Hilfe zu rufen, ein Taxi anzuhalten oder sich in einen Laden bzw. in einen Hauseingang zu flüchten, um sich den Rücken freizuhalten. Man sollte in den genannten Dakarer Stadtteilen sowie in der Umgebung von Hafen und Bahnhof grundsätzlich keine nächtlichen Alleingänge unternehmen. An den Eingängen der meisten Dakarer Diskotheken lungern bis in die frühen Morgenstunden oft recht zwielichtige Gestalten herum. Man sollte beim Verlassen einer Diskothek noch im Eingangsbereich die Lage draußen auf der Straße peilen – falls einem etwas nicht geheuer vorkommt, sollte man den Türsteher (*gardien*) bitten, ein Taxi direkt zum Eingang zu rufen. Viele Dakarer Diskotheken (etwa Africa Star, Jet Set, Black and White, Les tropiques, U. S. Gorée) und Bars werden zudem von Prostituierten frequentiert, die oftmals mit Kleinkriminellen gemeinsame Sache machen. Ein Abenteuer mit einer Prostituierten kann unter Umständen zu einer völlig unkontrollierbaren Situation führen.

Falls man mit der Fähre »Le Joola« im Morgengrauen im Dakarer Hafen ankommt, bleibt man am besten bis Tagesanbruch an Bord. Bei Nachtfahrten im eigenen Wagen in Dakar sollte man – außer wegen offensichtlicher Polizeikontrollen – grundsätzlich nicht anhalten, auch nicht bei Unfällen, die oft nur vorgetäuscht sind.

In Gambia, wo die Sicherheitslage weitaus ungefährlicher ist als im Senegal, ist allenfalls in einigen unbeleuchteten Straßenzügen von Serekunda erhöhte Wachsamkeit anzuraten.

Souvenirs

Masken, Holzplastiken, Djembés (Solotrommeln), Schmuck, Lederarbeiten, Hinterglasmalerei, Keramik, Batikgewänder etc. zählen zu den in Senegambia am häufigsten angebotenen Souvenirs. Das lokale Kunsthandwerk ist zumeist auf die *villages artisanals* oder *marchés artisanals*, auf die großen Hotelkomplexe oder bestimmte Marktgassen konzentriert. Handeln wird immer erwartet – und ist auch dringend geboten, besonders bei den oft völlig überzogenen Erstpreisen. Falls möglich, sollte man einheimische Bekannte zu den Kaufverhandlungen mitnehmen.

Sport

Angeln

Angelmöglichkeiten sowie entsprechende Ausrüstung gibt es besonders an der Petite Côte, auf der Ile de Karabane sowie in der Casamance.

Radfahren

Senegal und Gambia sind extrem flache Länder mit – von der Cap-Vert-Halbinsel abgesehen – geringem Autoverkehr. Radfahrer finden also ideale Bedingungen vor. Besonders in der Casamance werden von etlichen Campement-Verwaltungen Mieträder, auch Mountainbikes, angeboten.

Surfen und Tauchen

Die entsprechenden Angebote konzentrieren sich auf die Ile de Ngor (14 km von der Dakarer City entfernt) sowie auf die Tourismuskomplexe in Saly Portudal, am Cap Skirring und an der gambischen Kombo-St. Mary Area.

Wandern

In Senegambia gänzlich unüblich, aber sehr zu empfehlen: Besonders in der Casamance sind etliche hinreißende Diola-Dörfer nur über kleine Feld- und Waldwege erreichbar.

Telefonieren

Senegal

Selbst in kleineren Orten gibt es mit Zählern ausgestattete Telefonläden (*télécentre*), wo man Inlands- wie Auslandsgespräche führen kann. Eine Einheit kostet zumeist 100 F CFA, in einigen Dakarer Stadtteilen auch nur 80–90 F CFA. Für Auslandsgespräche gilt täglich von 13–15 Uhr, von 20–8 Uhr sowie an den Wochenenden ab Sa 13 Uhr um 20 % reduzierter Tarif. Die Vorwahl nach Deutschland ist 00 49, nach Österreich 00 43, in die Schweiz 00 41. Die Nummer der Auskunft ist landesweit 12, unter der Vorwahl 16 kann man ein R-Gespräch anmelden. Besonders in Dakar sind in vielen *télécentres* Fax- und Fotokopiergeräte installiert. Das Telefonieren mit Telefonkarten ist – außer in Dakar – noch recht unüblich.

Im Oktober 1997 wurde das senegalesische Telefonnetz landesweit von sechs auf sieben Ziffern umgestellt. Allen Nummern, die mit 2 oder 3 beginnen (Großraum Dakar), wurde eine 8 vorangestellt, allen anderen Nummern eine 9.

Gambia

In allen größeren Ortschaften kann man von den Gamtel-Büros Fern- und Auslandsgespräche im Selbstwählverfahren führen (Vorwahlen nach Europa s. o.). Die Apparate in den Gamtel-Büros haben eigene Rufnummern, die für R-Gespräche angegeben werden können (Vorwahl für Gambia: 0 02 20, dann die Gamtel-Nummer ohne Vorwahl). Es lohnt sich, bei Auslandsgesprächen von den verbilligten Zeittarifen (1. Stufe: 18–22 Uhr, 2. Stufe: 22–6 Uhr) zu profitieren.

Trinkgeld

In den Cafés, Bars und Restaurants der Tourismuszentren werden etwa 5–10 % des Rechnungsbetrages als Trinkgeld erwartet. Ansonsten sind Trinkgelder nicht üblich – wenn auch gerne gesehen. Ein Gepäckträger im Hotel erhält um die 500 F CFA, ein Schuhputzerjunge 100–200 F CFA.

Verhalten in der Öffentlichkeit

Kolonialismus, Sklaverei und Ausbeutung haben jahrhundertelang das Verhältnis zwischen Weißen und Afrikanern bestimmt: Die Menschen in Senegambia haben in der Regel ein sehr feines Gespür für alle Varianten europäisch-weißer Herablassung entwickelt. Man sollte daher afrikanische Werte und Traditionen respektieren und nicht vorschnell verurteilen, was einem zunächst unverständlich erscheint. Umgekehrt sollte man allerdings ungerechtfertigte Attacken nicht auf sich sitzen lassen: Wenn man irgendeinen Deal, den einem ein Dakarer Straßenhändler aufdrängen will, aus guten Gründen ablehnt, und danach als »Rassist« angepöbelt wird, sollte man derartigen Angriffen mit Entschiedenheit begegnen – in der Regel findet man in der Öffentlichkeit Unterstützung. Selbst bei einer einfachen Frage nach dem Weg sollte man sich immer die Zeit zu einer förmlichen Begrüßung nehmen; alles andere wäre in den Augen von Afrikanern unhöflich. Besonders während des Ramadan sollten die islamischen Moralvorstellungen respektiert werden – auch hinsichtlich der Garderobe. Alte Menschen werden in Afrika besonders zuvorkommend behandelt. In der Öffentlichkeit ausgetauschte Zärtlichkeiten gelten als geschmacklos. Bei Verhandlungen mit Zollämtern, kommunalen Behörden, Ministerien und anderen offiziellen Dienststellen erreicht nur derjenige etwas, der sehr viel Geduld mitbringt – und gutgekleidet auftritt!

Zeitunterschied

Greenwich Meantime (GMT) minus 1 Stunde, während der europäischen Sommerzeit minus 2 Stunden; bei der Ankunft in Senegambia müssen die Uhren also entsprechend zurückgestellt werden.

QUELLENNACHWEIS

Abbildungen

Alle Fotos: **R. Maro / Agentur Version, Berlin**; außer:

Archiv für Kunst und Geschichte, Berlin   S. 39
Heiko Balzerek, Heidelberg   S. 1, 10, 21, 22, 95, 160, 161
Hartmut Buchholz, Freiburg   S. 126, 164, 189
Markus Kirchgessner, Frankfurt   S. 128 und hintere Innenklappe

Karten und Pläne

Berndtson & Berndtson, Fürstenfeldbruck,
    © DuMont Buchverlag

Text

Ralf Bäcker, Berlin   S. 213 (›Fotografieren‹)

LITERATUREMPFEHLUNGEN

Bâ, Mariama: Der scharlachrote Gesang. Frankfurt/M. 1996.

Bâ, Mariama: Ein so langer Brief. Frankfurt/M. 1996.

Boyle, Tom Coraghessan: Wassermusik. Reinbek bei Hamburg 1990 (fiktive, allerdings aus authentischen Quellen gefilterte Schilderung von Mungo Parks Niger-Expedition).

Bugul, Ken: Die Nacht des Baobab. Zürich 1991.

Diouf, Jean-Léopold und Yaguello, Marina: J'apprends le Wolof. Paris 1991 (Wolof-Sprachlehrbuch; lohnend für alle, die über Grundkenntnisse in Französisch verfügen).

Franke, Michael: Wolof für Senegal – Wort für Wort (Kauderwelsch 89). München 1994 (Sprachführer)

Haley, Alex: Roots. Frankfurt/M. 1990 (als Roman wie als TV-Serie ein Welterfolg; das Schicksal Kunta Kintes gilt seither als Inbegriff für die Greuel der Sklaverei).

Kane, Cheikh H.: Der Zwiespalt des Samba Diallo. Erzählung aus Senegal. Frankfurt/M. 1980.

Knick, Karin: Mandinka für Gambia – Wort für Wort (Kauderwelsch 95). München 1994 (Sprachführer).

Krings, Thomas: Sahel – Senegal, Mauretanien, Mali, Niger. Islamische und traditionelle schwarzafrikanische Kultur zwischen Atlantik und Tschadsee. 5. Aufl. Köln 1990 (Standardwerk; allerdings vergriffen und daher nur noch im Antiquariat erhältlich).

Länderbericht Gambia, hg. vom Statistischen Bundesamt. Kusterdingen 1993.

Länderbericht Senegal, hg. vom Statistischen Bundesamt. Kusterdingen 1993.

Mattes, Hanspeter: Die islamistische Bewegung des Senegal zwischen Autonomie und Außenorientierung. Hamburg 1989 (kompakte Untersuchung mit aufschlußreichem Dokumentenanhang).

Peters, Lenrie: Über den Sport des Tötens. Berlin 1979.

Peuples du Sénégal. Éditions Sépia. Maint-Maur 1996 (Sammelwerk über die wichtigsten Ethnien in Senegambia).

Senghor, Léopold Sédar: Mein Bekenntnis. Leipzig 1991.

Sow Fall, Aminata: Der Streik der Bettler. Frankfurt 1991.

Sow, Matourou »Kadia«: Les petits talibes. Enda tiers monde. Dakar 1997 (erschütternde Fotodokumentation über die Koranschüler der Marabout-Bruderschaft).

Wiese, Berndt: Senegal/Gambia, Länder der Sahel-Sudan-Zone. Perthes Länderprofile. Gotha 1995 (geeignet für speziell Interessierte; im Vorwort als »die erste deutschsprachige Länderkunde über Senegal« etikettiert, ist diese streng wissenschaftliche Monographie eine außerordentlich hilf- und materialreiche Studie mit informativen Tabellen und Abbildungen; Gambia wird allerdings auf ganzen drei Druckseiten abgefertigt).

GLOSSAR

Animismus: in Afrika weit verbreiteter Glaube an die Beseeltheit der Natur, eng verbunden mit Ahnenkult

Bana-bana: ›Schattenwirtschaft‹ des informellen Sektors in Senegambia, die sich statistischen und steuerlichen Zugriffen entzieht

Baobab: Affenbrotbaum

Beschneidung: rituelle Operation, bei der den Jungen die Penisvorhaut entfernt wird; verbreitet bei Muslimen, Juden und einigen Naturvölkern

Bodenerosion: fortschreitende Abtragung von Böden durch Abholzen von Waldgebieten, Überweidung usw.; großes ökologisches Problem vor allem in der Sahelzone

Bolong: Fluß-Seitenarm

Boubou: traditionelles nordwestafrikanisches, weites Gewand

Campements: einfache afrikanische Rundhütten, touristische Alternative zu den großen Hotelkomplexen

Compound: traditionelle westafrikanische Siedlungsform; Ansammlung von Hütten um einen zentralen Hof

Desertifikation: die hauptsächlich vom Menschen verursachte Ausbreitung der Wüste, speziell im Sahel

Djembé: afrikanische Trommel

Fetisch: kultischer Gegenstand, dem magische Kraft zugeschrieben wird

Galeriewald: Grundwasser anzeigender, in Feucht- und Trockensavanne vorkommender Waldstreifen entlang von Flußläufen und Seen

Griot, Griotte: traditionelle westafrikanische Musiker und Geschichtenerzähler, vergleichbar mit den mittelalterlichen Bänkelsängern

Gris-Gris: animistische Glücksbringer, die zum Schutz vor bösem Zauber in Ledersäckchen eingenäht am Körper getragen werden

Indirect Rule: britisches Verwaltungs- und Herrschaftsprinzip der Kolonialzeit, das die Kooperation mit einheimischen afrikanischen Räten auf lokaler und kommunaler Ebene vorsieht

Impluvium-Haus: Baustil der Diola in der Casamance; markantes Kennzeichen ist die trichterförmig nach innen abgesenkte, doppelte Dachkonstruktion, die das ablaufende Regenwasser in einem runden Regenbehälter *(impluvium)* auffängt

Initiation: rituelle Aufnahme der Jungen und Mädchen in die Erwachsenenwelt, oft mit der Beschneidung gekoppelt

Lutte africaine: traditioneller senegalesischer Ringkampf; s. auch Wrestling

Magal: Pilgerfahrt zum Grabmal Amadou Bambas in Touba

Maghreb: Bezeichnung für den westlichen Teil der arabischen Welt (Tunesien, Algerien und Marokko, auch Libyen und Mauretanien)

Mangroven: Wasserpflanze in flachen Wassergebieten, die über die Wurzeln und Blätter Salz ausscheiden kann; die hohen Stelzwurzeln bilden bis zu 20 m hohe Wälder

Marabout: islamischer Führer mit Heiligenstatus

Mèche: in Tüten abgepacktes Kunsthaar, das für die vielfältigen afrikanischen Frisuren verwendet wird

Monokultur: sich jährlich wiederholender Anbau ein und derselben Nutzpflanze auf der gleichen Agrarfläche (z.B. Reis, Erdnuß, Baumwolle) zu Lasten eines ausgeglichenen ökologischen Gleichgewichts

Mouriden: islamische Bruderschaft im Senegal

Négritude: von Aimé Césaire geprägt, ist Senghor der wichtigste Repräsentant dieses kulturellen Konzepts; er definiert diese als »Gesamtheit der Werte der schwarzen Zivilisation«

Neosudanischer Baustil: Architektur, die dem sudanischen Baustil (Lehmbau) in Mali nachempfunden ist; auffallend vor allem die reich verzierten Außenfassaden mit Zinnen, Erkern und konisch zulaufenden Pfeilern

Piroge: in Westafrika weit verbreitete, kleine schmale Boote

Sahel: arab. Ufer; Übergangsregion von der Sahara zur Dornstrauchsavanne

Senegambia: im 18. Jh. von den britischen Kolonialherren geprägt; Oberbegriff für Senegal und Gambia; Bezeichnung der von 1982 bis 1989 bestehenden Konföderation der beiden Länder

Soirée dansante: senegalesischer Tanzabend, auf dem vor allem die Lieder moderner afrikanischer Musiker wie Youssou N`Dour gespielt werden

Sudanzone: auch Sahel-Sudan; Bezeichnung der riesigen Landschaftszone zwischen Sahara und Regenwald in Westafrika

Talibe: Koranschüler

Tam-Tam: afrikanische Trommel; traditioneller Tanzabend (ein Tam-Tam veranstalten)

Tontines: privat organisierte weibliche Sparvereine, die in ganz Westafrika zu finden sind

Toubab: Wolof-Wort für Weiße

Village artisanal: in ganz Senegambia verbreitete Kunsthandwerksstätten, in denen es touristische Souvenirs zu kaufen gibt

Wrestling: traditioneller Ringkampf in Gambia; s. auch *lutte africaine*

REGISTER

Personen- und Sachregister

Ortsregister

DUMONT
REISE-TASCHENBÜCHER

»Was den DUMONT-Leuten gelungen ist: Trotz der Kürze steckt in diesen Büchern genügend Würze. Immer wieder sind unerwartete Informationen zu finden, nicht trocken eingestreut, sondern lebhaft geschrieben ... Diese Mischung aus journalistisch aufgearbeiteten Hintergrundinformationen, Erzählung und die ungewöhnlichen Blickwinkel, die nicht nur bei den Farb- und Schwarzweißfotos gewählt wurden – diese Mischung macht's. Eine sympathische Reiseführer-Reihe.«

Südwestfunk

»Zur Konzeption der Reise-Taschenbücher gehören zahlreiche, lebendig beschriebene Exkurse im allgemeinen landeskundlichen Teil wie im praktischen Reiseteil. Diese Exkurse vertiefen zentrale Themen der Geschichte, Kunst und des sozialen Lebens und sollen so zu einem abgerundeten Verständnis des Reiselandes führen.«

Main Echo

Weitere Informationen über die Titel der Reihe DUMONT Reise-Taschenbücher erhalten Sie bei Ihrem Buchhändler oder beim DUMONT Buchverlag • Postfach 10 10 45 • 50450 Köln.